Mário Frigéri

O esplendor das
Bem-aventuranças

O Esplendor das Bem-aventuranças:
uma visão profética para o final dos tempos
Copyright© FEAL – Fundação Espírita André Luiz

Diretoria Editorial: *José Antonio Lombardo*
Editor: *Jether Jacomini Filho*
Consultoria Editorial: *Luiz Saegusa*
Assistente Editorial: *Karen Pereira*
Capa: *Casa de Ideias*
Projeto gráfico e diagramação: *Casa de Ideias*
Revisão: *Mário Frigéri*
1ª Edição: *2016*
Impressão: *Printed in Brazil*

Mundo Maior Editora

Rua Duarte de Azevedo, 728 - Santana
CEP 02036-022 - São Paulo - SP - 11 4964-4700
www.mundomaior.com.br

Dados Internacionais de Catalogação na Publicação (CIP)
(Câmara Brasileira do Livro, SP, Brasil)

Frigéri, Mário
   O esplendor das bem-aventuranças ; uma visão profética para o final dos tempos / Mário Frigéri. -- 1. ed. -- Guarulhos, SP : Mundo Maior Editora, 2016.

   1. Bíblia. N. T. Evangelhos - Crítica e interpretação 2. Espíritismo 3. Jesus Cristo - interpretação espíritas I. Título.

16-06464   CDD-133.901

Índices para catálogo sistemático:

1. Jesus e espiritismo : Doutrina espírita
    133.901

ISBN: 978-85-79430-83-1

*Jesus subiu o Tabor
e resplandeceu como o Sol na sua força.
Um anjo desceu do Céu
e a Terra se iluminou com a sua glória.
(Mt. 17:2.) (Ap. 18:1.)*

Dedico este livro

*aos que estão se iluminando,
à luz do Evangelho,
e já vivendo a Nova Era,
à luz do Apocalipse.*

DECÁLOGO DO ESCRITOR

I
Não terás outros deuses diante de ti, exceto o leitor.

II
Esculpirás tuas frases com o escopro de Michelangelo,
até transformá-las no invólucro perfeito do teu pensamento.

III
Exporás as ideias com equilíbrio, sem a pretensão de impô-las, e
fundamentarás a matéria para que o leitor avance com segurança.

IV
Falarás sobre pessoas e acontecimentos com elegância e dignidade.

V
Não transmitirás crenças, mas conhecimento,
nem promoverás ídolos, mas discernimento.

VI
Conduzirás o leitor com gentileza,
para que ele feche o livro com proveito.

VII
Não te considerarás escritor providencial,
mas deixarás que tuas obras falem por ti.

VIII
Perdoarás setenta vezes sete o revisor,
que fatalmente irá cravar algumas vírgulas no teu texto.

IX
Não cobiçarás a musa do próximo, nem o estilo do próximo, nem o
livro do próximo, nem o editor do próximo, nem a clientela do
próximo, nem a fila de autógrafos do próximo.

X
Seis livros lançarás e no sétimo descansarás,
preparando-te para uma nova sementeira.

(Texto elaborado sobre o esquema estabelecido por Moisés no Decálogo.)

SUMÁRIO

PRIMEIRA PARTE – PROSA

Prefácio 11

As Bem-Aventuranças do Evangelho

A Carta Magna do Cristo 17
Bem-aventurados os humildes e os que choram – I e II 23
Bem-aventurados os mansos e os que têm fome e sede
de justiça – III e IV 29
Bem-aventurados os misericordiosos e os limpos
de coração – V e VI 35
Bem-aventurados os pacificadores – VII 41
Bem-aventurados os perseguidos por causa da justiça – VIII 45
Bem-aventurados os injuriados por amor ao Cristo – IX 51

As Bem-Aventuranças do Apocalipse

Pisando em solo sagrado 59
Bem-aventurados os que leem, ouvem e guardam
a profecia – I 65
Bem aventurados os que desde agora morrem no Senhor – II 71
Bem-aventurados os que vigiam e guardam suas vestes – III 77
Bem-aventurados os que são chamados à ceia
das bodas do Cordeiro – IV 85
Bem-aventurados os que têm parte na primeira
ressurreição – V 93
Bem-aventurados os que têm direito à Árvore da Vida – VI 103

Evangelho, Espiritismo e Ecumenismo

Os profetas e a Nova Era 111
O mais sublime profeta 117
Jesus no Tabor 125
Ciência, cientistas e Ciência Espírita 133
A religião do Espiritismo 143
Um livro revolucionário 149
Meu querido Evangelho 155
O Evangelho da caridade 159
Oração e vigilância 163
Os dois ecumenismos 169
Jesus era ecumênico? 173
Ser espírita 179

Filigranas em André Luiz

As transfigurações do perispírito 189
Manter a paz e tirar a paz 195
Assistência a um moribundo – Os clarins de Nosso Lar 201
Amparo mediúnico – O caso Ester 207
O poder fulgurante da oração – Jesus é alegria 213
Como partir com serenidade 219
A devoção de Zenóbia – A flor colhida e morta 225

Três temas fascinantes

Níveis de consciência e o futuro 233
Diálogo fraterno com os ateus 257
Homoafetividade: o que disse Jesus 275

A despedida mais dolorosa

Quando parte alguém querido 293
O mais doloroso adeus 297

Três homenagens

Mulher, suave mistério 303
Reflexões para o Dia dos Pais 309
Viver o Natal 315

SEGUNDA PARTE – POESIA

Decálogo do Poeta 323
A prece de Kardec 325
Missionário em chefe 326
As 5 alternativas da humanidade 328
Série André Luiz 330
Nosso Lar 331
Emmanuel 332
Chico Xavier e as duas águas 333
Reformador 334
A meus irmãos Escritores 335
Ao Escritor espírita 339
Jesus e a mulher adúltera 341
Exortações de um anjo da guarda 344
Mosaico 346
Reflexões 349
Renovação 352
Exortação 355
Trabalho 358
Há vida após o parto 360
Diário de uma flor despetalada 362
Há dois mares na Palestina 365
Salmo 23 368
Eu sou um ser imortal 369
Murmúrios do anoitecer 370
Bibliografia 373

PREFÁCIO

Você gostaria de recuar dois mil anos no tempo e sentar-se no meio da multidão, a poucos metros de Jesus, enquanto Ele profere as suas imortais Bem-Aventuranças? Pois este livro lhe proporciona essa sensação incrível quando interpreta, com profunda reverência, esse Código Moral da Humanidade.

Este livro foi escrito para os simples de coração, os que amam Jesus e procuram viver seus ensinamentos da mesma forma que Ele os viveu quando esteve entre nós na Palestina.

Assim, tomo a liberdade de convidá-lo a velejar comigo pelas dimensões do Tempo.

Vamos descer à planície de Esdrelon e deleitar-nos com as Bem-aventuranças do Evangelho.

Vamos adentrar pela ilha de Patmos e acompanhar o Senhor nas Bem-aventuranças do Apocalipse, banhados pelo Sol da Nova Era.

Vamos subir o Tabor com Jesus e compartilhar de sua fulgurante transfiguração.

Vamos caminhar descalços ao lado dos velhos profetas da Palestina e ouvi-los proferir com voz trêmula os seus sagrados oráculos.

Vamos sentar-nos ao lado de Allan Kardec e acompanhá-lo num paralelo enriquecedor com cientistas de todos os tempos.

Vamos mergulhar na vasta obra de André Luiz e nos surpreender com as filigranas que ele velou ao longo do caminho para a nossa edificação espiritual.

Vamos penetrar nos meandros da consciência humana, em seus vários níveis, e descobrir por que o futuro está infuso em nós.

Vamos dialogar com os ateus e com os homossexuais, procurando compreender, com respeito e carinho, o seu modo de pensar e de agir.

E, além dessas, vamos fazer outras viagens menores, mas de sublimada importância.

Reservei também um sexto desta obra à Poesia. É verdade que não existe em nossa terra a mesma cultura poética existente na América do Norte, na Europa e na Ásia. Mas mesmo sendo escassa nos suplementos literários e na mídia, a Poesia está presente no coração de nosso povo, e é a esse ninho de sentimentos puros que direciono meus versos.

Há muito mais a dizer sobre outras relevantes matérias presentes nesta obra, mas é melhor que sejam descobertas passo a passo, à medida que avançarmos, ao volver das páginas e das milhas percorridas.

Vamos, pois, relaxar e aproveitar o momento. Uma boa leitura!

Nota nº 1: 1) todos os grifos deste livro são do autor, exceto os ressalvados. 2) os textos bíblicos citados, menos os com ressalva, são da "Bíblia Sagrada com reflexões de Lutero", Almeida Revista e Atualizada, Sociedade Bíblia do Brasil, 2ª impressão, 2012. 3) o termo "espírito" é escrito com inicial minúscula quanto tomado em seu sentido comum, e "Céu/Céus", com maiúscula só quando contrastam com Terra. 4) para evitar possíveis ambiguidades, os pronomes referentes ao Cristo são grafados, às vezes, com inicial maiúscula. 5) alguns tópicos desta obra já foram publicados na imprensa espírita.

PRIMEIRA PARTE: Prosa

*Alguns livros têm o poder de captar
a Luz divina e imobilizá-la na letra.
Quando encontro um, agradeço a
Deus por essa graça imerecida.*

As Bem-Aventuranças do Evangelho

A CARTA MAGNA DO CRISTO

"Se toda a literatura espiritual da humanidade perecesse, e só se salvasse o Sermão da Montanha, nada estaria perdido."
Mahatma Gandhi (MG, p. 51.)[4]

Já tive a satisfação de estudar as Bem-Aventuranças de Jesus comentadas por estudiosos sérios do Brasil e do mundo, e fico sempre agradecido, porque aprendi muito com suas reflexões. Depois de meditar maduramente o assunto, resolvi também depositar minha humilde oferenda aos pés desse poderoso Código Ético da humanidade, que deu início a uma nova ordem mundial na Terra. Se até o ponderado Mahatma Gandhi – um não cristão – sentiu tão radical admiração pelo Sermão da Montanha (tal como vemos na epígrafe), como deveria sentir-se um empoeirado andarilho do Evangelho como eu? Acrescento, assim, minhas fagulhas ao relampejar dos mestres, pois não quero omitir-me num assunto que é como um favo de mel para o meu coração. E embora contribua com tão pouco, estou gratificado por oferecer o que há de melhor em mim.

As Bem-Aventuranças estão no Evangelho segundo Mateus, 5:1/12.

---

[4] Para títulos de livros, citados em acrônimos ao longo do texto, veja Bibliografia, no final da obra.

Vendo Jesus as multidões, subiu ao monte, e, como se assentasse, aproximaram-se os seus discípulos; e ele passou a ensiná-los, dizendo:

Jesus, como fundador deste planeta, seu supremo governante e redentor da humanidade, sendo aquele que sonda mentes e corações (Ap. 2:23), sabia muito bem o caminho a ser seguido pelo ser humano para tornar-se bem-aventurado. Na condição única de um com o Pai, Ele era o próprio tema que ia dissertar – o manifesto mais revolucionário da história, plataforma régia da pregação que ministrou ao povo nos três anos e meio de sua atividade messiânica. As Bem-Aventuranças são um Código para esculpir o cidadão do Céu no cidadão da Terra. Foi o início de um Reino de que o homem nunca tivera conhecimento no mundo, e que, uma vez iniciado, nunca mais teria fim (Dn. 2:44). Jesus, por isso, escolheu o melhor local para a sua mensagem – o magnífico templo da natureza –, representado ali pelas encostas verdejantes, a brisa perfumada e o céu azul derramando sua luz diáfana sobre aqueles sítios silenciosos.

Aquele que nos ama (Ap. 1:5) ensinava pela palavra e pelo exemplo. E podem ser percebidos vários estágios discretamente ritualizados por Ele na exposição do Sermão da Montanha, que estava prestes a proclamar, antes de fazer jorrar de seu coração a água da Vida. Primeiro, viu as multidões e compadeceu-se delas, porque eram como ovelhas aflitas que não têm pastor. Segundo, ao vê-las, subiu ao monte, porque, como pão que desceu do céu, sua palavra haveria de alimentar aquelas almas famintas e soerguê-las ao monte sublime da Espiritualidade superior.

Terceiro, assentou-se, e o fez para expressar singeleza e humildade, a fim de estar o mais próximo possível do coração daqueles pobres camponeses e pescadores, constituídos por homens, mulheres e crianças carentes de tudo nesta vida. Se ficasse em pé, assumiria a postura grave de um doutor da lei – que os judeus conheciam muito bem –, a dogmatizar do alto dos púlpitos. Mas, assentado, nivelava-se com todos, como se estivesse no interior de suas choupanas, num diálogo fraterno de amigo para amigo, e num colóquio amigo de irmão para irmão.

Quarto, os seus discípulos se aproximaram e assentaram-se também, formando um círculo em seu derredor, como era costume no Oriente, para receber em primeira mão os seus ensinamentos. Havia entre eles a expectativa de que algo importante estava para acontecer, pois esperavam a fundação do reino dos céus a qualquer momento. E, quinto, só então, após deixar os discípulos e a multidão de almas totalmente expostas à luz da Verdade, é que, "abrindo a sua boca" – tal como acrescentam outras traduções –, passou a doutriná-los com ternura e serena majestade.

Muitas vezes, nos milênios anteriores, o Cristo falara ao mundo somente pela boca dos profetas. Mas agora chegara o momento de "abrir a sua boca" e – com palavras utilizadas por todos, mas jamais alinhadas com tamanho esplendor – destilar pessoalmente a mais sagrada Doutrina a que este mundo já tivera acesso. É que se estava iniciando um novo ciclo planetário, em que a busca da perfeição física, instituída em outros tempos por gregos e romanos, seria substituída, a partir daquele marco histórico, pela busca da perfeição moral, estabelecida por Cristo-Jesus. A seara da Terra estava madura. Faltava-lhe apenas a aragem carregada de pólen da mensagem do Cristo. E esta chegou na estação propícia.

É por isso que naquela ocasião não lhes falou por parábolas, mas por mandamentos diretos que, como flechas de luz, penetravam os corações, permitindo-lhes compreendê-los e assimilá-los com facilidade. A meta era torná-los perfeitos como perfeito é o Pai que está nos céus. E mesmo que o homem avançasse aos tropeções *por essa via de iniciação cristã*, isto não significava que ela não era o caminho do céu, mas que ele estava tropeçando em suas próprias imperfeições. O segredo de Jesus, nas Bem-Aventuranças, é que o homem busque a perfeição através da imperfeição, sem pressa, mas sem detença, por todos os dias de seus inúmeros renascimentos.

Carta sublime

As Bem-Aventuranças são uma peça de peregrina sabedoria e beleza. Elas contêm, num jogo sublime de ação e reação, as proposições e os estímulos correspondentes, interagindo em prol da evolução consciente, em contínuo refrigério e permanente fortalecimento das almas que as vivenciarem. Representam a própria palavra de Deus funcionando através de suas Leis, reveladas pelo Cristo. Segundo palavras do Ministro Flácus, como este planeta ainda é um orbe inferior, nós, os homens que o habitamos, "[...] confrontados com a excelsitude dos Espíritos Superiores, que dominam na sabedoria e na santidade, *não passamos, por enquanto, de bactérias, controladas pelo impulso da fome e pelo magnetismo do amor*. Entretanto, guindados a singelas culminâncias da inteligência, *somos micróbios que sonham com o crescimento próprio para a eternidade*" (LIB, p. 16).

Eis por que os seres humanos, em seu estágio atual de involuídos, não têm acesso direto à Divindade, mas à Lei, que está à sua disposição para que possam crescer e aparecer através de sua prática. A Lei de Deus é composta de Amor e Justiça, e cada um recebe dela mais Amor ou mais Justiça de acordo com seus merecimentos e necessidades. É o que informa a irmã Zenóbia, com estas palavras de luz: "A compaixão, filha do Amor, desejará estender sempre o braço que salva, *mas a justiça, filha da Lei, não prescinde da ação que retifica*. [...]" (OVE, p. 138). E assim, um dia, num futuro ainda distante, quando saírem do reino animal-hominal e entrarem no reino hominal-angelical, os homens poderão tornar-se, certamente, colunas no templo celestial, assentar-se com o Cristo no seu trono e compartilhar de seu poder, conforme promessa de Jesus no Apocalipse (Ap. 3:12;21).

Como o homem, em seu estágio atual de recém-saído da animalidade, ainda é espiritualmente uma criança malcriada, assim é tratado pela disciplina mecânica da Lei a que está submetido (ao mesmo tempo severa e flexível), recebendo um incentivo a cada boa ação que pratica. Se tornar-se humilde, entrará no reino dos céus; se chorar, será consolado; se for manso, herdará a terra; se buscar a Justiça divina, será farto; se for misericordioso, alcançará misericórdia; se tornar-se limpo de coração, verá o Pai; se for pacificador, será considerado filho de Deus; e se for perseguido por causa da Justiça e da Verdade, será seu o reino dos céus – virtudes que, nos mundos superiores, já são conquistas consolidadas na alma de seus habitantes. Caso o homem da Crosta terrestre não se esforce na conquista dessas virtudes – e o pode fazer, no emprego inviolável de seu livre-arbítrio –, será tratado de forma contrária, e seu futuro, quando em breve a Terra for elevada a um patamar superior, será o banimento para planetas inferiores, de normas ainda mais rígidas, onde receberá novas oportunidades de redenção.

O homem, que se considera tão grande neste mundo, se esquece de que foi classificado de inconsciente pelo Cristo, em seus derradeiros momentos na cruz: "Pai, perdoa-lhes, porque *não sabem o que fazem*" (Lc. 23:34). Somente a consciência de sono pode levar o homem a cometer um crime sem saber que o está cometendo, o que o transforma em animal humanizado ou humano animalizado. E é esse estágio letárgico de consciência que o situa em um nível ainda muito inferior na escala da evolução, do qual, se tiver juízo, deve esforçar-se para sair o mais breve possível.

E agora, pensemos nisto: todos se voltavam para Jesus quando Jesus falava. Voltemo-nos também para Ele neste momento, a fim de acompanharmos, com proveito espiritual, o cântico de suas (e nossas) Bem-Aventuranças. Elas representam a escada de Jacó, que liga a Terra ao Céu, desde o tempo dos patriarcas aos milênios do porvir. Com a contrição e a reverência de que deve estar replena a nossa alma, subamos, degrau a degrau, essa escada, a começar pelo primeiro lance – o lance da humildade –, sem o qual não teremos acesso aos demais que o sucedem nessa abençoada ascensão.

BEM-AVENTURADOS OS HUMILDES
E OS QUE CHORAM – I E II

*"A palavra do Cristo, no Sermão da Montanha,
contém mais desafio que reconforto."*
Mariano J. P. da Fonseca (FT, p. 183.)

I – Bem-aventurados os humildes de espírito, porque deles é o reino dos céus.

Humildade é a virtude que leva o ser humano a reconhecer a relatividade de seu valor perante os valores alheios. O homem é pequeno elo situado em determinado ponto de uma corrente sem fim que, na Vida Universal, emerge do infinitamente pequeno e mergulha no infinitamente grande, vem do Nada e vai para o Tudo, sai do Caos e entra no Cosmo. É o reconhecimento de que, no equalizador do Infinito, não é maior nem menor que ninguém, pois sempre haverá, nessa corrente sem fim, alguém antes dele e alguém depois dele na jornada para Deus. Só conhecerá a grandeza divina quem reconhecer primeiro a sua pequeneza humana.

É tão sutil a humildade que quem a tem o desconhece, e quem julga possuí-la não percebe sua falta. Irmã gêmea da modéstia, a humildade leva seu possuidor a velar com discrição suas virtudes, mesmo quando as irradia em suas relações em sociedade. Ser humilde é reconhecer-se sob o comando de um Poder superior, conduzindo o homem a uma finalidade transcendente, que ainda escapa a seu pequeno entendimento. Ser humilde é estar de coração permanentemente ajoelhado diante de Deus, porque só há dois altares neste mundo ante os quais os seres humanos dobrarão os joelhos um dia: Jesus e a Dor. Bem-aventurados os que se ajoelharem voluntariamente ante a majestade do primeiro.

Entre os exemplos de humildade e fé presentes no Evangelho – além da passagem de Jesus lavando os pés a seus discípulos, que é o maior de todos (Jo. 13:1/11) –, um dos mais tocantes é o proporcionado pela mulher siro-fenícia. Sabendo que Jesus estava naquela região, a estrangeira o procurou e clamou, aflita: "Senhor, Filho de Davi, tem compaixão de mim! Minha filha está horrivelmente endemoninhada!". Ele, porém, não lhe respondeu palavra. Seus discípulos, vendo que Jesus a "ignorava", rogaram-lhe que a despedisse, pois seu clamor estava incomodando a todos eles. Mas Ele, com estudado desdém, respondeu em voz alta, para que a mulher o ouvisse: "Não é bom tomar o pão dos filhos *e lançá-lo aos cachorrinhos*". Ela, contudo, não se ofendeu com a aparente desacolhida e replicou: "Sim, Senhor, *porém os cachorrinhos comem das migalhas que caem da mesa dos seus donos*". Jesus, então, vendo aquela flor macerada pelo sofrimento expor assim, publicamente, o seu mais íntimo perfume, exclamou: "Ó mulher, grande é a tua fé! Faça-se contigo como queres". E desde aquele momento – diz o Evangelho –, sua filha ficou curada (Mt. 15:21/8).

O exemplo de submissão dessa mulher enternece nosso coração e nos preenche de uma grande compaixão por ela. Essa compaixão Jesus sentia desde seu primeiro apelo, mas prolongou de propósito o episódio para despertar a expectativa da multidão e levá-la a glorificar a Deus, coroando uma humildade viva com uma compaixão sublime.

Pobres de espírito

A virtude da humildade também é traduzida, em outras versões, por "pobres de espírito", tentando cada tradutor captar com mais autenticidade o pensamento original do Cristo. Pobreza de espírito só pode significar desprendimento, despojamento, no sentido de o bem-aventurado privar-se ou despir-se de tudo o que possa embaraçá-lo de alcançar a eterna beatitude. Não significa, em absoluto, miséria, mas que o homem pode possuir todas as riquezas, *desde que não se deixe possuir por elas*. Quanto mais pobre de espírito o espírito, mais poderoso se torna, mesmo na sua condição de humanidade.

A riqueza do Céu está disponível aos que se tornam insubmissos à riqueza da Terra, porque, como pergunta o Cristo: "Se, pois, não vos tornastes fiéis na aplicação das riquezas de origem injusta [qualquer riqueza terrena], quem vos confiará a verdadeira riqueza [a riqueza espiritual]?" (Lc. 16:11). Só se torna pobre de espírito o homem que encontra aquele "tesouro oculto" (Mt. 13:44) no campo de sua intimidade e, cheio de alegria, vai, despoja-se de todos os adornos materiais que apreciava até ali, e que são como ferrugem para a alma, a fim de possuir aquela joia sem igual.

Os céus se inclinam ante o homem verdadeiramente despojado. E a diferença entre o sobrecarregado e o despojado pode ser vista na parábola do fariseu e o publicano, em que ambos oravam no templo, um perto do outro. Enquanto o fariseu, posto em pé, agradecia a Deus por não ser "como este publicano", o publicano, de olhos no chão, batia doridamente no peito e dizia: "Ó Deus, sê propício a mim, pecador!". Conclui o Cristo que este desceu justificado para sua casa, e não aquele, "porque todo o que se exalta será humilhado; mas o que se humilha será exaltado" (Lc. 18:9/14).

Jesus era pobre de espírito no seu sentido integral, porque não possuía nada e não carregava nada consigo, *exceto o poder de possuir em latência e pronta disponibilidade todas as riquezas da Terra e do Céu*. Quando precisava de dinheiro, fisgava um peixe com um estáter na boca; ao desejar um licor, transformava água em vinho; se carecia de pães, materializava-os com fluidos, aos milhares; para atravessar o lago, dispensava barcos; trazia em seu magnetismo o remédio para todos os males e o empregava com prodigalidade; se quisesse escolta, podia requisitar, a qualquer momento, doze legiões de anjos para defendê-lo; se ameaçado de lapidação, no Templo ou no monte de Nazaré, livrava-se de seus agressores como se desaparecesse no ar. São poderes de que estão revestidos os habitantes do reino dos céus – reino dos céus que não está distante, perdido em algum desvão do Infinito, mas dentro de cada um de nós, no céu de nossas almas.

A *incredulidade* do homem dirá que isso só era possível ao Cristo, porque Ele é filho de Deus. Mas a *credulidade* do Cristo disse que "[...] aquele que crê em mim fará também as obras que eu faço *e outras maiores fará,* porque eu vou para junto do Pai" (Jo. 14:12). Basta crer e trabalhar nessa direção.

Porque deles é o reino dos céus. Antes de Jesus, a humildade desqualificava o homem que a possuísse, porque o tornava desprezível ante o mundo. Mas com Jesus, os detentores dessa virtude passaram a ser os potenciais possuidores do reino de Deus. Ao tornar público seu ensino sobre a humildade, Jesus estava ensinando ao povo o caminho do acesso a Si mesmo, como se lhe dissesse: "Vinde a Mim todos vós que estais cansados e oprimidos, e Eu vos aliviarei".

II – Bem-aventurados os que choram, porque serão consolados.

Outros tradutores substituem a expressão "que choram" por "aflitos" ou "tristes". Chorar, na percepção de Jesus, não é debulhar-se em lágrimas contínuas nem proferir lamentações pelos cantos. É *ter consciência cósmica* de haver decaído de um plano superior em decorrência de infrações pessoais à Lei. É *ter consciência cósmica* de estar exilado temporariamente num mundo de provas e expiações. É *ter consciência cósmica* de haver recebido nova oportunidade e se encontrar submetido a lento processo regenerativo e ascensional. É *sofrer intimamente* pelo pecado próprio (ou transgressão pessoal à Lei) e pelo pecado do mundo (assim como Jesus chorou por Jerusalém), mas *tendo consciência* da presença do conforto divino – aquele "maná escondido" de que nos fala o Apocalipse (2:17) –, porque esse pranto da alma contrita será consolado.

Na dor do reerguimento está a própria ressurreição, porque o Cristo repreende e disciplina a quantos ama (Ap. 3:19). "Não há cacho de uva na Vinha do Senhor" – diz Thompson, citado aqui de memória – "que não tenha de ser pisado no lagar." Cristão lúcido anela por esse corretivo como urgente tábua de salvação. Na seara do Senhor, todo grão de trigo iluminado pela luz do porvir há de buscar esse processo regenerador para se transformar, a exemplo do Mestre, em pão transubstancial do reino dos céus. Ninguém sofre sem dever nem se redime sem sofrer. As causas desses sofrimentos são justas porque Deus é justo, e sua nascente se estende pelas vidas passadas, já que o espírito muda de corpo, mas não de débitos e créditos; apenas os altera pelas ações do presente. Sendo este um planeta de provas e expiações, enquanto o homem for imperfeito, ele será a sua oficina de aperfeiçoamento, o lar temporário de sua regeneração. Mas quando for elevado a um novo nível, os que persistirem no mal serão compelidos a deixá-lo por um lar inferior.

Nesse contexto, é desinteligente o homem afogar-se no falso prazer da carne, na ilusão do poder, na transitoriedade do dinheiro, no ópio mental do espírito submetido à narcose da matéria, por desconhecer *os cinco pontos básicos de seu reerguimento espiritual:* **quem é, de onde veio, o que faz aqui, por que sofre e para onde vai.**

Paulo detinha esse conhecimento e, mesmo bafejado pelas revelações divinas, falava de um "espinho na carne" (sua queda), mensageiro de Satanás, que o esbofeteava para que não se ensoberbecesse. "[...] o poder se aperfeiçoa na fraqueza", dissera-lhe o Senhor, e o Apóstolo provou haver aprendido a lição: "[...] Pelo que sinto prazer nas fraquezas, nas injúrias, nas necessidades, nas perseguições, nas angústias, por amor de Cristo. Porque, *quando sou fraco, então, é que sou forte*" (2Co. 12:9/10).

Há os que já superaram a consciência de sono, mesmo chumbados ao escafandro de carne. O conhecimento da Verdade não lhes ensombra o semblante, porque há alegria interior energizando-lhes o ser. Esse conhecimento gera poderoso júbilo moral, que lhes anuncia o nascimento da estrela da alva em seus corações (2Pe. 1:19) e os empolga de forma irresistível, levando-os a buscar a sua ascensão constantemente. É a afirmativa do Cristo à véspera da crucificação: "Disse-vos estas coisas para que a *minha alegria* esteja em vós e para que a *vossa alegria* seja completa" (Jo. 15:11 – tradução de Matos Soares). Quem conhece – ou busca conhecer – a Verdade não é pessoa triste, mas ponderada. Quem se integra no feliz "sacrifício" do bem não se entrega à ilusória euforia do mal.

Porque serão consolados. Aos que já se elevaram a esse entendimento superior e vivem de acordo com o Código divino, Deus lhes enxugará dos olhos todas as lágrimas (extinguindo suas causas), a começar do momento presente (Ap. 21:4).

BEM-AVENTURADOS OS MANSOS E OS QUE TÊM FOME E SEDE DE JUSTIÇA – III E IV

"Oxalá nós outros, nestes quase vinte séculos que nos separam da pronunciação do Sermão da Montanha, tenhamos alcançado o grau evolutivo que nos possibilite assimilar tão sublimes lições!"
Rodolfo Calligaris (OSM, p. 211.)

III – Bem-aventurados os mansos, porque herdarão a terra.

À palavra "mansos" às vezes é acrescentada a expressão "e pacíficos", em outras traduções, ou simplesmente traduzida por "pacientes". Paciência – numa interpretação emocional e nada etimológica – pode ser considerada a ciência da paz (paz+ciência). Paciente é o homem que suporta contrariedades sem perder a calma, ou sabe "esperar sem cansar a esperança", no dizer de Rudyard Kipling, em seu poema *If*.

Paciência é também resiliência – a propriedade que tem a alma de ceder, adaptar-se às imposições da vida quando sob pressão, tornando-se não resistente como a água, e voltar sempre ao estado original, destilando paz, enriquecida pela nova experiência. A paciência suplanta todos os obstáculos e, quando em excesso, paralisa os próprios opositores. A Terra foi criada em obediência ao Planejamento divino e está predestinada, como herança, aos que conquistarem essa virtude – os que vencerem a si mesmos ao entronizar no coração as Bem-Aventuranças do Cristo.

Optando-se pela versão "mansos", o conceito se enriquece. Enquanto o paciente se contrapõe ao irritado, o manso se contrapõe ao violento. Para se valorizar um homem de espírito manso, basta observar um de espírito abrutalhado. E o modelo da mansidão perfeita é o Ungido de Deus, que, segundo Isaías, "[...] foi oprimido e humilhado, mas não abriu a boca; [...]" (Is. 53:7). É a mansidão que conquista e conduz o mundo, a mansidão que os violentos abominam por lhes parecer covardia. É que eles têm uma visão distorcida dessa virtude.

Mansidão é poder. Para o escritor bíblico, Moisés foi o varão mais manso que já passou pela terra (Nm. 12:3), e todos sabem o poderoso e arrojado condutor de povos que ele foi. Se mansidão fosse covardia, Jesus não teria expulsado os vendilhões do Templo com um azorrague nem lançado por terra os que foram prendê-lo. É também o que ensina a Irmã Clara, de acordo com os apontamentos de André Luiz: "[...] A serenidade, em todas as circunstâncias, será sempre a nossa melhor conselheira, mas, em alguns aspectos de nossa luta, *a indignação é necessária para marcar a nossa repulsa contra os atos deliberados de rebelião ante as Leis do Senhor.* [...]" (ETC, p. 139).

Na visão do poeta Casimiro Cunha, "O mundo faz vencedores, mas Jesus faz invencíveis". E essa invencibilidade é produto da não resistência, ou mansidão divinamente ativada no coração dos que a conquistaram. É Jesus sendo esbofeteado num julgamento injusto, onde só havia acusadores mentirosos e nenhum defensor, e perguntando paternalmente a seu algoz: "Se falei mal, dá testemunho do mal; mas, se falei bem, por que me feres?" (Jo. 18:23). No dicionário do espírito já iluminado pela mansidão não existem palavras e expressões como vingança, represália, desforra, punição, castigo, não perdão etc. Seu coração é feito só de ternura.

Porque herdarão a terra. A Terra já é sua por direito divino desde a conquista da mansidão. Os mansos distendem os olhos sobre o planeta e quedam-se extasiados, porque tudo isso lhes pertence segundo a palavra do Senhor. Mesmo sem títulos de propriedade (que só trazem encargos), eles aspiram o perfume das vastas florestas e abrem os braços para os imensos oceanos, com deleite em suas almas, porque tudo isso é seu. Com um simples clique do olhar fotografam e arquivam no coração aquele solitário edelvais dos Alpes, que passa a lhes pertencer por toda a eternidade. Antes de atingirem a perfeição, já haviam conquistado o mundo com sua obediência e submissão à Lei, e, após a atingirem, hão de recebê-lo como herança, por sua plenitude na execução da Lei, transformando-se em colunas no santuário de Deus (Ap. 3:12). A Terra, como herança planetária, é santificado domicílio de seus corpos, e, como herança do Evangelho, abençoado lar de suas almas.

IV – Bem-aventurados os que têm fome e sede de justiça, porque serão fartos.

Trata-se da Justiça divina, porque a justiça humana, como distante imitadora daquela, ainda não detém o poder de saciar plenamente a fome e sede de justiça do ser humano. E aqui pode estar a chave do enigma: somente é bem-aventurado **aquele que, passando de réu a juiz, avoca ou chama a si essa Justiça**, e não visando à punição do próximo. Consciente de que a Lei se funda na equidade para com todos, tem fome e sede de Justiça, isto é, de regeneração, fome e sede de que ela, a Lei, *cobrando-o em primeiro lugar*, o libere do peso das infrações a que deu causa e que o contaminaram nos milênios passados. Disputa com seu irmão de jornada o feliz privilégio de encabeçar a fila do resgate,

de posicionar-se sob o foco da Lei a fim de disciplinar-se. É responsável por sua redenção, não pela do próximo, ao qual ajuda a levantar a carga, não a carregá-la.

Passar pela vida em brancas nuvens, no regalo da carne, é covardia moral. Quem tem consciência dessa verdade, exulta **em colocar-se de contínuo sob o cinzel da Lei, em disputar o privilégio da atenção da Lei,** *para o necessário resgate,* até a quitação total. A meta é purificar-se debaixo desse fogo abrasante que reduz a cinzas a imperfeição humana, transformando as águas amargas de seu coração em água da Vida, e permitindo-lhe sair da carne mais depurado que ao entrar nela.

Nesse caminho, à medida que os vícios vão sendo reduzidos a pó, a visão e o júbilo espirituais se dilatam, e a criatura, sempre impulsionada para a frente e para o alto, rejubila-se e quer sempre mais, até atingir a liberação total. Ela tem uma fome devorante do pão do céu e uma sede abrasante da água da Vida. O pão do forno e a água do poço não mais a satisfazem, porque não a livram da morte. Ela agora busca a Vida inextinguível. Por isso, tudo o mais se apaga *e ela quer Jesus e nada mais.*

Mãe Divina

Em sua sabedoria mística, os orientais comparam a Mãe Divina (Deus) a certa mãe que dá sucessivamente vários tipos de brinquedo ao filho (poder, riqueza, prazeres mundanos etc.). A mãe se dedica a seus afazeres domésticos, enquanto o pequerrucho se alegra com seus caminhões de plástico – ou bonecas, no caso de menina. Basta, porém, que ele se canse daqueles brinquedos, lance-os fora e passe a clamar exclusivamente por ela, e a mãe larga o trabalho, corre para o filho e o toma nos braços para doar-se a si mesma.

Enquanto estivermos satisfeitos com as coisas deste mundo, a Mãe Divina nos deixa brincar em consciência de sono. Mas, tão logo nos desviamos da sua criação e desprezamos seus brinquedos, lhe estendendo os braços e passando a chamar por Ela, Ela deixa tudo o que estiver fazendo e gentilmente vem se revelar a nós (SMV, p. 103).

O espírito encarnado em ascensão voluntária pode ser comparado a um alpinista subindo a montanha. No começo, as dificuldades tornam sua subida penosa e lenta; mas logo que supera os primeiros obstáculos, *descobre na rocha os sulcos ou pinos deixados por alpinistas anteriores* e transpõe, aos saltos, os obstáculos do caminho, chegando rapidamente ao cume. E Deus, que é Pai amoroso e justo, sabe dosar esse processo depurativo de acordo com as forças que cada um vai acumulando ao longo da jornada.

Porque serão fartos. Quando o Cristo explicou às multidões que não foi Moisés, com o maná, quem lhes deu o pão do céu, mas que o verdadeiro pão do céu quem lhes dava era o Pai celestial através d'Ele, elas lhe suplicaram à uma voz: Senhor, dá-nos sempre desse pão! E o Senhor lhes respondeu: Eu sou esse pão! Eu sou o pão da Vida! O que vem a mim jamais terá fome, e o que crê em mim jamais terá sede! (Transcrição livre de João, 6:32/5). Com isso, Ele estava dizendo que seu Evangelho é verdadeira comida e sua Doutrina é verdadeira bebida, saciando a fome e a sede daqueles que O buscarem de todo o coração.

BEM-AVENTURADOS OS MISERICORDIOSOS E OS LIMPOS DE CORAÇÃO – V E VI

> "*Dia virá em que ele [o Sermão da Montanha] fará parte dos currículos escolares, mostrando que não existe orientação mais segura, nem terapia mais eficiente para os desequilíbrios do comportamento humano do que a aplicação do sublime código moral contido nos princípios apresentados por Jesus.*"
> Richard Simonetti (AVM, p. 10.)

V – Bem-aventurados os misericordiosos, porque alcançarão misericórdia.

Misericórdia é termo formado pelas palavras latinas *miseratio* (compaixão) e *cordis* (coração), podendo ser traduzida por "coração compadecido". É o sentimento de compaixão despertado pela miséria alheia (simpatia), a capacidade de sentir o que o outro sente (empatia), e o ato de oferecer os tesouros do coração àqueles que nada têm, por serem "vítimas" da desventura (caridade).

Inúmeras passagens bíblicas referem-se à misericórdia como um doce refluir dos donativos divinos sobre as necessidades da alma. Jesus insiste com seus discípulos na excelência dessa virtude: "Sede misericordiosos, como também é misericordioso vosso Pai" (Lc. 6:36). Quando os fariseus censuram os discípulos por violarem a lei, colhendo e comendo espigas no sábado, o Senhor argumenta que os sacerdotes também violam a lei nesse dia e ficam sem culpa. E conclui: "Mas, se vós soubésseis o que significa: Misericórdia quero e não holocaustos, não teríeis condenado inocentes" (Mt. 12:1/7).

Os sacerdotes condenavam inocentes pelos motivos mais fúteis, em decorrência dessa violação, tachando-os de sacrílegos e levando-os ao apedrejamento e à morte. Mas pela nova lei revelada pelo Cristo, a misericórdia haveria de sobrepor-se a todos os tipos de punição, estimulando o *arrependimento* no infrator e concedendo-lhe a oportunidade de *expiar* e *reparar* a falta cometida. Ao desfraldar essa bandeira de renovação, Jesus queria eliminar os sacrifícios e holocaustos executados sob o patrocínio da lei mosaica, estabelecendo em seu lugar um novo tempo onde a misericórdia seria o refúgio e a fortaleza da salvação das almas.

A história do homem que descia de Jerusalém para Jericó e quase foi morto por salteadores está imbuída de profunda misericórdia. Abandonado no pó da terra pelos ladrões da estrada, por ele passaram, de largo, sucessivamente, dois homens de grande prestígio em seu tempo, um sacerdote e um levita, não se condoendo nenhum deles de sua miserável situação. Por fim, também passou por ali um "desprezível" samaritano, viu-o e sua alma se encheu de compaixão. Prestou-lhe os primeiros socorros, utilizando-se de óleo e vinho, e, colocando-o sobre o animal, levou-o até uma hospedaria próxima, onde tratou dele com melhores recursos. Tendo, porém, de seguir viagem, entregou algum dinheiro ao dono da hospedaria, pedindo-lhe que cuidasse daquele homem até a sua volta, quando, então, o indenizaria de todos os gastos extras que houvesse feito.

O samaritano fez o que todo homem misericordioso deve fazer: socorrer a quem precisa, sem perguntar pela causa de sua queda, agindo, primeiro e de forma urgente, com os recursos disponíveis no momento e, em seguida, em condições mais favoráveis, com recursos mais adequados. E não dar apenas de seu coração, mas também de seu bolso, como fez o samaritano, envolvendo o dono da hospedaria no tratamento, adiantando-lhe recursos e prometendo outro tanto, se necessário, quando voltasse. O samaritano só iria sentir que seu serviço estava completo quando visse o socorrido completamente restaurado.

Jesus contou essa parábola a um doutor da lei que lhe perguntara: "Quem é o meu próximo?". E ao concluí-la, perguntou-lhe: "Qual destes três te parece ter sido o próximo do homem que caiu nas mãos dos salteadores?". O doutor da lei respondeu: "O que usou de misericórdia para com ele". Jesus, então, concluiu: "Vai e procede tu de igual modo" (Lc. 10:25/37).

Jesus tinha em vista, nessa narrativa, dois objetivos: quebrar o preconceito dos judeus contra os samaritanos, porque (ao contrário dos dois nobres vultos judeus citados) foi um samaritano que usou de misericórdia para com aquele infeliz; e, ao mesmo tempo, abrandar a dureza de seus corações no relacionamento com o próximo.

Porque alcançarão misericórdia. A misericórdia humana produtiva é a que se espelha na Misericórdia divina e está sempre em marcha, na assistência à miséria comum, tendo à frente a caridade como iluminadora de caminhos.

VI – Bem-aventurados os limpos de coração, porque verão a Deus.

Ou "puros de coração", em outras traduções. É imperioso recordar aqui a oração do salmista: "Cria em mim, ó Deus, um coração puro e renova dentro de mim um espírito inabalável" (Sl. 51: 10). De todas as virtudes espirituais a serem conquistadas pelo Vencedor – *aquele que venceu a sim mesmo* –, esta é certamente uma das mais difíceis.

Quando se trata de purificar a alma, é de rigor trazer à cena, também, a expressão latina: *In medio stat virtus* (a virtude está no meio). Jesus, sendo o paradigma do equilíbrio perfeito, não podia estabelecer metas inalcançáveis ao espírito humano. Como, porém, o mal se alastrava com furiosa agressividade em seu tempo, o Mestre extrapolava no contraste para reequilibrar o fiel da balança.

Dizer que "Se o teu olho direito te faz tropeçar, arranca-o e lança-o de ti; pois te convém que se perca um dos teus membros, e não seja todo o teu corpo lançado no inferno" (Mt. 5:29), é exagerar o conceito para chocar e despertar as consciências entorpecidas. Erigir em adultério o simples olhar que, com intenção menos digna no coração, um homem lança a uma mulher (Mt. 5:28), é estabelecer um princípio inovador, mas situá-lo de forma quase inalcançável nas estrelas. Há mérito em não se realizar o que se deseja, *quando esse desejo se contrapõe aos mandamentos divinos,* como o Cristo ensinaria mais tarde, no século XIX, através do Consolador, repondo agora em seu justo equilíbrio a lição controversa:

"641. O desejo do mal é tão repreensível quanto o próprio mal?

"Conforme. *Há virtude em resistir-se voluntariamente ao mal que se deseja praticar, sobretudo quando se tem a possibilidade de satisfazer a esse desejo.* Se, porém, faltou apenas ocasião para isso, o homem é culpado" (OLE, p. 370).

Quando os fariseus questionaram o Cristo a respeito de seus discípulos não lavarem as mãos ao se alimentarem, Jesus reuniu a multidão e, a fim de dar uma orientação pública a respeito, disse que não é o que entra pela boca o que contamina o homem, mas o que sai da boca. Vendo que os fariseus se escandalizaram, os discípulos perguntam ao divino Mestre o significado dessas palavras, e Ele esclarece:

"Também vós não entendeis ainda? Não compreendeis que tudo o que entra pela boca desce para o ventre e, depois, é lançado em lugar escuso? Mas o que sai da boca vem do coração, e é isso que contamina o homem. *Porque do coração procedem maus desígnios, homicídios, adultérios, prostituição, furtos, falsos testemunhos, blasfêmias.* São estas as coisas que contaminam o homem; mas o comer sem lavar as mãos não o contamina" (Mt. 15:1/20).

O mesmo conceito é retomado no capítulo 14 do Apocalipse, onde é apresentada uma cena majestosa, em que o Cordeiro de Deus se encontra sobre o monte Sião, tendo a seu lado os cento e quarenta e quatro mil que foram "comprados da terra", ou seja, redimidos dentre os homens, por serem castos, em virtude de haverem vivenciado as Bem-Aventuranças de Jesus: "[...] São eles os seguidores do Cordeiro por onde quer que vá. São os que foram redimidos dentre os homens, primícias para Deus e para o Cordeiro; *e não se achou mentira na sua boca; não têm mácula*" (Ap. 14:4/5).

De tudo isso se conclui que pureza de coração é fruto da reeducação espiritual do homem. E o Evangelho é o código moral trazido por Jesus à Crosta terrestre exatamente para essa finalidade: instituir o Homem Novo, de que nos fala o Ministro Aniceto, em Nosso Lar (OM, p. 18), ou, como ensina Paulo, nos despojar "do velho homem, que se corrompe segundo as concupiscências do engano", e nos revestir "do novo homem, criado segundo Deus, em justiça e retidão procedentes da verdade" (Ef. 4:22/4).

O coração do homem purificado é uma fonte de água viva a jorrar para a Vida eterna (Jo. 7:38). É preciso, portanto, proteger com o máximo desvelo essa nascente, porque dela promanam o bem e o mal que podem levar o homem à salvação (outro nome para regeneração) ou à perdição (outro nome para exílio).

Porque verão a Deus. *Se "ninguém jamais viu a Deus"*, como afirma João, no Evangelho (Jo. 1:18), *porque Deus "habita em luz inacessível"*, como revela Paulo (1Tm. 6:16), podemos imaginar, então, a que alturas insondáveis o Cristo exaltou os limpos de coração, porque, de todos os bem-aventurados, são eles que verão a Deus face a face. Mas é preciso estabelecer, com bom senso e seriedade, um justo equilíbrio entre a trajetória a ser percorrida, cheia de tropeços, e a meta a ser alcançada, plena de luz, para não esmorecer os que se encontram nos caracóis do caminho. É o que podemos deduzir das luminosas lições do Evangelho, quando estudadas com a sabedoria da inteligência e a ternura do coração.

BEM-AVENTURADOS OS PACIFICADORES – VII

"Através de todos os tempos conservarão o seu poder as palavras que Cristo pronunciou no Monte das Bem-aventuranças."
Ellen G. White (OMDC, p. V.)

"O Sermão da Montanha é a mais notável contribuição do pensamento, em todas as épocas da história, para a plenitude humana."
Divaldo P. Franco (JV.)

VII – Bem-aventurados os pacificadores, porque serão chamados filhos de Deus.

Jesus é denominado por Isaías de "Príncipe da Paz" (Is. 9:6), e esta é a razão por que todo homem integrado no bem deveria considerar como da mais alta honra transformar-se num autêntico pacificador, pois estaria recebendo essa bênção tão especial do Cristo pela semeadura da paz, que é a de que este mundo mais tem necessitado em todos os tempos. Diz mais Isaías, em 52:7, numa expressão feliz que exalta a sagrada missão dos pacificadores: "Que formosos são sobre os montes os pés do que anuncia as boas novas, que faz ouvir a paz [...]".

Todas as virtudes anteriores – humildade, conformação, mansidão, fome e sede de Justiça, misericórdia e coração puro – são apenas preparatórias e necessárias para que a alma se transforme em operadora da Paz. Os pacificadores são os desarmados de corpo e de alma, que já vivem a paz em seu íntimo e, projetando-a para fora, trabalham com ela no exterior, construindo um mundo mais harmonioso e feliz. Foi certamente olhando os milênios futuros, e antevendo os graves desentendimentos entre as nações, que Jesus estabeleceu essa bênção extraordinária.

Abigail, no Velho Testamento da Bíblia Sagrada, é o exemplo vivo do espírito pacificador apresentado pelo Cristo. Duplamente qualificada pelo escritor sagrado como "sensata e formosa", essa mulher notável, agindo com intuição, sabedoria e rapidez, livrou sua casa e seus servos de um extermínio anunciado.

Davi estava refugiado nas montanhas daquela região, com mais de seiscentos guerreiros, para fugir à perseguição do rei Saul. Mandou, pois, uma embaixada a Nabal, marido de Abigail, com demonstrações de gentileza e homenagem, solicitando-lhe provisões para seu bando, pois seus homens nunca tinham molestado os servos de Nabal, quando pastoreavam no monte Carmelo, e muitas vezes os haviam protegido da ação de saqueadores.

Nabal, porém, sendo homem duro e maligno (seu nome, em hebraico, significa "sem juízo"), despediu os homens de mãos vazias e ainda praguejou gravemente contra Davi. Este, quando soube da recusa e ofensa, enfureceu-se, e ordenou a seus homens que cingissem a espada e se pusessem a caminho com ele, pois pretendia trucidar, até o amanhecer, todas as pessoas do sexo masculino da casa de Nabal.

Um dos servos desse homem perverso presenciou a injúria de seu patrão e o anunciou a Abigail, que, imediatamente, pressentindo a iminência do perigo que estavam correndo, preparou víveres em grande quantidade, colocou-os sobre jumentos e seguiu com os servos ao encontro de Davi, detendo-o quando já descia o morro, em desabalado tropel, a caminho de sua fazenda.

Apresentou-lhe as dádivas e, prostrando-se, rosto em terra, como humilde serva perante seu senhor, falou-lhe com tanta afabilidade e doçura, empregando palavras plenas de submissão e paz, que o coração dele se abrandou e sua ira se esvaneceu. Davi, então, louvando-lhe a prudência e o espírito pacificador, a despediu em paz e a abençoou em nome do Deus de Israel (1Sm. cap. 25).

As duas idades espirituais

Abigail é bem o símbolo da alma que já atingiu a sua maioridade espiritual. E um estudo mais atento do apóstolo Paulo permite-nos dividir os seres humanos, **quanto à sua madureza espiritual**, em duas classes: *os menores de idade e os maiores de idade.*

Os menores de idade são os que ainda não se interessam por conhecer a Lei divina e, por isso, evoluem de forma compulsória, aos trancos e barrancos, "por meio da dupla ação do freio e da espora" (OESE, p. 196), conforme a exigência das circunstâncias. Os maiores de idade são os que se interessam por conhecer a Lei e nela se integram, vivendo diariamente seus mandamentos, conforme a ordenação de Jesus no Sermão da Montanha: "Buscai primeiramente o reino de Deus e sua Justiça e todas as coisas vos serão acrescentadas" (Mt. 6:33 – citação contextual, não textual). Estes se tornam gradativamente um com o Cristo, assim como o Cristo é um com o Pai.

Os primeiros se tornam agressivos, praticando a violência, contra si e contra o próximo, dentro desses quatros níveis: *material, moral, mental e espiritual.* Na condição de menores de idade, estão submetidos à ação automática da Lei e, por isso, enquanto se mantiverem nessa posição, não têm direito nem acesso à herança destinada aos filhos. Os segundos se tornam pacificadores, praticando a paz e a mansidão em todos os seus níveis. Na condição de maiores de idade, tornam-se dignos de receber e compartilhar o Amor e a Justiça contidos na Lei e, por isso, têm direito e acesso, desde logo, à herança reservada aos filhos.

É o que leciona o apóstolo Paulo, de forma cristalina, quando afirma:

"Digo, pois, que, durante o tempo em que o herdeiro é menor, em nada difere de escravo, posto que é ele senhor de tudo. Mas está sob tutores e curadores até ao tempo predeterminado pelo pai. Assim, também nós, quando éramos menores, estávamos servilmente sujeitos aos rudimentos do mundo; vindo, porém, a plenitude do tempo, Deus enviou seu Filho, nascido de mulher, nascido sob a lei, para resgatar os que estavam sob a lei, a fim de que recebêssemos a adoção de filhos. E, porque vós sois filhos, enviou Deus ao nosso coração o Espírito de seu Filho, que clama: *Aba*, Pai!. *De sorte que já não és escravo, porém filho; e, sendo filho, também herdeiro por Deus*" (Gl. 4:1/7).

Essa transição da menoridade à maioridade está bem caracterizada na passagem da Lei de um Testamento para o outro, na Bíblia Sagrada. No Velho Testamento, o Deus da Justiça, *com sua sucessão de negações imperativas,* usa a palmatória no Decálogo, esculpido em pedra, para evitar que os infantes queimem as mãos no fogo da iniquidade. No Novo Testamento, o Deus do Amor, *com sua sucessão de estímulos sugestivos,* usa a bênção das Bem-Aventuranças, esculpidas nos corações, para ensinar os adultos a santificarem as mãos nas obras da caridade. Não é fortuito que o Velho Testamento termine com uma palavra – maldição – e o Novo, com uma bênção.

Porque serão chamados filhos de Deus. De acordo com a revelação evangélica, Jesus deu a todos quantos O receberam *"o poder de serem feitos filhos de Deus"*, a saber, aos que creem no seu nome (Jo. 1:12). Percebe-se, pois, no contexto acima, que **somente os que atingem a maioridade espiritual** e vivenciam as lições universais do Cristo podem ser considerados, *tecnicamente falando,* filhos de Deus.

BEM-AVENTURADOS OS PERSEGUIDOS POR CAUSA DA JUSTIÇA – VIII

> *"[...] O Cristo não vem mais fazer milagres; vem falar ao coração diretamente, em vez de falar aos sentidos. Passava adiante dos que pediam um milagre no céu e alguns passos à frente, improvisava o seu magnífico sermão da montanha.[...]".*
> Lamennais (RE, V, p. 74.)

VIII – Bem-aventurados os perseguidos por causa da justiça, porque deles é o reino dos céus.

É preciso desdobrar essa bem-aventurança para captar-lhe o verdadeiro sentido, assim como se abre um leque para ver o desenho oculto entre suas dobras. A bênção enunciada pelo Cristo certamente foi esta: Bem-aventurados os que são perseguidos por causa [**da prática**] da Justiça [**divina**], porque deles é o reino dos céus. Bem-aventurados os que são perseguidos *por praticarem a Justiça divina,* porque deles é o reino dos céus.

Jesus não se referiu à justiça humana, porque há muitos perseguidos por ela neste mundo, e nem por isso são bem-aventurados; os que deram causa a essa perseguição, a ela fazem jus. Mas quando alguém é perseguido **por praticar a Justiça de Deus**, esse realmente é bem-aventurado, porque realiza a obra do Senhor e, em decorrência disso, contraria a treva e sofre o assédio gratuito dos atiçadores do mal. É o caso dos grandes missionários da humanidade. E foi o caso, em nível global, de nosso divino Mestre.

Ninguém (homem ou organização planetária) tem o poder neste mundo de extinguir o mal, exceto o próprio Cristo, porque, enquanto este planeta for habitado por espíritos devedores à Lei – e é o caso de sua totalidade de habitantes, com exceção dos missionários em missão sacrificial de passagem por aqui –, o mal tem uma finalidade, que é a de esmerilar a cada um, propiciando-lhe o despertar da consciência e, ao empregar o aguilhão do sofrimento, instigá-lo na estrada da evolução. Quando esse esmerilamento tiver cumprido a missão que lhe foi designada pelo Senhor, então o mal será expulso da Terra junto com aqueles que não aproveitaram desse processo purificador.

A presença "negativa" do mal no mundo começou com o primeiro homem decaído e somente deixará este planeta quando a humanidade entrar no período ainda futuro chamado de Regeneração, quando haverá a seleção entre trigo e joio, ficando o trigo na Terra e o joio sendo transferido, em bloco, para orbes inferiores. A simbologia dessa *presença permanente do mal* está muito bem caracterizada no Gênesis mosaico, desde que seja levantado o véu que lhe obscurece o verdadeiro sentido e o texto seja interpretado com maturidade e isenção de preconceitos.

Caim e Abel

Filhos de Adão e Eva, Caim era lavrador e seu irmão Abel, pastor de ovelhas. Quando ambos trouxeram suas oferendas perante o Senhor, o Senhor se agradou mais da oferta de Abel, o que levou Caim a matá-lo por inveja. Deus irou-se com esse primeiro homicídio da história e amaldiçoou o criminoso, dizendo que ele, a partir daí e por causa disso, seria "fugitivo e errante pela terra". Caim sentiu o peso do castigo, a ponto de quase não poder suportá-lo, porque, doravante, *teria de fugir constantemente da presença do Senhor* e, o que era pior, reclamou que, em decorrência dessa maldição, quem com ele se encontrasse o mataria. Deus, porém, lhe assegurou que qualquer um que matar Caim *"será vingado sete vezes"*. E pôs *um sinal* no criminoso, "para que **o não ferisse de morte quem quer que o encontrasse**" (Gn. 4:11/5). Dessa forma, de acordo com a revelação mosaica, encontra-se o mal selado por Deus com o selo de uma necessária e transitória "imortalidade".

Adão e Eva simbolizam imensas falanges de espíritos degredados para a Terra, vindos de planetas superiores, de onde decaíram em face de sua insubmissão aos princípios do bem que já vigoravam em seus antigos lares (AG, p. 226/35). O mal (ignorância da Lei que gera transgressão à Lei) embutido em suas almas e trazido com eles permaneceria em nosso mundo, como instrumento de fricção moral e espiritual, ao longo dos milênios, para o abrandamento gradativo de seus corações rebeldes.

Milhares de anos depois dessa transmigração de almas sentenciadas ao degredo, o Cristo desceu das Regiões Resplandecentes deste planeta que Ele mesmo formou, a fim de permanecer conosco por trinta e três anos e meio nesta esfera interna que habitamos – chamada Crosta terrestre. Veio para estabelecer um novo Reino, com o aceleramento da redenção das almas. As almas haviam amadurecido e, por isso, a era da Regeneração estava próxima. E no final de sua estada entre nós – à véspera de ser preso, julgado e condenado –, Ele reconheceu e até mesmo referendou a presença desse mal necessário, denominando-o *príncipe do mundo*, com estas palavras dirigidas a seus discípulos: "Já não falarei muito convosco, porque aí vem o *príncipe do mundo;* e ele nada tem em mim; [...]" (Jo. 14:30). E profetizou, mais tarde, para a época da Regeneração: "Chegou o momento de ser julgado este mundo, e agora o *seu príncipe* será expulso" (Jo. 12:31).

É natural, portanto, que enquanto o nosso planeta não entrar em sua fase de Regeneração, os que praticarem a Justiça de Deus, a exemplo do próprio Cristo, serão sempre perseguidos pelo "príncipe do mundo", que é, por mais um pouco de tempo, o dono da casa a título precário, enquanto não conclui a missão que lhe foi atribuída pela Providência divina. E isto é lógico: por que o Cristo iria designar um anjo de amor para supervisionar uma esfera de intenso resgate como a nossa?. O que os seus insubordinados habitantes precisam é de um "príncipe do mundo" que fustigue os devedores com dureza e, mesmo a contragosto, os leve a buscar refúgio no Pai.

Poder lapidador

Esse transitório império do mal, controlado e conduzido ocultamente pelas forças do Bem, funciona, sem que os maus saibam, como exímio e providencial lapidador de almas rudes e endividadas, cujos coscorões precisam ser desbastados para facilitar a eclosão de seu brilho interior. É o que aprendemos com as reflexões sempre bem-vindas de nobres Mentores espirituais, como Clarêncio, Matilde e Flácus:

– "[...] O Senhor tolera a desarmonia, a fim de que por intermédio dela mesma se efetue o reajustamento moral dos espíritos que a sustentam, de vez que *o mal reage sobre aqueles que o praticam, auxiliando-os a compreender a excelência e a imortalidade do bem*, que é o inamovível fundamento da Lei. [...]" *(Clarêncio) (ETC, p. 12)*.

– "[...] Somos diamantes brutos, revestidos pelo duro cascalho de nossas milenárias imperfeições, localizados pela magnanimidade do Senhor na ourivesaria da Terra. A dor, o obstáculo e o conflito são bem-aventuradas ferramentas de melhoria, funcionando em nosso favor. [...]" *(Matilde) (LIB. p. 240)*.

– "Somos simplesmente alguns bilhões de seres perante a Eternidade. E estejamos convencidos de que se o diamante é lapidado pelo diamante, **o mau só pode ser corrigido pelo mau**. *Funciona a justiça, através da injustiça aparente,* até que o amor nasça e redima os que se condenaram a longas e dolorosas sentenças diante da Boa Lei" *(Flácus) (LIB. p. 23).*

Para ilustrar essa providencial atuação do mal (que sempre gera o sofrimento), reconduzindo almas ao rebanho divino, transcrevemos a sugestiva parábola narrada por Francisco Cândido Xavier, segundo anotações de Carlos A. Baccelli:

Chico contou que um aprendiz, chegando perto de um pastor de ovelhas, perguntou:

– Se uma ovelha cair na fossa, o que você fará?

– Eu a tiro e carrego – respondeu o pastor.

– Mas e se a ovelha se machucar, se estiver ferida? – tornou o aprendiz.

– Eu a curo e, mesmo se estiver sangrando, eu a carrego – retrucou o pastor.

O aprendiz pensou demoradamente e indagou, por fim:

– Mas e se a ovelha fugir para muito longe, léguas e léguas?

O pastor, zeloso e experimentado, fitando o grande rebanho que pastava no vale, respondeu:

– Eu não posso ir atrás, porque não posso deixar todo o rebanho por causa de uma ovelha rebelde... Eu mando o cão buscá-la...

Coroando os preciosos apontamentos da tarde, Chico arremata:

– A mesma coisa é o Cristo diante de nós, quando nos afastamos do caminho certo, léguas e léguas. Ele não vai atrás, mas vai o cão, *que é o sofrimento...* (ASA, p. 63/4).

Porque deles é o reino dos céus. O homem, no estágio em que se encontra atualmente, ainda traz em sua alma uma difusa mescla de bem e mal, oscilando um ou outro, para menos ou para mais, de acordo com o seu grau de aderência à Lei de Deus. Os que se acham no carreiro final da quitação, encontram poderosa energia na bênção dessa bem-aventurança, porque sabem que aquela coroa da justiça de que fala o apóstolo Paulo – espécie de *summa cum laude* (colação de grau com louvor) – também está muito próxima de ser depositada suavemente em suas cabeças:

"Combati o bom combate, completei a carreira, guardei a fé. Já agora a coroa da justiça me está guardada, a qual o Senhor, reto Juiz, me dará naquele Dia; e não somente a mim, mas também a todos quantos amam a sua vinda" (2Tm. 4:7/8).

Cingir a coroa da Vida é a meta suprema. E para chegar lá é preciso negar-se a si mesmo, tomar a sua cruz e seguir as pegadas do Cristo. Só desfruta o bônus quem liquida o ônus, porque – como ensina a sabedoria popular – só no dicionário é que prêmio vem antes de trabalho.

BEM-AVENTURADOS OS INJURIADOS POR AMOR AO CRISTO – IX

> *"[...] Pode-se dizer, com segurança, que o Sermão da Montanha é o mais conhecido, menos entendido e menos praticado de todos os ensinamentos de Jesus."*
> *Paul Earnhart (SMO, p. 3.)*

IX – Bem-aventurados sois quando, por minha causa, vos injuriarem, e vos perseguirem, e, mentindo, disserem todo mal contra vós. Regozijai-vos e exultai, porque é grande o vosso galardão nos céus; [...].

Coroamento da anterior – passando, porém, da perseguição por causa da Justiça para a perseguição por causa da fidelidade ao Cristo –, essa Bem-Aventurança, endereçada de maneira especial aos seguidores do Mestre ao longo dos milênios, é desvirtuada por falsos líderes de todos os tempos, sobretudo os corifeus ou "donos" das religiões humanas, que nela se escudam, quando perseguidos por outras seitas ou pela justiça terrestre, para se apresentar como vítimas perante seus seguidores. Há nela, porém, uma ressalva fundamental, que é a chave de sua validade: a palavra **mentindo**.

Os perseguidos somente desfrutam da bem-aventurança celeste quando seus perseguidores **estiverem mentindo**. Se o líder religioso, porém, é perseguido em decorrência de crimes cometidos no exercício de seu ofício religioso, como simonia (tráfico de coisas sagradas ou espirituais) e outras indignidades, então deu causa à perseguição, como qualquer criminoso vulgar e, nesse caso, é simples mal-aventurado. Mas os que são perseguidos pela treva porque realizam a obra do Cristo, têm garantido o seu galardão no céu.

Todos os apóstolos do Cristo, diretos ou indiretos, que viveram antes ou depois d'Ele, passaram por essa perseguição, notadamente Pedro, Tiago, João, Estêvão e Paulo, entre outros. E os mesmos fatos se repetem ao longo do tempo, não somente com os seus seguidores no eixo religioso, mas também com os que, em outras áreas de atividade, representaram ideais nascidos da Verdade, que é outro nome de Jesus.

Os poderes dominantes, a serviço da treva, estavam decididos a não permitir que esses ideais florescessem no mundo. Dentre os perseguidos mais destacados – fora do Cristianismo nascente –, podemos citar, como exemplo, antes do Cristo, Sócrates, e, depois do Cristo, João Huss, Joana d'Arc, Girolamo Savonarola, Galileu Galilei, Giordano Bruno, Baruch Spinoza e mais uma infinidade de outros nobres luminares.

Entretanto, nunca a mentira rastejou tão baixo no pântano da miséria humana como no caso do "julgamento" do divino Mestre. (Considere entre aspas os termos *julgamento, julgado* e *processo* que aparecerem no texto daqui para a frente.)

O Cristo foi julgado a toque de caixa por dois grandes tribunais – o judeu e o romano –, conluiando-se em conchavos e troca de favores, num vergonhoso arremedo de justiça aliado à prevaricação por parte de seus magistrados, ou seja, ao descumprimento do dever legal, por má-fé ou interesse suspeito. Em nenhum deles, como determinam as normas, Jesus teve acesso a defensor legal ou à proteção da toga. Sua condenação já estava decidida antes do julgamento, porque os sacerdotes e anciãos do povo *já haviam decidido prendê-lo à traição e matá-lo* (Mt. 26:3/5).

Sob a acusação de que pervertia a nação, proibia o pagamento de tributo a César, alvoroçava o povo e – a mais grave de todas – blasfemara perante o sumo sacerdote, Jesus transitou de Anás a Caifás, de Pilatos a Herodes, do Sinédrio ao Pretório, sabendo o Procurador romano que por inveja é que os judeus O haviam entregado (Mt. 27:18). Não obstante isto, mesmo não achando n'Ele crime algum, Pilatos – numa atitude mais detestável que a de Herodes, que se manteve neutro no caso –, lavou as mãos e, com esse ato, sem paralelo na história, de juiz desfibrado, O entregou à crucificação.

Processo tumultuado

Eis algumas das irregularidades mais notórias desse processo infamante:

a) Jesus já estava previamente condenado;

b) foi preso ilegalmente, pois na lei judaica não havia fundamento para essa prisão;

c) apresentaram-se falsas testemunhas e falsos testemunhos de acusação, o que violava o oitavo mandamento do Decálogo, tornando o processo ilegal;

d) a sentença condenatória emanada do Sinédrio foi ilegal, porque em momento nenhum se apresentaram provas hábeis de que Jesus perverteu a nação ou amotinou o povo, tenha incentivado a desobediência civil ou blasfemado o nome de Deus;

e) foi agredido injusta e ilegalmente, porque Ele era, no máximo, suspeito, visto que ainda não tinha sido submetido a julgamento definitivo;

f) Pilatos, mesmo reconhecendo não haver culpa no Cristo – mas resolvido a satisfazer o Sinédrio –, tumultuou o julgamento, iniciando ilegalmente um novo processo, com base no direito consuetudinário, para decidir quem seria solto no período da festa, no qual foi escolhido o amotinador e homicida Barrabás em detrimento do Cristo. Após esse ato, transfere, também ilegalmente, a competência decisória para o povo, evidenciando a sua disposição de dar uma "solução final" para o caso;

g) Jesus foi declarado inocente, em última instância, pelo Procurador romano, mas entregue covardemente à crucificação em vista do clamor público, habilmente manipulado pelos doutores da lei e sacerdotes do Templo.

Esses elementos pontuais do julgamento de Jesus foram condensados do artigo de Washington Luiz Nogueira Fernandes – "A farsa dos julgamentos de Jesus" –, publicado em Reformador de setembro/outubro de 1997, onde pode ser encontrada exposição do caso, escrita com robusto embasamento.

Analisando, por sua vez, esse procedimento corrupto que enodoou, como nenhum outro, a justiça humana, Rui Barbosa esculpiu estas palavras de fogo, estendendo-as como solene advertência sobre todos os tribunais do mundo em todas as épocas:

"Medo, venalidade, paixão partidária, respeito pessoal, subserviência, espírito conservador, interpretação restritiva, razão de estado, interesse supremo, como quer te chames, *prevaricação judiciária*, não escaparás ao ferrete de Pilatos! O bom ladrão salvou-se. Mas não há salvação para o juiz covarde" (OJP, p. 185/191).

Porque é grande o vosso galardão nos céus. Galardão é recompensa por serviços valiosos prestados e, em sentido figurado, prêmio, homenagem, glória. Portanto, a perseguição por causa do Cristo, *fundamentada em mentiras*, irá proporcionar oportunamente ao perseguido, que tenha servido fielmente à causa do Evangelho, prêmios e manifestações honrosas no reino dos céus. (Ver também Mateus, 10:32.)

Conclusão

Jesus, vendo as multidões, subiu ao monte. E nós, *vendo Jesus*, devemos subir também ao monte da nossa Espiritualidade interior, para fazermos das Bem-Aventuranças a pedra filosofal de nossas almas, até a conquista da plenitude final.

Nas Bem-Aventuranças do Evangelho o homem aprende a interiorizar a virtude da humildade e se torna criança aos olhos de Deus, como ensina Jesus: *Se não vos tornardes como crianças, de modo algum entrareis no reino dos céus.* (Mt. 18:3.)

Nas Bem-Aventuranças do Evangelho o homem supera as dores do mundo e dissolve as dores cármicas de sua alma, renova-se e ressuscita no amor, permanecendo fiel à promessa do Cristo: *E Deus lhes enxugará dos olhos toda lágrima.* (Ap. 21:4.)

Nas Bem-Aventuranças do Evangelho o homem vence a sua natureza animal, entroniza a brandura que emana do Amor divino e atinge a mansidão vivida pelo Senhor no Evangelho: *Aprendei de mim, que sou manso e humilde de coração.* (Mt. 11:29.)

Nas Bem-Aventuranças do Evangelho o homem sacia a sua fome e sede de espiritualidade e se unifica à fonte de todos os bens universais, tal como ensina o divino Mestre: *Eu sou o pão que desceu do céu e a água da Vida – quem comer desse pão e beber dessa água nunca mais terá fome e nunca mais terá sede.* (Jo. 6:35 e 4:13/4.)

Nas Bem-Aventuranças do Evangelho o homem se integra na compaixão celeste e elimina a herança maldita de suas oferendas no altar do mundo, conforme a lição de Jesus: *Ide e aprendei o que significa misericórdia quero e não holocausto.* (Mt. 9:13.)

Nas Bem-Aventuranças do Evangelho o homem purifica o coração, ao banhar-se nas águas lustrais do Evangelho, permanecendo sob a proteção amorosa da aura do Cristo: *Assim como o Pai me amou, Eu vos amei; permanecei no meu amor.* (Jo. 15:9.)

Nas Bem-Aventuranças do Evangelho o homem aprende a opor a ação da paz à reação da guerra, encontrando a harmonia interior em sua unificação com o Príncipe da Paz: *Permanecei em mim, e eu permanecerei em vós.* (Jo. 15:4.)

Nas Bem-Aventuranças do Evangelho o homem atinge a vitória pessoal sobre todas as perseguições do mundo e se torna um eterno invencível diante de todos os vencedores transitórios da humanidade, conforme o exemplo do Senhor: *Tende bom ânimo; Eu venci o mundo.* (Jo. 16:33.)

Nas Bem-Aventuranças do Evangelho, por fim, o homem assimila e vivencia todas as virtudes do reino dos céus, de acordo com a exposição feita pelo Cristo, transformando sua alma num paraíso e sendo elevado, em razão disso, **às glórias do Cristianato com Jesus.**

As Bem-Aventuranças do Apocalipse

PISANDO EM SOLO SAGRADO

"O Apocalipse é o livro que abre de par em par as portas da Nova Era à Humanidade."

Quando Josué estava nos arredores de Jericó, viu um homem de pé, em sua frente, que trazia na mão uma espada nua. Josué perguntou-lhe se ele era amigo ou inimigo, e o vulto recém-chegado respondeu que era o príncipe do exército do Senhor. O sucessor de Moisés prostrou-se, rosto em terra, e lhe perguntou quais eram as ordens. O príncipe do exército do Senhor ordenou-lhe que descalçasse as sandálias, *"porque o lugar em que estás é santo"* (Js. 5:13/5).

Ao adentrar a mensagem do Apocalipse, penetramos na obra que nos levará a um novo Céu e a uma nova Terra. Por isso, à semelhança do príncipe do exército do Senhor nas cercanias de Jericó, tomo a liberdade de convidá-lo, meu caro leitor, para, juntamente comigo, descalçarmos também as sandálias, porque o terreno em que estamos pisando é santo.

É impossível falar de Apocalipse e tocar os corações, transmitindo-lhes confiabilidade e segurança, sem que o autor e o leitor estejam em sintonia e imbuídos dos três estados de consciência de que fala Pascal, em nossa substanciosa Doutrina: *a reflexão, a inspiração e a revelação.* (RE, VIII, p. 148.)

Diz ele que o ser humano se move sob a influência dessas três causas. A *reflexão* nasce do homem, é útil e satisfaz as suas necessidades enquanto se encontra em uma posição temporariamente estacionária. A *inspiração* vem da influência dos espíritos e se mescla à reflexão; é uma causa oculta que impele o homem ao progresso. A *revelação* é a mais elevada entre as três, procede de Deus, é rara e às vezes imperceptível, levando o homem a ficar tomado de um santo respeito; é dada como recompensa à fé sincera e ao coração devotado.

Vemos assim que *a reflexão é do homem, a inspiração é dos espíritos e a revelação é de Deus*. A primeira é útil, mas não tem poder para arrancar o homem do imobilismo. A segunda é uma força nova que se mescla à anterior e o move à evolução. A terceira, e mais poderosa das três, é incomum, procede da Divindade, arrebata o coração do homem aos céus e é um prêmio à fé autêntica e ao coração devotado ao bem. A reunião dessas três condições faz do homem um Vencedor – *Vencedor de si mesmo* –, nos moldes estabelecidos pelo Cristo no Apocalipse.

Ao intentar a interpretação das Bem-Aventuranças do Apocalipse de Jesus (que, ao contrário das Bem-Aventuranças do Evangelho, têm raros comentadores), tenho consciência da ousadia da empresa e, como aspirante às qualificações citadas, mas delas desprovido, rogo a Deus o alento de sua misericórdia e, ao leitor, escusas por esse temerário cometimento. Este estudo, despojado e raso, é uma simples contribuição ao entendimento dos símbolos apresentados, e pretende ser um incentivo aos intérpretes mais qualificados do Apocalipse para que tragam também a público o fruto de suas laboriosas reflexões.

As duas missões do Cristo

Atendendo ao Planejamento divino, Jesus veio ao mundo, há dois mil anos, para cumprir duas grandes missões messiânicas, a saber: primeira, transferir o Evangelho das Regiões Resplandecentes do planeta para a Crosta terrestre; e, segunda, estabelecer a mensagem do Apocalipse entre os homens, como roteiro para iluminar seu destino futuro, à medida que eles se tornassem dignos dessa revelação.

O Evangelho é o código divino que rege as dimensões mais elevadas da Terra e que, um dia, regerá também a esfera em que habitamos (Ap. 11:15); e o Apocalipse é a demonstração superior de que o futuro já está traçado pelos Poderes dirigentes do planeta, e a revelação de que, através dele, a humanidade será conduzida à sua regeneração e iluminação.

A primeira missão, Jesus cumpriu-a pessoalmente, por meio de sua palavra e exemplificação pessoais, durante o período que permaneceu, entre nós, na região da Palestina; a segunda, cumpriu-a, cerca de 65 anos depois de sua ascensão, através do anjo especial que enviou a João Evangelista, exilado na ilha de Patmos, para entregar-lhe o conteúdo desse livro revelador, conforme vemos logo em seus primeiros versículos:

"Revelação de Jesus Cristo, que Deus lhe deu para mostrar aos seus servos as coisas que em breve devem acontecer e que ele, *enviando por intermédio do seu anjo,* notificou ao seu servo João, o qual atestou a palavra de Deus e o testemunho de Jesus Cristo, quanto a tudo o que viu" (Ap. 1:1/2).

Ao abrirmos as páginas recamadas de luz desse livro extraordinário, temos de levar em consideração, inicialmente – como alertam seus lídimos comentadores –, os seis seguintes aspectos, que estabelecem as diretrizes fundamentais para o princípio de sua compreensão: *o título, o caráter, o objetivo, o anjo revelador, a bênção e a dedicatória.*

O *título* do livro é "Apocalipse de Jesus" e não "Apocalipse de João", como assinalam algumas traduções. O revelador é Jesus Cristo; João é apenas o vidente e audiente que, em desdobramento espiritual, registrou a revelação do Senhor.

O **caráter** do livro é o de uma *revelação*, como está estabelecido em seu primeiro versículo, e não de uma obra hermética ou incompreensível.

O **objetivo** do livro está posto, também, em seu primeiro verso: "[...] para *mostrar aos seus servos* [de Jesus] *as coisas que em breve devem acontecer* [...]". Não teria sentido *mostrar o futuro*, se o livro fosse selado ou irrevelável.

O **anjo revelador** enviado pelo Cristo. Que anjo seria esse, por intermédio do qual Jesus transmitiu o Apocalipse a João? A tradição judaico-cristã fala em sete anjos (ou arcanjos) famosos, que compõem a Corte celestial, três deles mais conhecidos: Miguel, Gabriel e Rafael.

Miguel – cujo nome, em hebraico, significa "Quem é como Deus?" – é considerado chefe dessa plêiade superior e anjo da guarda de Israel, e pode ser encontrado em Daniel, 10:13;21, Judas, 9, e Apocalipse, 12:7.

Gabriel – cujo nome, em hebraico, significa "Homem de Deus" –, pode ser encontrado em Daniel, 8:16; 9:21, e Lucas, 1:19;26.

Rafael – cujo nome, em hebraico, significa "Deus curou" –, pode ser encontrado no livro de Tobias (na Bíblia Católica), em 3:25; 8:3 e 12:15.

O anjo revelador

Interessa-nos o anjo Gabriel, nessa passagem do Apocalipse que estamos comentando, porque é ele, provavelmente, o emissário a que se refere o Cristo, por meio do qual teria transmitido o livro profético a João. E isto, pelas seguintes razões:

No Velho Testamento

a) foi ele que recebeu a ordem superior de dar a conhecer a Daniel o sentido da visão que o profeta tivera às margens do rio Ulai, na cidadela de Susã; (Dn. 8:16.)

b) foi ele que recebeu a ordem para descer até Daniel, enquanto este orava, e explicar-lhe a profecia das setenta semanas: "Daniel, agora, saí para fazer-te entender o sentido. No princípio das tuas súplicas, saiu a ordem, e eu vim, para to declarar, *porque és mui amado;* considera, pois, a coisa e entende a visão"; (Dn. 9:20/3.)

No Novo Testamento

c) foi ele o anjo enviado ao sacerdote Zacarias para anunciar-lhe o nascimento de João Batista, precursor do Cristo; (Lc. 1:5/13.)

d) foi ele, finalmente, o anjo enviado à virgem Maria, em Nazaré, para anunciar-lhe o nascimento de Jesus. (Lc. 1: 26/31.)

Dessa maneira, a lógica e o estudo contextual das várias missões atribuídas a esse anjo revelador apontam na direção de ser ele, igualmente, aquele anjo a que Jesus delegou a missão de anunciar o Apocalipse a João, na ilha de Patmos. João, como sabemos e estudos doutrinários já o apontaram, era a reencarnação do profeta Daniel, porque o livro de Daniel é um prólogo do livro do Apocalipse – ambas as obras de grande profundidade profética, constituindo uma complemento da outra e dando a segunda continuidade às profecias da primeira.

Além disso, como Daniel era considerado "o profeta amado" (Dn. 9:23) e João Evangelista, o "discípulo amado" (Jo. 13:23), nada mais natural do que o mesmo anjo que tenha trazido revelações a um, no Antigo Testamento, voltasse para instruir, no Novo Testamento, o mesmo servidor amado, agora em nova missão.

A título de curiosidade, acrescentamos que, na fé islâmica, é também atribuída ao anjo Gabriel a revelação do Alcorão a Maomé, ocorrida por volta do ano 610 d.C., quando este orava e meditava numa das cavernas do monte Hira, em Meca, o que demonstra, de forma notável, que a missão desse anjo começou no Velho Testamento mas não terminou no Novo.

A **bênção** do livro está dirigida àqueles "que leem" e àqueles "que ouvem as palavras da profecia e guardam as coisas nela escritas, pois o tempo está próximo" (Ap. 1:3). E mesmo com essa bênção diremos que o livro é incompreensível?

E, finalmente, a **dedicatória**. O livro é dedicado às sete igrejas da Ásia: Éfeso, Esmirna, Pérgamo, Tiatira, Sardes, Filadélfia e Laodiceia. Como o número sete se repete muitas vezes no Apocalipse (sete estrelas, sete candeeiros, sete anjos, sete selos, sete taças, sete trombetas etc.), *sugerindo completude e perfeição,* é de crer-se que as sete igrejas simbolizam todos os povos da Terra, a quem a mensagem do Cristo, sem distinção de qualquer espécie, é universalmente dirigida.

Feita esta breve introdução para a apresentação desse livro excepcional, podemos iniciar o estudo de suas Bem-Aventuranças, a começar por aquela já citada, que é uma bênção aos que se dedicam a ler, ouvir e guardar as coisas escritas na profecia, *porque o tempo está próximo.*

BEM-AVENTURADOS OS QUE LEEM, OUVEM E GUARDAM A PROFECIA – I

> *"Se a simples leitura do Apocalipse já é uma bênção, que bênção não será a sua compreensão?"*

São sete as Bem-Aventuranças do Apocalipse e elas estão presentes nos seguintes capítulos e versículos: I – (1:3); II – (14:13); III – (16:15); IV – (19:9); V – (20:6); VI – (22:7) e VII – (22:14). Como a primeira e a sexta, porém, têm o mesmo objeto, eu as unifiquei, restando assim apenas seis Bem-Aventuranças para ser comentadas.

São comentários leves, porque a matéria é nova e importa avançar com precaução. A humanidade se encontra em fase delicada de transição, preparando-se para um reajuste sério com a Lei divina e, nessa quadra, é importante dosar o que lhe é ministrado, a fim de que os efeitos colaterais não venham anular o objetivo visado.

Feita essa ressalva, vamos à primeira Bem-Aventurança.

Primeira Bem-Aventurança

I – Bem-aventurados aqueles que leem e aqueles que ouvem as palavras da profecia e guardam as coisas nela escritas, pois o tempo está próximo (Ap. 1:3).

Bem-aventurado significa "abençoado", "feliz daquele" – é um voto de felicidade invocado em favor de alguém, a súplica da proteção divina em benefício de determinada pessoa. No Apocalipse, a certeza desse amparo celeste é proferida pelo próprio Cristo e dirigida àqueles que estiverem interessados em sua palavra.

Nessa Bem-Aventurança, a bênção é dirigida àqueles que leem e àqueles que ouvem as palavras da profecia e guardam as coisas nela escritas. Para *ler* é preciso ser alfabetizado, mas os analfabetos não estão excluídos dessa bênção, porque poderão recebê-la se procurarem *ouvir* a profecia, e para que ouçam é preciso haver quem pregue. Daí ser necessário acrescentar aqui uma bênção especial aos que pregam, porque se não houver quem pregue, como ouvirão os que não sabem ler? Mas não basta ler e ouvir (nem apenas pregar), é preciso *guardar* as coisas nela escritas, significando, esse oportuno acréscimo, que a mensagem divina fez fruto, *não entrou por um ouvido e saiu pelo outro,* mas aninhou-se de forma ativa e eficaz no coração do leitor e do ouvinte.

E como se interessar por profecia se as pessoas não sabem do que se trata? Afinal, o que vem a ser profecia? Profecia é a previsão do futuro, ou seja, de fatos que ainda estão por acontecer, encontrando-se em estado de latência nas virtualidades do porvir. Segundo um princípio iniciático, "Deus escreveu a história com antecedência e deu-lhe um nome: *profecia*". Muitos temem até mesmo conhecê-las, porque elas parecem malignar o futuro, quando, na verdade, apenas velam – enquanto não interpretadas corretamente – e depois desvelam o que há de vir e que é consequência do que já foi. Profecia é luz do céu, não espada de Dâmocles.

As profecias da Bíblia Sagrada contêm o futuro da humanidade e do planeta a partir de uma concepção divina. E para interpretá-las não basta o emprego exclusivo da fé, mas é preciso submetê-las também ao indeclinável crivo da razão e empregar, sempre que possível, a *chave* que a Terceira Revelação nos faculta para esse elevado fim, conforme comunicação espiritual superior publicada por Allan Kardec:

"[...] Todas as **Escrituras** encerram grandes verdades sob o véu da alegoria e, por se terem apegado à letra, é que os comentadores se transviaram. Faltou-lhes *a chave* para lhes compreenderem o verdadeiro sentido. *Essa chave está nas descobertas da Ciência e nas leis do mundo invisível, que o Espiritismo vem revelar*. Daqui em diante, com o auxílio desses novos conhecimentos, o que era obscuro se tornará claro e inteligível" (OP, p. 321). (Negrito do original.)

A chave da reencarnação

Essa chave – a que se refere a mensagem, e no que tange às leis do mundo invisível – é principalmente *a lei da reencarnação*, sem a qual nada pode ser explicado de forma racional neste mundo. Um exemplo singelo, mas eficiente, do emprego dessa lei pode ser encontrado na palavra do Cristo, em seu sermão profético sobre o princípio das dores e a grande tribulação, que haveriam de ocorrer na consumação do século (Mt. 24:1/44). Ali, ele afirma categoricamente, no versículo 34: "Em verdade vos digo que *não passará esta geração sem que tudo isto aconteça*".

O intérprete *honesto,* mas que desconheça a lei do renascimento, estaca embatucado nesse trecho e, por mais que busque, não encontra saída para o enigma, porque aquela geração passou e aqueles acontecimentos apocalípticos não se realizaram. Mas, com o conhecimento da lei da reencarnação, fica fácil compreender que aquela geração do tempo do Cristo continuou reencarnando na Terra, através dos tempos, e por isso estará sempre presente, em qualquer época em que os fatos previstos estiverem acontecendo. Jesus não se equivocou. O que falta aos intérpretes desconcertados com a profecia é, além de uma visão cósmica dos acontecimentos, a chave reencarnacionista disponibilizada pela Terceira Revelação.

Como cada planeta tem seu Cristo, os Cristos planetários transferem, periodicamente, para mundos inferiores parcelas irredimidas dos povos sob seu comando, quando seu planeta é elevado a um nível superior. Visto que parte da humanidade que habita nosso mundo veio exilada de outros planetas, quando a Terra for elevada de nível, uma parte dela que não se iluminou à luz do Evangelho (o joio) também será rebaixada para outros orbes. Portanto, o que o Cristo disse pode ser desdobrado, com muita naturalidade, da seguinte forma: "Em verdade vos digo *que esta geração permanecerá na Terra, de reencarnação em reencarnação, até que tudo que Eu estou profetizando aconteça*".

Pois o tempo está próximo. Finalmente, essa Bem-Aventurança encerra seu enunciado, e justifica a bênção aos que leem, ouvem e guardam as palavras da profecia, explicando que a razão disso é porque "**o tempo está próximo**". E por que o tempo está próximo? Porque, de acordo com a estratégia redentora e salvacionista de Jesus, o tempo sempre estará próximo *em todos os tempos da humanidade.*

Como a humanidade, se comparada com planos mais elevados de vida, ainda é mentalmente criança e se desvia com a maior facilidade do bom caminho, a mensagem da proximidade do fim dos tempos funciona como despertador psíquico, acordando-a a intervalos regulares e alertando-a para seu compromisso com a Vida e em relação à sua responsabilidade ante a Lei. Um dia, o "tempo", que sempre esteve "próximo", chegará e, nesse dia, o homem agradecerá a Deus por todas as pressões psicológicas e os acertos de rota que recebeu ao longo dos milênios pelos alertas martelantes da profecia.

À medida que o tempo vai passando, vai também crescendo a necessidade que o homem tem de voltar-se para a mensagem do Apocalipse. Porque as coisas profetizadas nele já aconteceram, estão acontecendo e irão acontecer, cada evento sendo implementado em seu tempo certo, até que ele atinja a finalidade para a qual foi dado à humanidade, que é a de entregá-la ressurreta e purificada nas mãos do Criador. Bem-aventurados, pois, aqueles que encontram em sua mensagem os elementos necessários para a sua integração em Deus.

Ou como reflexiona Augusto C. Thompson, célebre estudioso do Apocalipse:

"Oxalá todos os cristãos pudessem, na mais ampla medida, receber a bênção prometida àqueles que ouvem as palavras desta profecia e guardam as coisas que nela estão escritas, *porque o tempo está próximo*" (ÅPA, p. 10).

BEM-AVENTURADOS OS QUE DESDE AGORA MORREM NO SENHOR – II

"O grão de trigo é o símbolo do cristão que morre no Senhor e frutifica para a vida eterna."

Segunda Bem-Aventurança

II – Bem-aventurados os mortos que, desde agora, morrem no Senhor. Sim, diz o Espírito, para que descansem das suas fadigas, pois as suas obras os acompanham (Ap. 14:13).

Jesus contava muitas parábolas relacionadas ao reino dos céus para ensinar aos homens o caminho que os levaria a esse reino. E dentre as parábolas mais sugestivas, está a do grão de trigo: "Em verdade vos digo: se o grão de trigo, caindo na terra, não morrer, fica ele só; mas, se morrer, produz muito fruto" (Jo. 12:24).

Notemos, inicialmente, a pedagogia incomparável de Jesus e os recursos discursivos que empregava, a fim de transmitir com divina propriedade sua mensagem dirigida aos corações humanos. Sempre que ia *iniciar* um ensinamento precioso (todos eram preciosos, mas alguns tinham de impactar mais fortemente as almas), utilizava-se da fórmula *"Em verdade vos digo"*. Ao ouvirem essa expressão, os ouvintes sabiam que algo profundo estava para ser enunciado. E sempre que *encerrava* um ensinamento precioso, a chave de que se valia para fixá-lo no coração da assistência era: *"Veja quem tem olhos de ver e ouça quem tem ouvidos de ouvir"*. Ao ouvir isso, os ouvintes procuravam reter na memória, com a máxima nitidez, a mensagem que acabava de ser dada.

A parábola do grão de trigo foi iniciada com o sugestivo "Em verdade vos digo". O grão de trigo parece uma coisinha inerte, mas está cheio de vida latente e pulsante. Ele tem uma crista, que é o seu sistema respiratório. Tem a casca, que é a parte fibrosa protetora do endosperma. Tem o endosperma, que é o tecido nutritivo rico em substâncias alimentares, e que constitui mais de 80 por cento do grão. E tem o gérmen, que é a célula de onde nascerá uma nova plântula.

Ao falar do grão de trigo lançado à terra, Jesus o estava comparando ao espírito reencarnante, porque este também, ao preparar-se para o processo reencarnatório, tem seu corpo espiritual (ou perispírito) restringido até se transformar em uma pequenina semente. E, nesse estado, o espírito está reduzido à vida latente, na condição de um "morto" que pulsa. Ao ser ligado ao útero materno, começa o desenvolvimento embrionário de seu corpo físico, que se forma à medida que o perispírito se desata magneticamente, assim como o grão de trigo começa a sua germinação no seio da terra, quando passa a receber dela os sucos nutrientes. Se o grão de trigo não "morrer" no seio da terra, não germinará e fatalmente apodrecerá. Mas se "morrer", germinará, crescerá, florescerá e frutificará, produzindo a cento por um. Da mesma forma, o espírito endividado perante a Lei tem que "morrer" no solo fértil da matéria, a fim de se desenvolver, ressarcir a prestações o que deve e frutificar a cento por um.

Como toda comparação é falha, há uma diferença entre o grão de trigo e o espírito encarnado. A diferença é que basta ao grão "morrer" para frutificar a cento por um (submetido que está ao automatismo das leis naturais), mas ao espírito encarnado não basta "morrer" para que ocorra essa frutificação no bem, porque – coroado como está pela sagrada conquista das faculdades da razão e do livre-arbítrio – ele tem que **morrer no Senhor** para produzir os frutos anunciados. E para o reencarnante morrer no Senhor, ele tem que *morrer para o mundo e frutificar com o Senhor*, assim como a semente morre para a terra e, bracejando para libertar-se do solo, frutifica para o céu. Reencarnar e viver para as ilusões da carne é "morrer fora do Senhor", desperdiçar a existência e partir mais onerado que antes, quando aqui chegou. A ordem é estar no mundo sem ser do mundo.

Quem são os mortos

Que os encarnados são os "mortos" (aqueles cujas consciências ainda estão adormecidas), a palavra do Senhor não deixa dúvida:

1. Quando Jesus disse a um de seus ouvintes que o seguisse, ele pediu que lhe fosse permitido ir primeiro sepultar seu pai. "Deixa *aos mortos* o sepultar os seus próprios mortos" – responde-lhe o Cristo. "Tu, porém, vai e prega o reino de Deus" (Lc. 9:59/60). Ele designou por "mortos" os parentes "vivos" do futuro discípulo.

2. Disse também Jesus que quem ouve a sua palavra e crê naquele que O enviou, *já passou da morte para a vida,* e que já chegara a hora em que *os mortos ouvirão a voz do Filho de Deus,* e os que a ouvirem viverão: "Não vos maravilheis disto, porque vem a hora em que *todos os que se acham nos túmulos ouvirão a sua voz e sairão;* os que tiverem feito o bem, para a

ressurreição da vida; e os que tiverem praticado o mal, para a ressurreição do juízo" (Jo. 5:24/29). Ao dizer "os que se acham nos túmulos", o Cristo se referia aos espíritos encarnados *nos túmulos vivos dos corpos físicos*, porque nos túmulos do cemitério ninguém ouvirá nada, visto que lá só existem corpos em putrefação.

3. Quando Jesus soube que João Batista fora preso, retirou-se para os confins de Zebulom e Naftali, para que se cumprissem as Escrituras: "Terra de Zebulom, terra de Naftali, caminho do mar, além do Jordão, Galileia dos gentios! O povo que jazia em trevas viu grande luz, *e aos que viviam na região e sombra da morte* resplandeceu-lhes a luz" (Mt. 4:12/5). A "região e sombra da morte" é a Crosta terrestre, onde vivem os encarnados ou "mortos", em consciência de sono: para eles é que resplandeceu a luz do Cristo.

A reencarnação só traz proveito para o espírito quando é vivida à luz do Evangelho, alçando-o da morte para a vida. É o que aprendemos com elevados mentores espirituais, como este transcrito abaixo, que, através de fluidos teledinâmicos, transmitiu a seguinte lição a seus irmãos encarnados:

"Não vale encarnar-se ou desencarnar-se simplesmente. Todos os dias, as formas se fazem e se desfazem. *Vale a renovação interior com acréscimo de visão*, a fim de seguirmos à frente, com a verdadeira noção da eternidade em que nos deslocamos no tempo. [...]" (NDM, p. 118/124).

Ou com as reflexões de André Luiz, como neste seu profundo raciocínio (eliminamos os parágrafos):

"Uma existência é um ato. Um corpo – uma veste. Um século – um dia. Um serviço – uma experiência. Um triunfo – uma aquisição. Uma morte – um sopro renovador. *Quantas existências, quantos corpos, quantos séculos, quantos serviços, quantos triunfos, quantas mortes necessitamos ainda?*" (NL, p. 14).

Pois as suas obras os acompanham. Ao renascer e "morrer no Senhor", o espírito frutifica a cento por um e, ao retornar à pátria espiritual, "descansa de suas fadigas", porque as obras que realizou no bem o acompanham na Eternidade, como um feliz atestado de sua integração na Lei divina. A esses Vencedores da morte na carne é que Jesus destinou essa Bem-Aventurança.

Quem morre no Senhor ao nascer, nasce para a Luz divina ao morrer.

BEM-AVENTURADOS OS QUE VIGIAM E GUARDAM SUAS VESTES – III

"Oração e vigilância significam sintonia com Deus e consciência lúcida, situando a alma no coração da Nova Era."

Terceira Bem-Aventurança

III – Bem-aventurado aquele que vigia e guarda as suas vestes, para que não ande nu, e não se veja a sua vergonha (Ap. 16:15).

Aquele que vigia. Jesus insistia muito no "orai e vigiai", significando *oração* a busca da sintonia íntima com a fonte superior da Vida, e *vigilância,* a busca permanente da consciência lúcida, que estabelece a diferença, no homem, entre a maioridade e a menoridade espiritual, ou seja, distingue o homem "em consciência desperta" do homem "em consciência de sono".

Fundamentados na Doutrina Espírita e sem entrar em maiores detalhes, podemos definir o homem como um ser triplo, constituído de espírito, perispírito e corpo físico. Perispírito é o corpo espiritual, também assinalado pelo apóstolo Paulo, em 1Co. 15:44: "Semeia-se corpo natural, ressuscita corpo espiritual. Se há corpo natural, há também corpo espiritual". Numa extremidade estamos nós (o espírito), que somos a centelha original, divina e imortal, e, na outra, está o corpo físico, que é o veículo que usamos durante a encarnação. Entre nós e o corpo físico está o perispírito – o corpo energético intermediário que nos conecta à matéria, servindo-nos de ponte e acolchoando nossa atuação sobre a carne.

Quando essa bem-aventurança fala em *vestes,* está se referindo ao perispírito, porque, sendo a vestimenta do espírito e o modelo organizador do corpo físico, ele é – dentre outras propriedades – plástico, maleável e profundamente influenciável tanto interna quanto externamente. Em outras palavras, é o panejamento fluídico do espírito.

E guarda as suas vestes. Guardar "as suas vestes" é ir depurando progressivamente o perispírito até ele se tornar alvo como a mais alva neve, sem o menor tisne ou mácula de qualquer espécie. É pesado e lerdo nos espíritos ignorantes, lembrando a pastosidade de um fluido viscoso e sujo, e leve e ágil nos espíritos evoluídos, lembrando a iridescência etérea dos eflúvios divinos. Funciona como a fotografia sendo revelada em solução própria: ele se impacta sob o influxo bom ou mau dos pensamentos do espírito e proporciona o registro, visual e acústico (na memória espiritual), de suas ações e as consequências boas ou más dessas ações, transformando-se esse registro, perante a Lei divina, em carta de alforria ou libelo de acusação para o ser que gera esses efeitos (LIB, p. 139).

André Luiz nos ensina que, mesmo quando os espíritos já se encontram em elevado grau evolutivo, são pressionados pela lembrança dos erros que cometeram voluntariamente em antigas eras. Essas lembranças se lhes entranham na alma como "sementes de destino", levando-os – para poderem subir mais alto – a pedir novas encarnações purgativas, a fim de se quitarem com a Lei e receberem na face o beijo de aprovação da própria consciência (EDM, p. 149).

Para que não ande nu, e não se veja a sua vergonha. Andar nu e mostrar as suas vergonhas ou mazelas é, ainda que a contragosto, deixar visível aos outros espíritos, na tela da alma, todas as suas desonrosas transgressões à Lei.

A esse respeito, há uma expressiva lição em nossa Doutrina, intitulada "O castigo pela luz", em que um espírito criminoso e arrogante é disciplinado no plano espiritual por uma luz poderosa (para ele, "odiosa") que lhe atravessa o ser e torna transparentes, aos olhos de todos, os crimes patenteados em seu perispírito, que ele tenta ocultar. "Quer ocultar-se à multidão" – diz um dos mentores, que analisou o caso –, "e a luz odiosa o atravessa continuamente. Quer fugir, foge numa carreira ofegante e desesperada, através dos espaços incomensuráveis e, por toda parte, a luz! por toda parte os olhares que nele mergulham! [...]" (RE, VII, p. 295/301).

Jesus aconselha aos integrantes da igreja de Laodiceia *a comprar dele vestiduras brancas com que se vestirem, a fim de que não seja manifesta a vergonha da sua nudez* (Ap. 3:14/8). A acusação que pesa sobre os laodicenses é de que não são quentes nem frios em suas obras, mas mornos. E a mornidão é o pior estado espiritual em que o cristão pode se encontrar, porque aquele que é frio (nas obras ou na fé) pode se tornar quente, e o quente pode se tornar fervoroso, mas o morno se acomoda e não muda de temperatura, porque acha que já fez o que tinha que fazer e, portanto, *está salvo*. Ao cristão morno, diz o Senhor: "[...] estou a ponto de vomitar-te da minha boca; [...]" (Ap. 3:16).

Comprar vestiduras brancas do Cristo é desapegar-se dos interesses materiais e iluminar-se, dedicando-se às obras do bem, como Jesus ensinou na parábola do tesouro oculto no campo:

"O reino dos céus é semelhante a um tesouro oculto no campo, o qual certo homem, tendo-o achado, escondeu. E, transbordante de alegria, vai, vende tudo o que tem e compra aquele campo" (Mt. 13:44).

Notemos o que faz o homem para comprar o campo: *vai e vende tudo o que tem*. Essa é a maneira de comprar as coisas do reino dos céus: é desapegando-se do que se tem e de que, na realidade, não se é dono. Quando o homem se esvazia das coisas da Terra, Deus o preenche com as coisas do Céu. Quando ele não se deixa possuir pelas riquezas mundanas, o Cristo lhe concede a verdadeira riqueza (Lc. 16:11). E as coisas divinas se compram sem dinheiro e sem preço, como revela o profeta Isaías: "Ah! Todos vós, os que tendes sede, vinde às águas; e vós, os que não tendes dinheiro, vinde, comprai e comei; *sim, vinde e comprai, sem dinheiro e sem preço,* vinho e leite" (Is. 55:1).

Repitamos a interpretação do Evangelho para evitar mal-entendidos e precipitações desarrazoadas: Vender o que se tem *não é vender o que se tem*. É desapegar-se do que se tem, mesmo tendo muito. É imitar o mordomo infiel da parábola (Lc. 16:1/13), que usa os bens de seu patrão para atenuar o débito das pessoas que devem a ele (patrão). Tenhamos muitos bens na Terra, mas saibamos que eles são de Deus: nós somos meros e fugazes usufrutuários. "[...] O Espírito" – diz o Ministro Sânzio a André Luiz –, "seja onde for, encarnado ou desencarnado, na Terra ou noutros mundos, *gasta, em verdade, o que lhe não pertence,* recebendo por empréstimos do Eterno Pai os recursos de que se vale para efetuar a própria sublimação no conhecimento e na virtude. [...]" (AR, p. 88).

Usemos, pois, desses recursos para socorrer o próximo e não somente em nosso benefício pessoal. A ordem é usufruir sem usucapir, ou seja, sem tornar-se dono deles por sua posse ou uso contínuo. Ser pobre não é a meta, porque pobreza não é carta de recomendação para ninguém. A meta é ser desapegado. O modelo é Jesus, que, em seu desapego, não tinha onde reclinar a cabeça, mas tinha ao alcance da mão, na Terra e no Céu, a um simples estalar de dedos, tudo o que necessitasse para a realização de sua Obra.

Veste nupcial

Em Mateus, capítulo 22, Jesus narra que o reino de Deus é semelhante a um rei que celebrou as bodas de seu filho. Entrando, porém, o rei na festa das bodas, notou haver ali um homem que não trazia *veste nupcial*. Ordenou, então, que fosse atado de pés e mãos e lançado nas trevas, onde há choro e ranger de dentes.

Por veste nupcial devemos entender *veste* ou *vestidura branca*, expressões citadas em outras passagens do Evangelho e principalmente do Apocalipse, como já vimos.

"O vencedor será assim vestido de vestiduras brancas", diz o Cristo (Ap. 3:5), após haver revelado, no verso anterior, que há, "em Sardes, umas poucas pessoas *que não contaminaram as suas vestiduras*, e andarão de branco junto comigo, pois são dignas".

Não contaminaram suas vestes. As vestiduras, pois, são passíveis de manchar-se, mas a condição para portá-las sem qualquer mácula, resplandecentes e puras, e desfrutar o direito de conviver com o divino Mestre, é ser um purificador de suas próprias vestes e um Vencedor de suas próprias imperfeições.

Vejamos mais algumas propriedades das vestes brancas.

No capítulo 7º do citado livro, vemos uma imensa multidão vestida de branco, proveniente de todas as nações, cantando um cântico de glória diante do trono de Deus. Um dos anciãos pergunta a João: "Estes, que se vestem de vestiduras brancas, quem são e donde vieram?". Responde-lhe o apóstolo: "Meu Senhor, tu o sabes". Ele, então, acrescenta: "São estes os que vêm da grande tribulação, *lavaram suas vestiduras, e as alvejaram no sangue do Cordeiro*, razão por que se acham diante do trono de Deus e o servem de dia e de noite no seu santuário".

Entendendo-se por sangue do Cordeiro a sua Doutrina de amor e luz, o contexto revela que só a oração e a vigilância permanentes e a vivência diária de Seus ensinos têm o condão de purificar o homem de todas as suas mazelas, presentes e passadas, porque quando o homem trabalha no bem, o bem trabalha no homem. Essas ações, conscientizadas e contínuas, acabarão por tornar alvisplendentes as suas vestes espirituais, de acordo com o conhecido princípio: *o bem que se faz anula o mal que se fez.*

Essa verdade também se encontra confirmada nesta outra passagem do Apocalipse: "[...] pois lhe foi dado [à esposa do Cordeiro] vestir-se de linho finíssimo, resplandecente e puro. Porque *o linho finíssimo são os atos de justiça dos santos*" (Ap. 19:7/8).

Por esposa do Cordeiro deve-se entender a Cristandade redimida. E santo é todo o que pratica esses atos de solidariedade, nascidos do coração, e em perfeita harmonia com as Leis de Deus, de que se encontram replenos os Evangelhos.

Emmanuel confirma essa interpretação de que *perispírito e vestiduras brancas são a mesma coisa,* com estas palavras:

"O *perispírito,* quanto à forma somática, obedece a leis de gravidade, no plano a que se afina. Nossos impulsos, emoções, paixões e virtudes nele se expressam fielmente. Por isso mesmo, durante séculos e séculos nos demoraremos nas esferas da luta carnal ou nas regiões que lhes são fronteiriças, *purificando a nossa indumentária e embelezando-a, a fim de preparar, segundo o ensinamento de Jesus, a nossa veste nupcial para o banquete do serviço divino"* (ROT, p. 33).

Quando o livro sagrado fala, portanto, em vestiduras brancas ou linho finíssimo, está se referindo ao corpo espiritual completamente purificado, ou seja, transformado em veste nupcial, talar, apto a permitir a entrada de seu portador, para sempre, na festa das bodas do Cordeiro a que se refere o Evangelho (Mt. 22:1/14). E não haverá nenhuma vergonha nele para se ocultar, porque ele será um espelho a refletir as virtudes das Bem-Aventuranças proclamadas por Jesus, cumprindo-se em seus portadores a promessa do Evangelho:

"**Então, os justos resplandecerão como o sol, no reino de seu Pai**" (Mt. 13:43).

BEM-AVENTURADOS OS QUE SÃO CHAMADOS À CEIA DAS BODAS DO CORDEIRO – IV

"A ceia das bodas do Cordeiro é a união das duas humanidades: a Nova Jerusalém que desce do Céu e o Rebanho Único formado na Terra pelas boas ovelhas reunidas de todos os rebanhos."

Quarta Bem-Aventurança

IV – Bem-aventurados aqueles que são chamados à ceia das bodas do Cordeiro (Ap. 19:9).

Todos sabemos que o Cordeiro de Deus é Jesus. Mas quem é o noivo? Quem é a noiva? Que é a ceia das bodas do Cordeiro?

O noivo. Que Jesus é o noivo, foi declarado por ele mesmo, na seguinte passagem do Evangelho:

"Vieram, depois, os discípulos de João e lhe perguntaram: Por que jejuamos nós, e os fariseus [muitas vezes], e teus discípulos não jejuam? Respondeu-lhes Jesus: Podem, acaso, estar tristes os convidados para o casamento, *enquanto o noivo está com eles*? Dias virão, contudo, *em que lhes será tirado o noivo*, e nesses dias hão de jejuar" (Mt. 9:14/5). (Colchetes do original.)

Quando disse que os convidados para um casamento não podem ficar tristes enquanto o noivo estiver com eles, Jesus poderia estar se referindo a qualquer casamento e a qualquer noivo. Mas ao dizer que dias virão "em que o noivo lhes será tirado", estava falando de Si mesmo, como o comprovam os sucessos futuros registrados no Evangelho.

A noiva. A noiva do Cordeiro é a Nova Jerusalém celestial, conforme podemos ver nesta sublime visão de João Evangelista, no penúltimo capítulo do Apocalipse:

"Então, veio um dos sete anjos [...] e falou comigo, dizendo: Vem, *mostrar-te-ei a noiva, a esposa do Cordeiro;* e me transportou, em espírito, até a uma grande e elevada montanha *e me mostrou a santa cidade, Jerusalém, que descia do céu, da parte de Deus,* a qual tem a glória de Deus" (Ap. 21:9/11).

Reforçando essa passagem e acrescentando novas informações proféticas, encontramos nesse mesmo Apocalipse a seguinte revelação:

"Vi novo céu e nova terra, pois o primeiro céu e a primeira terra passaram, e o mar já não existe. Vi também *a cidade santa, a nova Jerusalém, que descia do céu, da parte de Deus, ataviada como noiva adornada para o seu esposo.* Então, ouvi grande voz vinda do trono, dizendo: *Eis o tabernáculo de Deus com os homens. Deus habitará com eles.* Eles serão povos de Deus, e Deus mesmo estará com eles" (Ap. 21:1/3).

A Nova Jerusalém celestial – numa interpretação possível, mas não única nem definitiva – é constituída por espíritos que transitaram por este mundo, desde o início da humanidade, e lograram desobrigar-se de seus débitos para com a Lei divina, passando, desde então, a viver nas esferas superiores do planeta, sem necessidade de retorno à matéria, exceto, talvez, como missionários da luz. São primícias para o Cristo e para o seu reino. São os que tiveram parte na primeira ressurreição – os que "viveram e reinaram com Cristo durante mil anos", nas palavras desse livro sagrado (Ap. 20:4/5). (É o que veremos, com mais detalhes, na interpretação da próxima Bem-Aventurança.)

Os que já se redimiram

Esses espíritos ressurretos de que fala o Apocalipse se redimiram ao longo dos milênios, desde o aparecimento do primeiro homem na Terra, e, visto que na casa do Pai há muitas moradas, trocaram a Crosta terrestre por dimensões superiores deste mesmo planeta. Foram "levados" ou "arrebatados" (como preferem dizer nossos irmãos protestantes) para essa nova residência, segundo revela a profecia, sem que o fato fosse percebido pelos que continuaram na carne. É o que diz o profeta Isaías, com esta clareza meridiana que é apanágio de todos os grandes enunciados proféticos:

"*Perece o justo,* e não há quem se impressione com isso; e *os homens piedosos são arrebatados* sem que alguém considere nesse fato; pois *o justo é levado antes que venha o mal e entra na paz;* descansam no seu leito os que andam em retidão" (Is. 57:1/3).

Essa transição de uma esfera inferior para uma superior tem ocorrido não só individualmente, mas até com as civilizações, como se vê na resposta à questão 786 de O *Livro dos Espíritos,* onde se *aprende* que os Espíritos que encarnam num povo degenerado não são os mesmos que o constituíam ao tempo do seu esplendor. Estes, tendo-se adiantado, *mudaram-se para habitações mais perfeitas e progrediram,* enquanto os outros, menos adiantados, tomaram seu lugar, que também deixarão um dia, quando chegar a vez deles. E tudo isso acontece sem que os homens (que permanecem na Crosta) saibam como.

Os mil anos a que se refere a profecia são certamente um período simbólico, significando não um espaço de tempo determinado, mas um lapso enorme, um tempo profético em que os redimidos permaneceram e ainda permanecem colaborando com o Cristo na redenção dos que continuam sua romagem no mundo. Podemos dizer que os mentores espirituais mais próximos de nós, que trabalham no mundo invisível em benefício de seus irmãos da Crosta, estão "reinando com o Cristo" no bojo desses mil anos, porque, na medida de sua capacidade, compartilham de Seu divino poder, apressando o advento da era de Regeneração que se avizinha. Até nós – ínfimos encarnados – podemos desfrutar lampejos desse reinado sublime, quando vivemos a mais divina das caridades, segundo a conceituação viva de Demétrio Nunes Ribeiro:

"Mas uma caridade existe, mais extensa e menos visível, mais corajosa e menos exercida, que nos pede concurso decisivo para a melhoria substancial da paisagem humana. *É a caridade daquele que ensina*" (FT, p. 40).

Incidentemente, esse fato lança luz sobre outra questão instigante: a de que a mensagem de Deus e do Cristo não tem produzido fruto na história da humanidade – como argumentam os irreligiosos –, visto que os povos e nações, globalmente falando, têm descambado mais no mal do que progredido no bem ao longo dos tempos, como parece demonstrar o alastramento progressivo das guerras.

O argumento não procede.

Emmanuel revela que há mais de *vinte bilhões* de almas conscientes, desencarnadas, que cercam o domicílio terrestre, demorando-se em outras faixas de evolução (ROT, p. 43). Se considerarmos as outras esferas do planeta, mais elevadas que a nossa, cujos habitantes, em tese, podem ter passado também pelo crivo da esfera carnal quando iniciaram neste mundo seu tirocínio como espíritos, teremos uma quantidade *inquantificável* de almas já redimidas – bilhões de bilhões, talvez trilhões

–, constituindo os sete bilhões que habitam atualmente a nossa esfera uma cifra infinitamente ínfima em relação ao todo. Além disso, segundo várias profecias (dentre as quais citamos a de Zacarias, 13:8/9), um terço desse total que habita hoje a Crosta se qualificará, na seleção final, para permanecer no planeta ao lado do Cristo.

O fato de a humanidade estar aparentemente piorando (segundo aquele falacioso argumento) se deve a que os que se redimem vão progressivamente se elevando para esferas melhores, enquanto que os obstinados no mal, os empedernidos e os "repetentes" vão recebendo da Misericórdia divina sempre novas oportunidades de redenção, até o dia da seleção final, e permanecem engrossando *na carne* o coro dos inconscientes que não aproveitam as lições do ensinamento redentor.

Donde se conclui que – pelo fato de os bons serem arrebatados ou levados para as regiões superiores sem que os encarnados percebam – o aproveitamento da escola terrestre criada pelo Cristo é excepcionalmente alto e também não é percebido, pois faltam, na Crosta, pessoas iluminadas e observadores atentos para equacionar os fatos e torná-los públicos. E esse índice é fabulosamente alto porque não há Mestre que se compare a Jesus, como leciona brilhantemente Pedro de Camargo:

"Jesus não é mestre de ociosos. Jesus não é salvador de impenitentes. Para ociosos e impenitentes – o aguilhão da dor. O sangue do Justo foi derramado no cumprimento de um dever a que se impusera: não lava culpas nem apaga os pecados dos comodistas, dos preguiçosos, dos devotos de Epicuro e de Mamon.

"Daí por que Jesus arrogou a si a denominação de Mestre, considerando aqueles que o acompanhavam como discípulos. Consignemos que foi o único título com que se adornou, e nenhum outro. [...] Apenas quis ser Mestre, e disso fez questão, advertindo os seus discípulos que só a ele o considerassem como tal. Eu sou o vosso Mestre, dizia, a ninguém mais concedais essa prerrogativa" (OME, p. 15 e 19).

A união das duas humanidades

A ceia das bodas. A ceia das bodas é (deve ser) a festividade celeste que celebrará o encontro entre a Nova Jerusalém, que descerá do céu, e o rebanho único do Cristo, formado pelos redimidos da Crosta, após a seleção final de que falam as profecias, e no início da era da Regeneração de que dá notícia o Senhor em Mateus, 19:28. Como profetizou Jesus: "Não temais, ó pequenino rebanho; porque vosso Pai se agradou em dar-vos o seu reino" (Lc. 12:32).

Esse encontro interdimensional (que ocorrerá através da lei da reencarnação) irá selar uma nova era de progresso espiritual para a humanidade. Será um verdadeiro divisor de águas na história do planeta, porque essa união entre as duas humanidades redimidas – a do Céu e a da Terra – romperá o véu que separava os dois planos. A humanidade da Crosta terrestre passará a ser regida pela Lei de Deus, que será conhecida e vivenciada por todos, porque, como revela o Apocalipse, "o reino do mundo se tornou de nosso Senhor e do seu Cristo, e ele reinará pelos séculos dos séculos" (Ap. 11:15). E a razão desse advento auspicioso é muito simples de ser entendida, conforme a afirmação categórica a respeito do Cristo proferida pelo Espírito Emile Littré e, das esferas superiores, endereçada aos homens: *"Ele há de ser a figura culminante aí, porque é a figura culminante aqui"*. (DPL, p. 175.)

Eis o júbilo celestial proporcionado por esse grande acontecimento, expresso pelas vozes de numerosa multidão, cujo som é semelhante ao estrondo de muitas águas: "Aleluia! Pois reina o Senhor, nosso Deus, o Todo-Poderoso. Alegremo-nos, exultemos e demos-lhe a glória, porque são chegadas as bodas do Cordeiro, cuja esposa a si mesma já se ataviou, pois lhe foi dado vestir-se de linho finíssimo, resplandecente e puro. Porque o linho finíssimo são os atos de justiça dos santos" (Ap. 19:6/8).

Todos os habitantes da Terra vêm sendo convidados, há dois mil anos, para esse momentoso acontecimento, e o convite continua válido ainda hoje, e por mais algum tempo, para aqueles que se decidirem a cerrar fileiras com o Cristo e não com o Anticristo: "O Espírito [isto é, o Cristo] e a noiva dizem: Vem! Aquele que ouve, diga: Vem! Aquele que tem sede venha, e quem quiser receba de graça da água da vida" (Ap. 22:17).

Muitos são chamados – diz Jesus –, mas poucos são escolhidos. E essa escolha não é arbitrária, porque cada um é que se escolhe ou se elege pelo seu próprio merecimento. Há pessoas em várias religiões que já se consideram "salvas", com direito a lugar cativo nas bodas do Cordeiro, por observarem rigorosamente os dogmas e rituais de seu culto. Mas, estudando Emmanuel, aprendemos a diferença entre *os chamados* e *os escolhidos*. Segundo ele, "os irmãos *que recusam trabalhar* permanecem chamados", enquanto que, "todos aqueles *que se decidem a servir* são escolhidos por efeito da própria escolha" (FVI, p. 15).

Por fim, atentemos no que declarou com certo humor o próprio Emmanuel, de que ele é um simples "pregador de cartazes convidando à festa do Reino", acrescentando que "não foi ainda pessoalmente convidado à festa, mas que está espalhando cartazes por ordem superior" (TCX, p. 73).

Bem-aventurados, portanto, os que são convidados à ceia das bodas do Cordeiro, aceitam o convite e se qualificam para essa festa de luz!

BEM-AVENTURADOS OS QUE TÊM PARTE NA PRIMEIRA RESSURREIÇÃO – V

"Primeira ressurreição e segunda morte são símbolos do Apocalipse que, uma vez explicados, revelam os mecanismos utilizados pela Justiça divina para aperfeiçoar a humanidade."

Quinta Bem-Aventurança

V – Bem-aventurado e santo é aquele que tem parte na primeira ressurreição; sobre esses a segunda morte não tem autoridade; pelo contrário, serão sacerdotes de Deus e de Cristo e reinarão com ele os mil anos (Ap. 20:6).

A primeira ressurreição. Conforme a hipótese que apresentamos no tópico anterior, a Nova Jerusalém celestial – numa interpretação possível, mas não única nem definitiva – é constituída por espíritos que transitaram por este mundo, desde o início da humanidade, e lograram desobrigar-se de seus débitos para com a Lei divina, passando, desde então, a viver nas esferas superiores do planeta, sem necessidade de retorno à matéria, exceto, talvez, como missionários da luz. São primícias para o

Cristo e para o seu reino. São os que tiveram parte na primeira ressurreição – os que "viveram e reinaram com Cristo durante mil anos", nas palavras desse livro sagrado (Ap. 20:4/5).

Como exemplo mais próximo de nós desses primeiros ressurretos, podemos citar o Governador de Nosso Lar e os setenta e dois Ministros que constituem os seus seis Ministérios (da Regeneração, do Auxílio, da Comunicação, do Esclarecimento, da Elevação e da União Divina), destacando-se, dentre eles, a Ministra Veneranda.

Segundo André Luiz (dando voz a Narcisa), Veneranda é "a entidade com maior número de horas de serviço na colônia e a figura mais antiga do Governo e do Ministério, em geral. Permanece em tarefa ativa, nesta cidade, há mais de duzentos anos. [...] Com exceção do Governador, a Ministra Veneranda é a única entidade, em 'Nosso Lar', que já viu Jesus nas Esferas Resplandecentes, mas nunca comentou esse fato de sua vida espiritual e esquiva-se à menor informação a tal respeito. [...] As Fraternidades da Luz, que regem os destinos cristãos da América, homenagearam Veneranda conferindo-lhe a medalha do Mérito de Serviço, a primeira entidade da colônia que conseguiu, até hoje, semelhante triunfo, apresentando um milhão de horas de trabalho útil, sem interromper, sem reclamar e sem esmorecer. [...] Soube que essa benfeitora sublime vem trabalhando, há mais de mil anos, pelo grupo de corações bem-amados que demoram na Terra, e espera com paciência" (Capítulo 32 de *Nosso Lar*).

Veneranda poderia ser tomada como o símbolo perfeito dessas entidades que tiveram parte na primeira ressurreição e reinaram (continuam reinando) com o Cristo os mil anos, porque, como vimos, é laboriosa, é perseverante, não interrompe sua marcha evolutiva, não reclama, não esmorece, é amorosa, pois trabalha há mais de mil anos pelos corações bem-amados que demoram na Crosta, e já teve o merecimento de ver Jesus nas dimensões superiores do planeta.

Esses espíritos ressurretos – a exemplo de Veneranda – de que fala o Apocalipse se redimiram ao longo dos milênios, desde o aparecimento do primeiro homem na Terra, e, visto que na casa do Pai há muitas moradas, trocaram a Crosta terrestre por dimensões superiores deste mesmo planeta. Foram "levados" ou "arrebatados" para essa nova residência, segundo revela a profecia, sem que o fato fosse percebido pelos que continuaram na carne. É o que diz o profeta Isaías, com esta clareza meridiana que é apanágio de todos os grandes enunciados proféticos:

"Perece o justo, e não há quem se impressione com isso; e *os homens piedosos são arrebatados* sem que alguém considere nesse fato; pois *o justo é levado antes que venha o mal e entra na paz;* descansam no seu leito os que andam em retidão" (Is. 57:1/3).

Os mil anos a que se refere a profecia são certamente um período simbólico, significando não um espaço de tempo determinado, mas um lapso enorme, um tempo profético em que os redimidos permaneceram e ainda permanecem colaborando com o Cristo na redenção dos que continuam na romagem do mundo.

E por que esse despertamento antecipado é chamado de *primeira ressurreição?* Porque ele aconteceu antes do chamado Dia do Juízo, período emblemático ainda futuro, quando esse planeta passará por uma *série de tribulações concentradas* (Mt, capítulo 24), na transição de mundo de Provas e Expiações para mundo de Regeneração. Graças ao esforço redobrado desses espíritos laboriosos, eles despertaram da consciência de sono com antecedência e se colocaram, em decorrência disso, a serviço do Cristo, como o aluno que no meio do ano letivo estudou com antecedência e já conhece as lições a serem ministradas até o final do ano, podendo ser dispensado da prova final, segundo informa o Senhor:

"Em verdade, em verdade vos digo: quem ouve a minha palavra e crê naquele que me enviou tem a vida eterna, **não entra em juízo**, *mas passou da morte para a vida*" (Jo. 5:24).

Segunda ressurreição

E se há uma primeira ressurreição, deve haver também uma segunda. Qual será? É (deve ser) o despertar dos alunos que ficaram para a "segunda época" – o temido, emblemático e ainda futuro Dia do Juízo. Essa segunda ressurreição (à qual todos nós, os espíritos atualmente encarnados, somos candidatos), segundo o profeta Daniel, está dividida em duas partes: "Muitos dos que dormem no pó da terra ressuscitarão, uns para a vida eterna, e outros para vergonha e horror eterno" (Dn. 12:2). Jesus confirma essa profecia em João, 5:28/9.

Dormir no pó da terra é estar encarnado, ou seja, anestesiado pela matéria e em estado de narcose mental. Os que ressuscitarem para a vida eterna nesse período que antecede o Dia do Juízo estarão vivendo praticamente uma primeira ressurreição *retardatária;* os demais (que ressuscitarem para vergonha e horror eterno) terão perdido sua grande oportunidade de iluminação e serão banidos da Terra. Segundo as profecias, na época da seleção final, dois terços da humanidade se perderão e um terço se salvará (Zc. 13:8/9). Esse terço final, composto por boas ovelhas provenientes de todos os povos e nações, é que formará, na Crosta terrestre, o rebanho único profetizado pelo Cristo (Jo. 10:16), aquele pequenino rebanho, a quem aprouve ao Pai dar o seu reino (Lc. 12:32).

Segunda morte. Sobre os que tiveram parte na primeira ressurreição (antecipadamente ou na época do Juízo), a segunda morte não tem autoridade, diz essa Bem-Aventurança. O que é a segunda morte? Essa expressão tem várias interpretações no contexto de nossa Doutrina – quando trata dos espíritos dentro de outra abordagem –, mas aqui, especificamente no Apocalipse, *significa (deve significar) o banimento das almas retrógradas para mundos inferiores.*

Essa pena de banimento nos faz lembrar a denominada *morte civil* – figura jurídica de que hoje só restam resquícios no ordenamento legal dos povos. Até o século XVIII, porém, principalmente na Europa, acarretava ao cidadão apenado com ela a perda de todos os direitos civis e políticos. Desfaziam-se, para o condenado, os laços de família, ele perdia todos os direitos patrimoniais, ficava proibido de empregar-se ou exercer qualquer ofício em sua comunidade, sendo considerado civilmente morto, e tornando-se, em decorrência disso, um autêntico morto-vivo a quem ninguém podia socorrer, sob pena de receber a mesma punição. Tal o destino, por analogia, dos espíritos (encarnados e desencarnados) que sofrerem a pena de banimento.

Quando o Apocalipse fala do período final do velho Céu e da velha Terra que habitamos – quando eles, renovando-se, *passarão,* para dar início a um novo Céu e a uma nova Terra (Ap. 21:1) –, ele condensa essa época de grande aflição mundial numa expressão alegórica chamada "lago de fogo".

O símbolo do "lago de fogo" é altamente complexo e exige uma atenção redobrada dos que estiverem interessados em sua compreensão.

Há três profecias do Cristo para esse período que caracterizam fortemente seus eventos e deixam qualquer cristão consciente imerso em profunda meditação:

1. "E, *por se multiplicar a iniquidade,* o amor se esfriará de quase todos" (Mt. 24:12).

2. "[...] porque nesse tempo *haverá grande tribulação*, como desde o princípio do mundo até agora não tem havido e nem haverá jamais" (Mt. 24:21).

3. *"Não tivessem aqueles dias sido abreviados, ninguém seria salvo;* mas, por causa dos escolhidos, tais dias serão abreviados" (Mt. 24:22).

A multiplicação da iniquidade, a grande tribulação e o abreviamento daqueles dias tumultuosos (a fim de que fossem preservados os que se posicionaram à direita do Cristo) caracterizam o ponto culminante desse efervescente período de evolução planetária. Nessa época, as esferas inferiores da Terra sofrerão um expurgo de repercussão cósmica, pois envolverá a transferência de uma enorme colônia de espíritos para outros orbes do Universo.

E o "lago de fogo" é exatamente o corretivo global e final aplicado pela Lei divina para expurgar da Terra aqueles que desprezaram as sucessivas oportunidades de dulcificar suas almas sob o lábaro alvíssimo do Evangelho. Estes são os que foram postos à esquerda do Cristo, de acordo com sua parábola do grande julgamento (Mt. 25:31/46), cujos caracteres são revelados, de forma exemplificativa, mas não exaustiva, na seguinte passagem: "Quanto, porém, aos covardes, aos incrédulos, aos abomináveis, aos assassinos, aos impuros, aos feiticeiros, aos idólatras e a todos os mentirosos, a parte que lhes cabe será *no lago que arde com fogo e enxofre,* a saber, *a segunda morte"* (Ap. 21:8).

Num sentido físico, o "lago de fogo" são os eventos desencadeados pelo tremendo fenômeno apocalíptico chamado Armagedon (ou Terceira e última Guerra Mundial), e, num sentido espiritual, é a indescritível aflição moral a que serão submetidos, na erraticidade, os espíritos que serão banidos da Terra em decorrência de sua obstinação no mal (Ap. 6:15/17).

"Então, a morte e o inferno foram lançados para dentro do lago de fogo. Esta é a segunda morte, o lago de fogo" (Ap. 20:14). Segunda morte, portanto, de acordo com esta interpretação, é *(depois de passarem pelo "lago de fogo") o banimento das almas retrógradas para mundos inferiores,* onde deverão "ressuscitar para a vida eterna" sob o comando de um outro Cristo planetário, visto que cada planeta tem seu Cristo.

Mas os que foram postos à direita do Senhor, de acordo com a parábola mencionada, tornaram-se vencedores de suas antigas imperfeições e, em decorrência disso, não sofrerão a pena de banimento ou "dano da segunda morte" (Ap. 2:11), continuando a habitar a Terra, agora transformada em mundo de Regeneração e unificada à Nova Jerusalém celestial, a caminho da construção, agora sim, de um "Jardim do Éden" planetário que nunca existiu na Crosta terrestre.

Primeira morte

E se há uma **segunda morte**, deve haver também uma **primeira morte**. Que será?

Por estranho que pareça, a primeira morte não é (não deve ser) a morte do corpo físico, tal como pode parecer à primeira vista, porque esta se constitui de fato muito corriqueiro, não merecedor de figurar em profecia. Num contexto mais amplo e apocalíptico, a primeira morte deve ser *a encarnação do espírito na Crosta terrestre.* Encarnar, para o espírito, é de forma geral um ato semelhante à desencarnação ou morte do habitante da Crosta, porque o espírito tem que sofrer a desintegração dos fluidos do corpo que usava lá (o perispírito) para assumir o que usará aqui (o corpo físico), ao passar de um meio rarefeito para um mais denso, como a ave pescadora que, descendo em alta velocidade, deixa a atmosfera diáfana dos céus e mergulha na massa espessa das águas.

Quando a benfeitora espiritual Matilde aplica recursos magnéticos à mente de sua filha encarnada, Margarida, para que esta, já desdobrada espiritualmente, acompanhe com a necessária lucidez uma reunião no plano invisível, André Luiz estranha a operação. É esclarecido mais tarde, pelo Instrutor Gúbio, de que "o estado natural da alma encarnada pode ser comparado, em maior ou menor grau, **à hipnose profunda ou à anestesia temporária,** a que desce a mente da criatura através de vibrações mais lentas, peculiares aos planos inferiores, para fins de evolução, aprimoramento e redenção, no espaço e no tempo" (LIB. p. 238).

Acompanhando, em outra ocasião, a encarnação do espírito Segismundo, André pergunta ao Instrutor Alexandre por que o encarnante sofre tanto, pois este se apresentava cada vez mais pálido e aflito, à medida que se aproximava o momento de ter seu perispírito ligado à matriz feminina. "[...] À medida que se intensifica semelhante aproximação – esclarece Alexandre –, **ele vai perdendo os pontos de contacto com os veículos que consolidou em nossa esfera,** através da assimilação dos elementos de nosso plano. Semelhante operação é necessária para que o organismo perispiritual possa *retomar a plasticidade que lhe é característica* e, no estágio em que ele se encontra, o serviço impõe-lhe sofrimentos.

– "Oh!" – exclama André – "não teremos aqui *um fato semelhante* **à morte física** *na Crosta?*

"Alexandre sorriu e aquiesceu:

– *"Sem dúvida,* desde que consideremos a morte do corpo carnal como simples abandono de envoltórios atômicos terrestres" (ML, p. 210/1).

"O nascimento no plano em que vivemos é a morte no astral" – escreve Vinícius –, "do mesmo modo que a morte na esfera humana é o nascimento nas regiões siderais" (NEM, p. 78).

E reinarão com ele os mil anos. Finalmente, diz essa Bem-Aventurança, no seu encerramento, que aqueles que têm parte na primeira ressurreição serão sacerdotes de Deus e do Cristo e reinarão com ele os mil anos. Sim, porque eles se redimiram à luz do Evangelho e foram constituídos pelo Senhor, em decorrência disso, reino e sacerdotes para seu Deus e Pai (Ap. 1:5/6). Uma nova eternidade teve início para esses redimidos, sob a simbologia desse Domínio Bem-Aventurado de Mil Anos.

Não obstante a evidência solar desse poder irresistível do Cristo, os tiranetes humanos continuam construindo na areia movediça da Crosta, à força das armas, seus autoproclamados "Impérios de Mil Anos", que têm a duração das flores de Malherbe. Maus construtores, eles invejam a Pedra Angular – símbolo profético do Cristo –, mas a rejeitam, pois não suportam a existência ou oposição de um poder maior que o seu. Enquanto isso, o Rei dos reis e Senhor dos senhores vai estendendo em silêncio seu Império Multimilenar, edificado na rocha viva dos corações, e advertindo sempre os componentes desses redutos do mal: "Todo o que cair sobre esta pedra ficará em pedaços; e aquele sobre quem ela cair ficará reduzido a pó" (Mt. 21:44).

A História comprova a pulverização contínua desses "impérios milenares" de pés de barro.

BEM-AVENTURADOS OS QUE TÊM DIREITO À ÁRVORE DA VIDA – VI

"O sangue do Cordeiro é a sua doutrina de amor e luz – o depurador divino que tem o poder de purificar as almas e qualificá-las para entrar no reino dos céus."

Sexta Bem-Aventurança

VI – Bem-aventurados aqueles que lavam as suas vestiduras [no sangue do Cordeiro], para que lhes assista o direito à árvore da vida, e entrem na cidade pelas portas (Ap. 22:14). (Colchetes do original.)

Lavar as vestiduras. Essa expressão metafórica significa purificar a alma de seus pecados ou transgressões à Lei, o que leva, por consequência, à purificação do perispírito, que é a vestidura do espírito.

Implora o salmista a seu Senhor *para que o lave,* a fim de que fique mais alvo do que a neve (Sl. 51:7). Exorta o Senhor aos pecadores, por meio de Isaías, *para que se lavem e se purifiquem,* tirando a maldade de seus atos de diante dos olhos de Deus e cessando de fazer o mal (Is. 1:16). Ordena o Senhor a

Jerusalém, por meio de Jeremias, *para que lave seu coração da malícia,* a fim de que seja salva, porque até quando ela hospedará consigo seus maus pensamentos? (Jr. 4:14).

O espírito que não imprime direção superior e moralizadora a seus pensamentos, e cujo coração vive repleto de desejos inconfessáveis, raja, encarde e macula seu perispírito, transformando-o num espelho distorcido e sujo que retrata toda a sua perversidade interior.

O sangue do Cordeiro. O sangue do Cordeiro é a sua doutrina – o depurador divino com poder de tornar casto o coração de todo ser vivente e pensante que adote o Evangelho como roteiro e prática diária da vida. Quando, na santa ceia, o Cristo lavou os pés a seus discípulos (Jo. 13:14), ele simbolizou nesse ato purificador a necessidade de cada um entronizar no coração a virtude da humildade. Essa é a virtude fundamental que tem o poder de lavar todas as imperfeições humanas, colocando o homem ao abrigo de quedas e no limiar de sua herança divina. É isto que disse de forma tão apropriada o evangelizador Tito – um dos companheiros de Paulo, em sua missão junto aos gentios –, quando declara que Deus "nos salvou *mediante o lavar regenerador e renovador do Espírito Santo,* que ele derramou sobre nós ricamente, por meio de Jesus Cristo, nosso Salvador" (Tt. 3:5/6).

Ao oferecer ao povo sua carne e seu sangue, como o pão e o vinho que haviam descido do céu, para que as pessoas tivessem vida em si mesmas, Jesus acrescentou que "quem de mim se alimenta por mim viverá" (Jo. 6:56). A doutrina cristã é o sangue do Cordeiro e tem o condão de nos lavar de nossas máculas. Mas essa depuração não é de graça, porque Jesus não é Mestre de ociosos e impenitentes, como assevera Pedro de Camargo. O preço a ser pago é altíssimo: *negarmos a nós mesmos, tomarmos nossa cruz e seguirmos suas pegadas, fazendo o que ele fez e nos ensinou a fazer.* O caminho que nos projetou na Crosta era muito largo, por isso o que vai nos tirar daqui tem que ser muito estreito.

O mito de Adão e Eva

Árvore da vida. Como se lê nos capítulos 2 e 3 do livro Gênesis, de Moisés, quando o Senhor plantou um jardim no Éden e, nele, a árvore da vida e a árvore do conhecimento do bem e do mal, permitiu a Adão e Eva que comessem de todos os frutos daquele pomar, menos dos frutos dessa segunda árvore, que estava no meio do jardim.

Como o casal foi enganado pela serpente e comeu do fruto proibido, Deus o amaldiçoou, refletindo precavidamente, em seguida, "que o homem se tornou como um de nós, conhecedor do bem e do mal; assim, *que não estenda a mão, e tome também da árvore da vida, e coma, e viva eternamente*". Dito isto, enxotou o casal do jardim, não sem antes sentenciar que "tu és pó e ao pó tornarás". E, à cautela, colocou querubins à porta do Éden, que revolviam no ar espadas chamejantes, para guardar o caminho da árvore da vida.

O casal havia comido o fruto do conhecimento do bem e do mal e, em decorrência disso, Deus precisava tomar precauções (!) para que *não comesse também o fruto da árvore da vida!*

Parece conto da carochinha, mas a sapiência embutida nessa alegoria salta aos olhos de qualquer analista inteligente e desapaixonado. O jardim do Éden nunca existiu na Terra, porque, se existisse, seria a negação da lei da evolução. O paraíso em que Adão e Eva habitavam anteriormente eram, na verdade, mundos superiores de onde foram expulsos por aplicarem contra a Lei de Deus o conhecimento do bem e do mal que haviam adquirido até aquele momento. Esse casal mitológico representa falanges imensas, de miríades de espíritos, que foram deportados para um planeta inferior – a Terra –, onde teriam de conquistar sua regeneração através da lei do renascimento, voltando ao pó da terra no final de cada encarnação (AG, p. 226/9). E sem possibilidade de acesso ao fruto da árvore da vida, isto é, ao conhecimento da Verdade, *enquanto não dessem prova de profundo arrependimento e de estarem trilhando comprovadamente a estrada da retidão e da regeneração.*

Há, na Doutrina Espírita, o registro de um fato singular e tocante que, bem interpretado, representa *localmente* esse decreto divino de amplitude planetária *que proíbe a alma ainda degenerada de obter acesso à luz da Verdade antes de uma razoável quitação perante a Lei.*

Um casal de amantes, que tinham ardente paixão um pelo outro, ambos porém casados, resolveram suicidar-se, visto que, não querendo ser infiéis a seus cônjuges, não poderiam realizar o sonho de viverem juntos naquela existência. O espírito da mulher, evocado na Sociedade Espírita de Paris, compareceu e respondeu a várias perguntas sobre seu drama, expondo o sofrimento atroz a que estava submetida no plano espiritual, principalmente porque, para ela, além de estar impedida de ver a pessoa amada, aquele sofrimento parecia infinito.

Quando lhe é dito pelo doutrinador que o caminho de sua recuperação seria o *arrependimento seguido do perdão*, ela – que até ali estava ouvindo tudo muito bem – pergunta: "Que dizeis? Não ouço". A informação consoladora é repetida, acrescida agora de que ela seria auxiliada *através da prece.* O espírito, porém, responde **que nada conseguia ouvir, além de sons confusos.**

Allan Kardec, analisando mais tarde esse caso comovente e muito especial, escreve que a pena dos amantes suicidas consistirá "[...] em se procurarem debalde e por muito tempo, quer no mundo espiritual, quer noutras encarnações terrestres; pena que ora é agravada pela perspectiva da sua eterna duração. Essa perspectiva, aliada ao castigo, *faz que lhes seja defeso [proibido] ouvirem palavras de esperança que porventura lhes dirijam.* [...]" (OCI, p. 306/9).

Esse fato notável, que até aparenta uma certa intransigência por parte da Lei divina, confirma *localmente* – repetimos – o que é estabelecido *de forma universal* nessa Bem-Aventurança: o direito à árvore da vida é atributo dos que lavaram suas vestiduras no sangue do Cordeiro.

Entrar na cidade pelas portas. Essa expressão significa avançar pelo carreiro da evolução e subir os infinitos degraus de que é constituída a ascensão para a Casa do Pai, obedecendo sempre ao Planejamento superior.

Conclusão

Nas Bem-Aventuranças do Apocalipse o homem aprende a dar valor às profecias e a procurar nelas a segurança e o conforto espirituais que só elas podem lhe proporcionar, visto serem a palavra de Deus e o traçado divino estabelecido para o futuro do planeta e da humanidade.

Nas Bem-Aventuranças do Apocalipse o homem aprende a viver no Senhor, morrendo para as ilusões do mundo, sabendo que todo o bem que praticar, tanto para si quanto para o próximo, será um refrigério para a sua alma quando de sua entrada na Vida eterna.

Nas Bem-Aventuranças do Apocalipse o homem aprende a selecionar o que é de importância para ser incorporado à sua alma, porque a sua luz interior tanto mais brilhará quanto mais pura for a essência de suas aquisições morais e espirituais.

Nas Bem-Aventuranças do Apocalipse o homem aprende a ser um ramo da árvore chamada Cristo, a fim de frutificar a cento por um e, assim, ser convidado para participar do banquete celestial a que se convencionou chamar de ceia das bodas do Cordeiro.

Nas Bem-Aventuranças do Apocalipse o homem aprende a ressuscitar com a mensagem da Boa Nova, tornando-se coluna viva no santuário celestial e, como sacerdote de Deus e do Cristo, participar daquele reinado sem fim de que dão ciência as sublimes profecias.

Nas Bem-Aventuranças do Apocalipse, finalmente, o homem aprende a lavar as suas vestiduras na doutrina do Senhor, alimentar-se do fruto da árvore da vida e tornar-se cidadão da Nova Jerusalém celestial, que se estabelecerá brevemente no mundo, **com o advento do novo Céu e da nova Terra.**

Evangelho, Espiritismo e Ecumenismo

OS PROFETAS E A NOVA ERA

"Vi novo céu e nova terra, pois o primeiro céu e a primeira terra passaram, e o mar já não existe."
João Evangelista (Ap. 21:1.)

Quando se fala em profeta é normal as pessoas imaginarem um velho irado, de barbas brancas, vestido de saco e cilício, a brandir um cajado recurvo e nodoso nas mãos. Com a silhueta recortada sobre o monte, é visto contra um céu rubro e ameaçador, agitando os braços no ar e cuspindo profecias de fogo contra as Sodomas e Gomorras de todos os tempos. Este é o arquétipo recorrente que povoa o inconsciente coletivo. A imagem tem sua razão de ser, mas os tempos mudaram.

O verdadeiro profeta é um espírito evoluído que desce à Terra para o cumprimento de elevada missão. Essa missão consiste em proferir os decretos da Divindade em relação aos fatos do porvir, de uma forma enigmática para que o homem vislumbre seu futuro mas não o conheça totalmente. E por que não o pode conhecer? Porque, numa certa medida, o homem tem que ser o ator do próprio destino, gozar de liberdade no exercício de seu livre-arbítrio, e não agir à maneira de marionete movida por cordéis.

E esses porta-vozes do Alto mudam sua apresentação ao longo dos tempos. Um profeta atual, com certeza, teria rosto bem escanhoado, usaria terno e gravata, corte de cabelo da moda, automóvel de boa cilindrada, *laptop,* Internet e mais toda essa parafernália tecnológica e computação vestível de hoje.

Depois do profeta vem a profecia. O que é profecia? No meu livro *Brasil de Amanhã,* publicado pela Mundo Maior Editora, apresento a seguinte definição:

"Profecia é a predição do futuro, ou seja, de fatos que ainda estão por acontecer. Muitos temem até mesmo conhecê-las, porque elas parecem malignar o futuro, quando, na verdade, apenas velam – enquanto não interpretadas corretamente – e depois desvelam o que há de vir e que é consequência do que já foi. Profecia é luz do céu, não espada de Dâmocles."

Os profetas de ontem

Todas as nações tiveram e têm os seus profetas, mas é no seio do povo de Israel que, devido à sua predestinação histórica, surgiram os maiores vultos proféticos de todos os tempos. Sua trajetória está registrada na Bíblia Sagrada.

Moisés, Elias, Isaías, Daniel, Ezequiel, Jeremias e João Evangelista são alguns desses vultos poderosos. Para o leitor que não esteja afeiçoado ao assunto, apresento abaixo alguns *flashes* de suas notáveis previsões:

1. Moisés profetizou a vinda do Messias com 1.300 anos de antecedência, com estas palavras (é ele reportando a Israel a palavra do Senhor): "O Senhor teu Deus te suscitará um profeta do meio de ti, de teus irmãos, semelhante a mim: a ele ouvirás; [...]" (Dt. 18:15).

2. Isaías também, 700 anos antes da Era Cristã, desenhou um figurino tão perfeito do Cristo e de sua missão, que levou-o a ser considerado o quinto evangelista. Até hoje vibram em nosso

coração estas palavras que compungem: "Era desprezado e o mais rejeitado entre os homens. [...] O castigo que nos traz a paz estava sobre ele, e pelas suas pisaduras fomos sarados. [...] Como cordeiro foi levado ao matadouro; e, como ovelha muda perante os seus tosquiadores, ele não abriu a sua boca" (Is. cap. 53).

3. Daniel, em Babilônia, no sétimo século a.C., proferiu a famosa profecia das 70 semanas (Dn. 9:20/7), em cujo bojo estão codificados alguns milênios de história deste planeta – desde a ascensão e queda de grandes impérios do passado até o advento do Cristianismo e da futura Nova Jerusalém celestial (constituída pela nata dos servidores do Cristo), que um dia descerá à Terra para amalgamar-se com os redimidos (Ap. 21:2).

Admiráveis intérpretes da palavra de Deus, de renome internacional, como Uriah Smith, Bloomfield, Vitringa, Thompson, Benson, Miller e outros, abordaram o grande tema, levantando parcialmente o véu que encobria esse planejamento divino.

Isaac Newton foi matemático, físico e astrônomo, formulador da lei da gravitação universal e também, o que muitos ignoram, assíduo estudioso da Bíblia Sagrada. No seu livro "As profecias de Daniel e o Apocalipse", publicado pela Editora Édipo e vertido para o português pelo confrade Júlio Abreu Filho, registrou, com a mesma gravidade dos demais intérpretes, esta extraordinária síntese no tocante à revelação das profecias: "A realização de coisas preditas com grande antecedência será um argumento convincente *de que o mundo é governado por Deus*".

4. Ezequiel previu o surgimento do próximo e último Anticristo (já surgiram Anticristos de menor expressão antes dele), que ele chama de Gogue, da terra de Magogue, e que, nos últimos dias, se levantará de Apadno,[4] seu último acampamento,

---

[2] O topônimo Apadno não aparece na maioria das versões da Bíblia para a língua portuguesa, mas pode ser encontrado na Bíblia Sagrada, Edição Ecumênica Barsa, tradução do padre Antônio Pereira de Figueiredo, em Daniel, 11:45: "E fixará a sua tenda em Apadno entre os mares sobre o ínclito e santo monte; e ele virá até à sumidade deste monte, e ninguém lhe dará auxílio".

para arregimentar em torno de seus desígnios satânicos dois terços da humanidade, levando-os à perdição (Ez., caps. 38 e 39; Zc. 13:8; Ap., 20:7/9; Dn., 11:45). Felizmente para o rebanho único, que o Cristo congregará dentre todas as nações, o Anticristo terá de enfrentar na batalha final o Senhor dos senhores e Rei dos reis, e será derrotado para todo o sempre, sem o auxílio de mãos humanas (Dn. 2:44/5).

5. João Evangelista, vidente e profeta, é o autor do quarto Evangelho, de três epístolas e do Apocalipse. Sempre que leio este livro profético, meu coração se liquefaz e fica em estado de eucaristia. Principalmente no que tange ao capítulo 21, em que João tem uma visão gloriosa do porvir.

Imagino a cena. João em Patmos, sentado à entrada de sua gruta, com as vistas voltadas para a penumbra do interior, enquanto anuncia os acontecimentos mundiais que já foram e os que são, conforme estabelecido em Ap. 1:19. Depois, havendo terminado o registro dos fatos passados e presentes, ele se volta lentamente para o exterior, banhando o rosto nos raios dourados de um novo alvorecer. E arrebatado, agora, pela visão de um futuro radioso, o profeta quase centenário começa a vaticinar, numa voz pressaga, emocionada e trêmula: "E vi um novo céu e uma nova terra, porque o primeiro céu e a primeira terra passaram, e o mar já não existe".

É por certo uma das mais belas e evocativas profecias de todos os tempos da humanidade, que merece ser meditada por todos os que amam o advento dessa nova era, a qual, das entranhas do porvir, já nos acena com sua alvissareira luz.

O Senhor da Vinha

Após citarmos os principais trabalhadores dessa seara divina, não podíamos omitir o Senhor da Vinha.

Jesus é o Profeta de todos os profetas, aquele que inspira de forma permanente os seus emissários em todos os tempos e em todas as nações, sendo Ele mesmo inspirado continuamente pelo próprio Deus.

Suas predições encerram a sabedoria que perpassa todos os milênios. Elas se cumpriram, se cumprem e se cumprirão continuamente e nunca passarão, ainda que passem o céu e a terra que hoje conhecemos, porque representam a vontade soberana do Eterno Pai.

As profecias de um só rebanho para um só pastor, do advento de um novo Céu e uma nova Terra, e da descida da Nova Jerusalém celestial para irmanar-se aos sobreviventes do próximo e último Armagedon, estabelecem um reinado de amor sem fim para toda a humanidade e enfeixam o mais belo cântico de aleluia que este mundo jamais pôde imaginar.

Em sua infinita misericórdia, o Cristo lança hoje, pelas vias internas do coração, o seu amoroso apelo a todas as criaturas do mundo, para que vivam o seu novo mandamento, aquele "amai-vos uns aos outros tanto quanto Eu vos amei" (Jo. 13:34), a fim de que o anjo exterminador, quando passar, por determinação divina, pelo meio dessa moderna e desnorteada Jerusalém chamada humanidade, possa ignorar os que se banharam no Seu divino Amor (Ez. cap. 9).

Que este efêmero entreguerras que estamos vivendo hoje seja um momento de sagrada reflexão, de interiorização e elevação espiritual, levando cada ser humano a se aconchegar mais àquele que é o Caminho, a Verdade e a Vida – o Cristo de Deus.

Recordando a advertência de Augusto Comte, de que é preciso "*saber* para *prever,* e *prever* para *prover*", concluirei acrescentando com redundante obviedade que, se a missão dos profetas é profetizar, a dos que não são é atentar nas profecias e, se estiverem bem assistidos, se preparar para os eventos redentores que se aproximam.

Porque, prezado leitor, para se chegar ao esplendor da primavera é preciso atravessar os rigores do inverno. E o profético inverno que se aproxima (sem nenhuma vocação de nossa parte para maus augúrios) vai ser *muitíssimo* rigoroso. Bem-aventurados os que se refugiarem avisadamente na oração e vigilância que Jesus exemplificou, a fim de passarem incólumes por essa seletiva transição entre estações.

***

O MAIS SUBLIME PROFETA

"A locomotiva não corre sem trilhos. O avião pede base. A própria profecia há de acomodar-se nas hipóteses e nos símbolos para não arruinar o presente no círculo vicioso de inúteis indagações."
Leopoldo Cirne (SVO, p. 143.)

"Contudo, há uma providência misericordiosa acompanhando os surtos evolutivos da Terra e, na hora justa dos abalos sociais de toda natureza, os túmulos se enchem de vozes e de revelações consoladoras, realizando profecias."
Humberto de Campos (CAT, p. 116.)

Diz um princípio iniciático que Deus escreveu a história com antecedência e deu-lhe um nome – profecia. A profecia, portanto, está intimamente ligada ao profeta e à história, e o profeta, por sua vez, está intimamente ligado à Divindade.

Quando o rei sírio confabulava em segredo com seus generais e estabelecia uma estratégia para invadir Israel, o profeta Eliseu, em Israel, captava psiquicamente aquela trama, ou lá se fazia presente pelo fenômeno da bilocação,[4] e avisava o rei de

---

[3] Fenômeno pelo qual a presença de uma pessoa pode ocorrer de forma simultânea em dois lugares ao mesmo tempo. Um dos casos mais conhecidos é o de Santo Antônio: pregava em Pádua, na Itália, e foi visto em Lisboa, Portugal, fazendo a defesa do pai que fora acusado de assassinato e ia ser executado.

seu país, que assim se prevenia contra aquelas investidas e sempre conseguia se safar ou sair vencedor (2Rs. 6:8/12).

Se ampliarmos essa capacidade que os profetas têm de enxergar em espírito o que os homens em geral não enxergam, podemos dizer, num primeiro momento, e no que tange à profecia, que eles "radarizam" os céus invisíveis do planeta, vasculhando o Infinito, e conseguem captar, nessa varredura, os decretos da Divindade em relação ao porvir. E, num segundo momento, podemos também especular que a profecia seja uma espécie de "vazamento" intencional dos poderes do Alto, dando aos profetas fragmentos do que deverá ocorrer com a humanidade no futuro. Isto, naturalmente, quando se tratar de profecias esparsas. Mas quando se tem em vista um livro inteiriço como o Apocalipse, o planejamento é muito mais complexo e envolve uma interatividade maior entre os poderes que no Céu e na Terra estejam comprometidos com essa revelação.

A missão do profeta, portanto, é profetizar, ou seja, dizer, de uma forma razoavelmente entendível mas parcialmente cifrada, qual o planejamento divino estabelecido para a marcha progressiva da espécie humana, a fim de demonstrar que o homem é um espírito imortal nesse contexto cósmico, e não uma "coisa" perecível, um conglomerado de carboidratos e elementos químicos, de conformidade com a definição do materialismo dissolvente, como observa Emmanuel (OC, Questão 144).

E os profetas, felizmente, são de todos os tempos e de todos os lugares. Emmanuel, na obra citada, exemplifica, dentre os extrabíblicos, com Çakyamuni, Confúcio e Sócrates. Eu destacaria especialmente Nostradamus, famoso vidente francês do século XVI que fez importantes previsões em suas centúrias. Algumas se cumpriram, segundo seus melhores intérpretes, e outras continuam incompreensíveis, visto que o profeta as transformou em uma quase impenetrável carta enigmática devido às perseguições políticas de sua época.

A verdade é que a profecia só pode ser considerada verdadeiramente autêntica depois de cumprida, porque os fatos a que ela se refere, uma vez realizados, é que serão os seus melhores intérpretes. Quem disse isso foi Isaac Newton, o célebre cientista formulador da lei da gravitação universal, e também um profundo estudioso das profecias da Bíblia Sagrada. Ele mesmo declarou – repetimos –, em defesa da programação espiritual que superintende a existência humana: "A realização de coisas preditas com grande antecedência será um argumento convincente de que o mundo é governado por Deus" (APDA, p. 231).

Apresento abaixo um *mix* de profecias extrabíblicas, proferidas por missionários e religiosos de várias épocas e nações, e que tem muito a ver com o mundo tumultuado em que vivemos hoje. A expectativa da humanidade atual diante do desgoverno das nações, das guerras e dos trucidamentos inomináveis e chocantes que são revelados dia a dia pela mídia, dá bem o tom da ansiedade que paira como nuvem negra sobre os corações desavorados. Por isso, o advento de uma intervenção superior nos destinos do planeta, revelado pelas profecias bíblicas e extrabíblicas, constitui a esperança daquela parcela da humanidade para quem o mundo não está à deriva, como pode parecer à primeira vista, porque Jesus, embora invisível, permanece no comando de sua casa planetária.

Mix de profecias

Um grandioso acontecimento se está preparando no céu, para fazer pasmar toda a gente. Far-se-á uma grande reforma entre todas as nações e o mundo irá misturar-se como um oceano. *(São João Bosco)*[4]

Após a guerra e a revolução comunista, o triunfo da religião será de tal forma grande que não se terá visto ainda coisa semelhante. As leis civis serão adaptadas às leis divinas. *(Irmã Mariana – Convento de Blois)*[4]

No fim desta calamidade aparecerá o salvador que Deus protege, o rei, que se afasta agora do povo para ser do coração de Deus. *(Autor desconhecido)*[4]

Os bons triunfarão, quando se anunciar a vinda do Grande Rei. A religião florescerá mais do que nunca. *(Cura d'Ars – São João Vianney)*[4]

Um príncipe conhecido por Deus somente, e que está fazendo penitência no deserto, aparecerá quase milagrosamente. *(Pastora de Saint-Afrique)*[4]

O grande vencedor será o príncipe de trajes brancos. Ele anunciará paz ao mundo. *(Profecia da Bétula)*[4]

O mundo será atraído para a órbita de uma personalidade estupenda, que, tenho a convicção, já está pronta nos bastidores, à espera de uma "deixa" das estrelas (não deveis sorrir indulgentemente, pois só podeis curvar a cabeça diante de um dirigente do mundo, um homem sagrado) e que surgirá no cenário deste mundo, para cumprir seu brilhante destino: *a restauração da unidade e da harmonia na vida do Homem. (Edward Lyndoe) (AFP, p. 186.)*

Então, o Todo-Poderoso intervirá com um golpe admirável, que ninguém teria imaginado. O poderoso monarca, que virá em nome de Deus, aniquilará todos os inimigos. *(Venerável Holzhauser)*[4]

Vinde, jovem príncipe, abandonai a ilha do vosso cativeiro! *(Abadia de Orval, no Luxembrugo)*[4]

---

[4] (PN, passim.)

Onde está esse homem hoje? Atenção: o seu poder é invisível! *(Ipwer, sábio egípcio)*[4]

É claro que desse conjunto de profecias não dá para extrair uma carta de navegação para os dias porvindouros, mas é inegável o alertamento difuso que elas contêm e o ativamento da fé que provocam no coração daqueles que confiam em Deus e, trabalhando de contínuo pelo progresso humano, esperam e confiam na condução segura da Providência Divina.

O maior de todos os profetas

Já falei no tópico anterior sobre os grandes videntes bíblicos – como Moisés, Elias, Isaías, Jeremias, Ezequiel, Daniel e outros –, cujas profecias são muito conhecidas e podem ser encontradas nas Sagradas Escrituras. Falei também sobre Jesus, o Profeta de todos os profetas, mas gostaria de voltar ao tema, relembrando aqui mais algumas de suas profecias divinas.

Quando o Cristo diz, no Evangelho, que passará o céu e a terra mas as suas palavras não passarão (Mt. 24:35), ele está dizendo que sua palavra é a revelação da programação divina para este planeta, estabelecida desde que o mundo foi criado por ele mesmo, como se vê no Evangelho segundo João, 1:1/3.

Quando ele diz que, na época da regeneração, o Filho do homem se assentará no trono da sua glória (os corações humanos) e os doze apóstolos estarão com ele para o julgamento que ocorrerá nessa transição (Mt. 19:28), ele quer dizer que haverá um trabalho planetário de seleção da humanidade, para estabelecer a exclusão dos que não se adaptarem à nova era e a permanência daqueles que formarão a nova geração que permanecerá na Terra.

Quando ele diz que haverá um só rebanho para um só pastor (Jo. 10:16) e que muitos virão do Oriente e do Ocidente e

---

[4] (PN, passim.)

tomarão lugares à mesa com Abraão, Isaque e Jacó no reino dos céus (Mt. 8:11), ele está profetizando que unificará uma grande parcela da humanidade em torno de seus ensinamentos, a qual servirá de base para a nova geração que povoará este mundo no futuro, gerada pela união das duas humanidades: a constituída pela Nova Jerusalém celestial, que descerá oportunamente do céu (Ap. 21:2), e a constituída pelo seu rebanho único formado na Terra.

Quando ele diz que, no final dos tempos, o abominável da desolação (o Anticristo) se estabelecerá no lugar santo (Mt. 24:15), ele está dizendo que, nessa época da grande tribulação, o espírito do mal será autorizado pela Potestade Divina a fazer o seu trabalho de arregimentação dos que não ficarão na Terra (e que constituem dois terços da humanidade – Zc. 13:8), dado que o joio será ceifado, encoivarado e queimado antes de o trigo ser recolhido nos celeiros, conforme ele já havia revelado em sua parábola (Mt. 13:30).

Quando ele diz que o injusto deve continuar na prática da injustiça e que o justo deve continuar na prática da justiça (Ap. 22:11), ele quer dizer que, mesmo nesse tempo de julgamento, o direito sagrado da livre escolha entre o bem e o mal estará assegurado a cada um, para que homens e espíritos sejam responsabilizados pessoalmente – os injustos, pela sua exclusão do Novo Reino, e os justos, pela sua inclusão nele.

Quando ele diz que na consumação do século a sua presença será como o relâmpago que sai do Oriente e se mostra até no Ocidente (Mat. 24:27), e avisa a seus seguidores que devem estar atentos em relação aos falsos Cristos e falsos profetas (Mat. 24:4/5;11), ele está advertindo que essa manifestação de sua volta poderá ocorrer somente como uma presença visível a bons e maus de todo o gênero humano (Apoc. 1:7), mas intangível, sem que haja necessidade de sua materialização no mundo, como aconteceu há dois mil anos, visto que, segundo o Evangelho, haverá muitas voltas parciais do Cristo antes da Grande Volta, quando então a humanidade já terá atingido a perfeição.

Quando ele diz, finalmente, que virá um novo Céu e uma nova Terra e que o tabernáculo de Deus será estabelecido entre os homens (Ap. 21:1;3), ele está dizendo que a nova humanidade pós-tribulação, só constituída agora de almas redimidas, entrará numa Nova Era de progresso e felicidade sem fim, e que deixará de haver motivo para sofrimento, porque Deus enxugará dos olhos humanos toda lágrima.

Certa vez Jesus mandou dois de seus discípulos ao povoado mais próximo para buscar um jumentinho que ele usaria em sua entrada em Jerusalém, e reproduziu até o diálogo que se estabeleceria entre o dono do jumento e seus discípulos (Lc. 19:28/35). Ao meditar sobre isto, Mozart Monteiro escreveu, cheio de razão, que a diferença entre Jesus e os outros profetas é que, enquanto os outros profetas só têm o dom da profecia, Jesus tem o poder não só de proferi-las *mas também de fazê-las acontecer* (OLP, p. 14), como no caso do jumentinho. E isto encontra perfeita ressonância na definição magistral do escritor francês Ernest Renan, quando diz: "**Jesus é como uma alta montanha, cujo sopé começa onde terminam os píncaros das outras**".

Ninguém diria melhor. Jesus é incomparável, indelével, irresistível.

***

JESUS NO TABOR

> "A luta da verdade, a luta das ideias,/
> É feita nos clarões das grandes epopeias."
> Guerra Junqueiro (PAT, p. 321.)

Harmonizando e complementando entre si as três narrativas dos Evangelhos sinópticos sobre a transfiguração de Jesus ocorrida presumivelmente no monte Tabor, podemos encontrar um desenvolvimento lógico e esclarecedor dos fatos que se deram naquele dia inesquecível do Cristianismo nascente.

Seis dias depois, Jesus chamou a Pedro e aos irmãos Tiago e João e os levou, em particular, a um alto monte com o propósito de orar.

E aconteceu que, enquanto orava, a aparência de seu rosto se transfigurou e resplandecia como o sol; e suas vestes se tornaram alvas como a neve, de uma brancura como nenhum lavandeiro na terra poderia alvejar.

E eis que lhes apareceram dois varões cheios de glória, Moisés e Elias, que falavam com Jesus a respeito de sua partida, que ele estava para cumprir em Jerusalém.

Pedro e seus dois companheiros achavam-se premidos de sono; mas, conservando-se acordados, viram a sua glória e os dois varões que com ele estavam.

Sucedeu que, quando estes se iam afastando de Jesus, Pedro propôs: Senhor, bom é estarmos aqui; se quiseres, faremos três tendas – uma para ti, uma para Moisés e uma para Elias. Mas ele não sabia o que dizia, por estarem os três aterrorizados.

Enquanto assim falava, veio uma nuvem luminosa e os envolveu, e uma voz, que saía da nuvem, disse: Este é o meu filho amado, em quem me comprazo: a ele ouvi!

Ouvindo isso, os discípulos caíram de bruços, tomados de grande medo. Jesus se aproximou, tocou-os e lhes disse: Levantai-vos e não temais. Erguendo então os olhos, eles a ninguém mais viram senão somente a Jesus.

Quando desciam do monte, Jesus lhes ordenou que a ninguém falassem do que tinham visto, até que o filho do homem houvesse ressuscitado dentre os mortos. E eles guardaram segredo do fato, perguntando entre si o que significariam estas palavras: até que o filho do homem ressuscite dentre os mortos (Mt. XVII, 1-8; Mc. IX, 2-8; Lc. IX, 28-36).

O formato de perguntas, em número de dez, adotado a seguir, foi escolhido para facilitar a compreensão do texto, e as respostas, hauridas na vasta e enriquecedora Doutrina Espírita, têm por fim estimular os que estudam, pesquisam, prospectam, discernem, assimilam, vivenciam e propagam os postulados espírita-cristãos a aprofundar estes e outros relevantes temas, usando como ferramenta o manancial inesgotável disponibilizado pela Terceira Revelação.

1. Por que Jesus escolheu a Pedro, Tiago e João, de preferência aos outros discípulos, para a realização desse fenômeno tão especial?

Porque, dentre os doze, eles eram os discípulos que apresentavam as disposições mediúnicas mais favoráveis à percepção do fenômeno transcendental que se ia realizar.

2. Como se deu a transfiguração de Jesus?

Jesus cobriu seu corpo e suas vestes com fluidos luminosos que, com sua poderosa vontade, atraiu do plano espiritual, ou (o mais provável) irradiou de si mesmo a fulgurante luz que tinha nascente em sua alma. Para eles, seu rosto resplandeceu como o sol, cujos raios poderosos os forçaram a baixar os olhos para o chão. O Cristo, porém, não se lhes apresentou no fulgor integral de sua glória, mas dosou sua luminescência à claridade que os discípulos, na sua condição de humanidade, podiam suportar.

3. Qual o significado da presença dos profetas Moisés e Elias naquela manifestação?

Moisés e Elias (que viveram antes da Era Cristã aproximadamente 1.300 anos o primeiro e 900 anos o segundo) haviam, ambos, profetizado a vinda do Messias. A presença dos dois validava, aos olhos dos apóstolos, a missão do Cristo.

Para os discípulos, era difícil compreender como o Evangelho se estabeleceria em todo o mundo, conforme a promessa de Jesus, se a vida humana era tão curta para permitir ao Mestre e a seu colegiado apostólico realizar um programa de tamanha envergadura.

Dessa forma, a presença de Moisés e Elias – que também haviam trabalhado pela regeneração da humanidade e fizeram promessas para o futuro – teve por fim demonstrar aos apóstolos como e em que condições eles continuariam a obra que haviam começado.

Assim como Moisés e Elias prometeram o advento do Messias e voltaram, estando agora ali a seu lado secundando-o em sua missão, Jesus também prometeu a vinda futura do Consolador, e os apóstolos poderiam, mediante o mesmo processo, estar ativos e presentes nesse novo advento.

4. Por que Moisés e Elias falaram a Jesus sobre sua saída do mundo, fato que deveria realizar-se em Jerusalém?

Isto foi uma apreciação humana registrada exclusivamente por Lucas, que, após a ressurreição do Cristo, provavelmente ouviu os fatos narrados pelos três discípulos presentes no Tabor e deles tirou sua dedução pessoal. João não se referiu ao acontecimento em seu Evangelho e Pedro tocou nele de forma bastante sucinta em sua 2ª Epístola, capítulo I, versos 17 e 18, sem entrar em pormenores. Tiago não deixou qualquer documento escrito. O estudo atento dos Evangelhos comprova que muitas vezes os evangelistas ficavam entregues a suas próprias excogitações e emitiam impressões particulares sobre acontecimentos que os aturdiam.

Jesus já havia predito, com bastante antecedência, sua ida a Jerusalém, bem como os eventos de sua morte e ressurreição. Nenhum fato novo poderiam acrescentar a isso Moisés e Elias, Espíritos de grande luz, mas muito inferiores ao Cristo, e que, também, foram seus emissários em outras épocas.

5. Como se explica a sonolência que se abateu sobre os discípulos?

Não se trata do sono ordinário ou natural que ocorre com toda a gente. Era um estado de torpor que os médiuns experimentam quando se produz uma forte manifestação de origem espiritual. Foram envolvidos pelos fluidos que os Espíritos prepostos àquela manifestação lançaram sobre eles, a fim de, obliterando suas faculdades materiais e aguçando as espirituais, os tornarem aptos a ver e ouvir o que ia ocorrer em outra dimensão.

6. Por que Pedro sugeriu o levantamento de três tendas naquele local, uma para Jesus, outra para Moisés e outra para Elias?

As crenças hebraicas a respeito da ressurreição e da reencarnação eram muito elementares e confusas. Pedro acreditava que estava vendo Moisés e Elias ressuscitados em corpos carnais e gostaria que eles permanecessem junto ao Mestre, dando-lhe apoio à missão sacrificial. Ao ver que se afastavam, apressou-se a apresentar aquela proposta com esse objetivo.

7. O que realmente significou aquela voz que saiu da nuvem?

A nuvem luminosa que os envolveu foi produzida pelos fluidos invisíveis disseminados no ambiente, mas concentrados pela vontade soberana do Cristo e tornados perceptíveis à visão dos apóstolos, especialmente sublimada para aquele evento. Aquela voz foi decorrência do fenômeno conhecido como "de voz direta" que, em nome do Onipotente, confirmava, perante os discípulos, a missão de Jesus como sendo o Messias prometido pelas revelações proféticas do Velho Testamento.

8. Por que Jesus proibiu seus discípulos de se reportarem àqueles fatos antes que ele ressuscitasse dentre os mortos?

Porque se eles divulgassem imediatamente aquela visão que acabavam de presenciar, ninguém lhes daria crédito, pondo em risco acontecimentos que seriam de grande importância na consolidação do Cristianismo ainda infante. Era necessário que o testemunho deles em relação ao que se dera no monte fosse aceito pelos homens. Mas isso só seria possível quando, cumprida a missão messiânica e comprovada a ressurreição do divino Mestre, com todos os fatos extraordinários que lhe foram consequentes, os homens pudessem compreender o vínculo causal e a relação harmoniosa entre os últimos acontecimentos da vida do Cristo e aqueles ocorridos durante a sua missão terrena.

9. Qual a finalidade, para a história do Cristianismo, dessa estupenda manifestação espiritual proporcionada por Jesus?

A análise meditada dos Evangelhos e luarizada pela Doutrina do Consolador permite-nos concluir que Jesus tinha, em princípio, quatro objetivos:

a) revelar em parte, a seus discípulos, a grandeza de sua elevação espiritual, com o propósito de firmar-lhes a fé;

b) afirmar perante eles a importância de sua missão como o Cristo, o Filho de Deus;

c) estabelecer, sob um véu que seria levantado mais tarde pela Terceira Revelação, as promessas do Messias quanto à futura manifestação do Consolador; e

d) permitir a seus apóstolos, em face daquela visão, entreverem a glória da vida espiritual que eles tanto ambicionavam e que lhes estava reservada no porvir.

10. Que conclusão podemos tirar hoje daquele maravilhoso fenômeno ocorrido no Tabor?

Podemos alinhavar principalmente duas conclusões:

– primeira, a de que a morte não existe, porque Moisés e Elias estavam ali no monte, vivos e atuantes, dialogando com Jesus, o que não seria possível se a morte reduzisse o ser pensante a nada, como querem os materialistas, ou mantivesse as almas adormecidas e inertes até o dia do Juízo, como creem equivocadamente algumas correntes religiosas; e,

– segunda, a de que a comunicação entre o invisível e o visível, "mortos" e vivos, desencarnados e encarnados, é uma lei natural abençoada por Deus, como se ouviu da voz procedente da nuvem, e sancionada por Jesus em seu diálogo com os dois grandes vultos da Torá. Jesus desautorizava assim a antiga e tão desgastada proibição de Moisés ao povo hebreu (de se comunicar com os chamados mortos) e estabelecia um novo parâmetro no intercâmbio de nossa humanidade com o outro lado da Vida – parâmetro este adotado pioneira e vanguardeiramente pelo Espiritismo Cristão solidamente estabelecido no mundo pela visão cósmica e o gênio irrivalizável de Allan Kardec.

* * *

Nota nº 2. A aparição de Moisés e Elias ao lado do Cristo, na transfiguração, parece desabonar, à primeira vista, a tese de que ambos são o mesmo Espírito. Mas não é o caso. A Doutrina Espírita confirma a unicidade espiritual de ambos e revela que, nesse magnífico fenômeno ocorrido no Tabor, um Espírito superior, da mesma elevação de Elias, tomou a aparência de Moisés aos olhos dos apóstolos, acrescentando que "Tais substituições se dão quando necessárias – por Espíritos da mesma ordem" (OQE, 2º vol. p. 498).

CIÊNCIA, CIENTISTAS E CIÊNCIA ESPÍRITA

> *"A mim mesmo pareço ser apenas um menino que brinca à beira da praia, de vez em quando achando uma pedra mais polida ou uma concha mais bonita, enquanto o grande oceano da verdade se estende ignoto diante de mim."*
> Sir Isaac Newton (SRD, mar/63, p. 41.)

Sempre degustei com especial prazer a declaração em epígrafe de Sir Isaac Newton e me senti gratificado por verificar que há muitos cientistas como ele que não se sentem constrangidos por tornar público tão alto nível de humildade.

A humildade propicia a intuição. E como a intuição está presente nas descobertas científicas! Alguns, como o físico austríaco Fritjof Capra, revelam uma impressionante interação com a energia cósmica, abrindo novas fronteiras ao conhecimento científico em áreas ainda inexploradas. É muito interessante a sua experiência.

Capra narra, em seu livro *O Tao da Física,* que certo dia estava sentado na praia, observando o movimento das ondas e o ritmo de sua respiração, quando subitamente se sentiu incluso no ambiente que o cercava, o qual lhe parecia uma gigantesca dança cósmica.

Como físico, sabia que todas as coisas ao seu redor – como areia, rochas, água e ar – eram feitas de átomos e moléculas interagindo vibratoriamente entre si. Sabia também que a atmosfera da Terra era permanentemente bombardeada por chuvas de "raios cósmicos" que sofriam múltiplas colisões. Tudo isso, porém, lhe chegara até aquele momento somente em forma de gráficos, diagramas e teorias matemáticas.

Mas ali, durante o verão, meditando em frente ao mar, pela primeira vez ele vibrou em uníssono com a natureza, sentindo-se participante daquelas cascatas de energia. "Eu 'vi' os átomos dos elementos – bem como aqueles pertencentes a meu próprio corpo – participarem desta dança cósmica de energia; senti o seu ritmo e 'ouvi' o seu som", disse ele. Foi uma experiência inesquecível.

Outro grande ser humano, filósofo famoso, cristão profundo, Pietro Ubaldi, autor de obras extraordinárias, como *A Grande Síntese,* onde ele expõe a evolução de todas as coisas, desde o átomo aos Cristos cósmicos, também descreve uma experiência que teve na Itália, semelhante à de Capra, quando diz, em seu livro *Comentários,* publicado pela Fundápu:

"Um dia, à beira-mar, em Falconara, contemplando o encantamento da criação, senti, com evidência, numa revelação rápida como o raio, que tudo tinha de ser Matéria, Energia e Conceito ou Espírito, e vi que esta era a fórmula do Universo: (M = E = C) = S, em que M = Matéria, E = Energia, C = Conceito ou Espírito e S = Substância. E esta é a grande equação da substância, isto é, o mistério da Trindade, em que se move toda *A Grande Síntese.*"

Eis aí como as grandes antenas da humanidade, que se abstraem com os problemas máximos da origem e do destino de todas as coisas, quando se encontram em ambientes bucólicos ou à beira-mar, transladam-se com facilidade, em espírito, para regiões etéreas, de onde logram extrair as soluções que tanto buscam em suas meditações.

De forma similar falaram outros grandes cientistas sobre assuntos da mais alta indagação para a humanidade. Apresento a opinião de seis deles e, em paralelo, as explanações correspondentes de Allan Kardec, que pesquisei na Doutrina Espírita. O propósito é enriquecer o cabedal doutrinário dos que se debruçam sobre esses temas e também demonstrar o quanto o Codificador esteve acima e além de seu tempo. A Doutrina é incrivelmente atemporal e o que a torna imbatível é a sua porosidade nuclear, ou seja, a sua capacidade ativa ou propriedade intrínseca de absorver progressivamente, através de todos os tempos, tanto a Verdade científica quanto a revelada, tal como estabelecido por seu sistematizador.

I – Causa Primeira

Se um universo pudesse criar-se por si mesmo, encarnaria os poderes de um criador, e seríamos forçados a concluir que o Universo é Deus. *George Davis, físico (SRD, mar/63, p. 41.)*

"Julga-se o poder de uma inteligência pelas suas obras. Não podendo nenhum ser humano criar o que a Natureza produz, a causa primeira é, portanto, uma inteligência superior à Humanidade.

"Quaisquer que sejam os prodígios realizados pela inteligência humana, ela própria tem uma causa e, quanto maior for o que realize, tanto maior há de ser a causa primeira. Essa inteligência superior é que é a causa primeira de todas as coisas, seja qual for o nome pelo qual o homem a designe." *Allan Kardec (OLE, Questão 9, p. 73.)*

II – Origem da Vida

A probabilidade de ter a vida se originado por acaso é comparável à probabilidade de um dicionário completo resultar de uma explosão numa tipografia. *Edwin Conklin, biologista. (SRD, mar/63, p. 41.)*

"A harmonia que regula as forças do Universo revela combinações e propósitos determinados e, por isso mesmo, denota um poder inteligente. Atribuir a formação primeira ao acaso seria um contrassenso, pois o acaso é cego e não pode produzir os efeitos que a inteligência produz. Um acaso inteligente já não seria acaso." *Allan Kardec (OLE, Questão 8, p. 73.)*

III – Alma imortal

Acredito numa alma imortal. A Ciência provou que nada acaba em nada. Assim, a vida e a alma não podem reduzir-se a nada, e portanto são imortais. *Wernher von Braun, perito em mísseis. (SRD, mar/63, p. 41.)*

"Para os espíritas, a alma não é uma abstração; ela tem um corpo etéreo que a define ao pensamento, o que muito é para fixar as ideias sobre a sua individualidade, aptidões e percepções. A lembrança dos que nos são caros repousa sobre alguma coisa de real. Não se nos apresentam mais como chamas fugitivas que nada falam ao pensamento, porém sob uma forma concreta que antes no-los mostra como seres viventes. Além disso, em vez de perdidos nas profundezas do Espaço, estão ao redor de nós; o mundo corporal e o mundo espiritual identificam-se em perpétuas relações, assistindo-se mutuamente." *Allan Kardec (OCI, p. 26.)*

"Dizem que ninguém voltou de lá [do mundo espiritual] para nos dar informações. É um erro; a missão do Espiritismo consiste precisamente em nos esclarecer acerca desse futuro, em fazer com que, até certo ponto, o toquemos com o dedo e o enxerguemos, não mais pelo raciocínio, mas pelos fatos. Graças às comunicações espíritas, isto não é mais uma presunção, uma probabilidade sobre a qual cada um fantasie à vontade, que os poetas embelezem com suas ficções ou pintem de imagens alegóricas que nos enganam. É a realidade que nos aparece, porque são os próprios seres do além-túmulo que nos vêm descrever a sua situação, dizer o que fazem, permitindo-nos assistir, por assim dizer, a todas as peripécias de sua nova vida, mostrando-nos, por esse meio, a sorte inevitável que nos está reservada, de acordo com os nossos méritos e deméritos." *Allan Kardec (OLE, p. 142.)*

IV – Sentido da vida

O homem que considera sua vida e a de seus semelhantes destituída de sentido não é apenas infeliz; é quase desqualificado para a vida. *Albert Einstein, físico teórico. (SRD, mar/63, p. 41.)*

"Quem quer que haja meditado sobre o Espiritismo e suas consequências e não o circunscreva à produção de alguns fenômenos terá compreendido que ele abre à Humanidade uma estrada nova e lhe desvenda os horizontes do infinito. Iniciando-a nos mistérios do mundo invisível, mostra-lhe o seu verdadeiro papel na criação, papel *perpetuamente ativo,* tanto no estado espiritual, como no estado corporal. O homem já não caminha às cegas: sabe donde vem, para onde vai e por que está na Terra. O futuro se lhe revela em sua realidade, despojado dos prejuízos da ignorância e da superstição. Já não se trata de uma vaga esperança, mas de uma verdade palpável, tão certa como a sucessão do dia e da noite. Ele sabe que o seu ser não se acha limitado a alguns instantes de uma existência transitória; que a vida espiritual não se interrompe por efeito da morte; que já viveu e tornará a viver e que nada se perde do que haja ganho em perfeição; em suas existências anteriores depara com a razão do que é hoje e reconhece que: *do que ele é hoje, qual se fez a si mesmo, poderá deduzir o que virá a ser um dia."* (Itálicos do original.) *Allan Kardec (AG, p. 412.)*

V – Ciência e religião

Não pode haver conflito entre Ciência e religião. A Ciência é um método idôneo de descobrir a verdade. A Ciência está em desenvolvimento; mas um mundo que tem Ciência precisa mais do que nunca da inspiração que a religião oferece. *Arthur H. Compton, físico. (SRD, mar/63, p. 41.)*

"A Ciência e a Religião são as duas alavancas da inteligência humana: uma revela as leis do mundo material e a outra as do mundo moral. *Ambas, porém, tendo o mesmo princípio, que é Deus,* não podem contradizer-se. Se fossem a negação uma da outra, uma necessariamente estaria em erro e a outra com a verdade, porque Deus não pode querer destruir a sua própria obra. A incompatibilidade que se julgou existir entre essas duas ordens de ideias provém apenas de uma observação defeituosa e de um excesso de exclusivismo, de um lado e de outro. Daí um conflito que deu origem à incredulidade e à intolerância." (Itálico do original.) *Allan Kardec (OESE, p. 60.)*

"Assim como a Ciência propriamente dita tem por objeto o estudo das leis do princípio material, o objeto especial do Espiritismo é o conhecimento das leis do princípio espiritual. Ora, como este último princípio é uma das forças da Natureza, a reagir incessantemente sobre o princípio material e reciprocamente, segue-se que o conhecimento de um não pode estar completo sem o conhecimento do outro. *O Espiritismo e a Ciência se completam reciprocamente;* a Ciência, sem o Espiritismo, se acha na impossibilidade de explicar certos fenômenos só pelas leis da matéria; ao Espiritismo, sem a Ciência, faltariam apoio e comprovação. O estudo das leis da matéria tinha que preceder o da espiritualidade, porque a matéria é que primeiro fere os sentidos. Se o Espiritismo tivesse vindo antes das descobertas científicas, teria abortado, como tudo quanto surge antes do tempo." (Itálico do original.) *Allan Kardec (AG, p. 21.)*

VI – Observador do Cosmos

Entrego-me ao meu deslumbramento. Tremo. Deus esperou 6.000 anos por um observador de Sua obra. Sua sabedoria é infinita; o que ignoramos está contido Nele, como também o pouco que sabemos. *Johannes Kepler, astrônomo. (SRD, mar/63, p. 41.)*

"Senhor! pois que te dignaste lançar os olhos sobre mim para cumprimento dos teus desígnios, faça-se a tua vontade! Está nas tuas mãos a minha vida; dispõe do teu servo. Reconheço a minha fraqueza diante de tão grande tarefa; a minha boa vontade não desfalecerá, as forças, porém, talvez me traiam. Supre à minha deficiência; dá-me as forças físicas e morais que me forem necessárias. Ampara-me nos momentos difíceis e, com o teu auxílio e dos teus celestes mensageiros, tudo envidarei para corresponder aos teus desígnios." *Allan Kardec (OP, p. 283.)*

A Nova Ciência

Da criação do Universo à origem da vida, da comprovação da imortalidade da alma ao propósito da existência humana, da convivência entre Ciência e Religião à contemplação da Obra de Deus, Allan Kardec vai irradiando as luzes de seu evangelho, como o divino Mestre a distribuir água viva à atormentada humanidade.

E à semelhança do Cristo, ele não esparze apenas o conhecimento acumulado pela Ciência positiva, mas ilumina a consciência humana com a Sabedoria celeste, haurida na Plêiade que lhe coroa a missão e jorra em sua alma as luzes do mundo espiritual. É o cumprimento da profecia: "E serão todos ensinados por Deus" (Jo. 6:45).

Desse intercâmbio sagrado surgiu para o mundo a Ciência Espírita, para figurar simetricamente com a outra, da qual se distingue exclusivamente pelo objeto. Enquanto a Ciência nascida da experimentação humana atua sobre o *fenômeno,* a Ciência sorvida da Dispensação divina atua sobre o *nômeno* – a causa *cáusica* do fenômeno –, de que se originam todas as coisas em todos os planos de existência.

E assim, convocado ao serviço do Alto, o laborioso operário não pestaneja um segundo sequer. Ora. Medita. Vigia. Trabalha. E levanta, de sua pequenina janela galáctica em Paris, para os céus pluridimensionais do Universo, os olhos faiscantes de estrelas. Observa não apenas 6.000 mil anos de evolução, mas 4,6 bilhões de anos, desde o vagido primal do nosso Sistema Solar até o advento (ainda futuro) da Nova Jerusalém Celestial, coroamento e consumação da tumultuosa história da humanidade. E realiza, em 15 anos, o que os homens mais eminentes do planeta não lograram realizar em 15 séculos.

Kardec é o homem que deu sentido à vida, colocando o eixo espiritual do mundo nos mancais. E tudo isso porque esse afiado observador da Obra de Deus não estacou na observação; pelo contrário, ao perceber a sublimidade do material que os Invisíveis colocavam em suas mãos, mergulhou de imediato no trabalho, fazendo a transubstanciação do pão do céu em pão dos homens.

Com exceção de Jesus, ninguém teve no mundo tão ampla cosmovisão das coisas transcendentais. E o Grande Iniciador da Nova Era teve o mérito de registrar em obras imortais, com lavores diamantinos, tudo o que viu, ouviu e experimentou, em benefício da humanidade. Como ele conseguiu esse prodígio? Talvez uma analogia com nosso epigrafado possa iluminar a questão.

Certa feita, uma dama perguntou a Sir Isaac Newton, durante um jantar:

– Como foi que o senhor descobriu a lei da gravidade, Sir Isaac?

– Pensando constantemente nela, minha senhora – foi a resposta.

Kardec fez o mesmo com o Espiritismo, mas com uma notável diferença: enquanto a maçã despencou aos pés de Newton, revelando-lhe a lei da gravidade, o fruto da Árvore da Vida desceu suavemente sobre as mãos de Kardec, revelando-lhe a gravidade da Lei, ou melhor, as Leis do Infinito. A história não diz se Newton comeu o famigerado fruto, mas Kardec saboreou o seu e se iluminou, disponibilizando em seguida o dourado pomo a quem dele quiser fazer uso.

A RELIGIÃO DO ESPIRITISMO

> *"Conseguir a fé é alcançar a possibilidade de não mais dizer: 'eu creio', mas afirmar: 'eu sei', com todos os valores da razão tocados pela luz do sentimento."*
> Emmanuel (OC, item 354.)

Continuando meus estudos da Revista Espírita, de Allan Kardec,[6] cada vez mais me surpreendo com o manancial de verdades cristalinas que emanam de seus filões aurifulgentes.

Desta vez fui encontrar uma belíssima reflexão do emérito Codificador (RE, XI, p. 494/5), em cujo contexto se encontram os fundamentos da religião do Espiritismo, e que condensa, em postulados lapidares, o espectro preciosíssimo de ensinamentos que engrinaldam a Terceira Revelação.

Pincelei a página inesquecível com o luminoso conceito registrado por Emmanuel na epígrafe, e dela se evoluiu com naturalidade o poema "Eu Sei", que apresento a seguir ao amigo leitor em dez estrofes lavradas em versos decassílabos, precedendo cada quadra pelos respectivos tópicos da mensagem de Kardec que lhe deram causa.

Tomei também a liberdade de agrupar os temas por afinidade, a fim de facilitar a composição do poema, e de acrescentar no início de alguns a palavra "Crer", já que se encontra subentendida no original.

---

[6] *Veja três estudos anteriores em meu livro* **100 Poemas que Amei**, *Mundo Maior Editora.*

Eis o que preleciona o Mestre de Lyon:

I – Crer num Deus Todo-Poderoso, soberanamente justo e bom.

> Eu sei que Deus é Todo-Poderoso,
> Único, Eterno, Justiceiro e Bom,
> E como Pai criou, sempre amoroso,
> O ser humano e lhe imprimiu Seu dom.

II – Crer na alma e em sua imortalidade.

Crer na preexistência da alma como única justificação do presente.

Crer na pluralidade das existências como meio de expiação, de reparação e de adiantamento intelectual e moral.

> Eu sei que a Alma é ser preexistente
> E sobrevive à desencarnação;
> Para que o homem cresça e siga em frente,
> Eu sei da Lei da Reencarnação.

III – Crer na perfectibilidade dos seres mais imperfeitos.

Crer na felicidade crescente com a perfeição.

> Eu sei também que o ser mais imperfeito
> Pode atingir um dia a perfeição,
> E tão depressa quanto houver eleito
> Jesus por guia de seu coração.

IV – Crer na duração da expiação limitada à duração da imperfeição.

>Eu sei que a dor e o sofrimento humanos
>São só processos de reeducação,
>E a expiação, mesmo que dure anos,
>Não durará além da imperfeição.

V – Crer na equitativa remuneração do bem e do mal, segundo o princípio: a cada um segundo as suas obras.

Crer na igualdade da justiça para todos, sem exceções, favores nem privilégios para nenhuma criatura.

>Eu sei que a Lei Divina, sem favores,
>É igualitária em toda a Criação:
>A cada um segundo seus labores
>É sua justa retribuição.

VI – Considerar a vida terrestre como transitória e uma das fases da vida do Espírito, que é eterno.

Crer no livre-arbítrio do homem, que lhe deixa sempre a escolha entre o bem e o mal.

>Eu sei que a vida humana é transitória,
>Uma das fases da Vida Real,
>E que o Homem conduz sua história,
>Livre na escolha entre o bem e o mal.

VII – Crer na continuidade das relações entre o mundo visível e o mundo invisível.

Aceitar corajosamente as provações, em vista de um futuro mais invejável que o presente.

Eu sei que o mundo humano é interagente,
Unido ao mundo espiritual,
E de um futuro gentil, florescente,
Mais invejável que o tempo atual.

VIII – Crer na solidariedade que religa todos os seres passados, presentes e futuros, encarnados e desencarnados.

Praticar a caridade em pensamentos, palavras e obras na mais larga acepção do termo.

Esforçar-se cada dia para ser melhor que na véspera, extirpando toda imperfeição de sua alma.

Eu sei que o Bem, se vivido e se feito
Com a alma acesa em sagrado ideal,
Transforma o homem num ser mais perfeito,
E no futuro – num Ser Integral.

IX – Submeter todas as crenças ao controle do livre-exame e da razão, e nada aceitar pela fé cega.

Respeitar todas as crenças sinceras, por mais irracionais que nos pareçam, e não violentar a consciência de ninguém.

Ver, enfim, nas descobertas da Ciência, a revelação das leis da Natureza, que são as leis de Deus.

Eu sei que toda crença é respeitável,
Quando sincera, livre, racional,
E que a Ciência, de forma louvável,
Revela o mundo da Lei Natural.

X – Eis o Credo, a religião do Espiritismo, religião que pode conciliar-se com todos os cultos, isto é, com todas as maneiras de adorar a Deus. É o laço que deve unir todos os espíritas numa santa comunhão de pensamentos, esperando que ligue todos os homens sob a bandeira da fraternidade universal.

Eu sei, por fim, à luz do Espiritismo,
Que os corações, de igual para igual,
Hão de se unir, um dia, em sincronismo,
Sob o pendão do Amor Universal.

Estes são alguns dos pilares de sustentação desse templo de sabedoria infinita, espiritual, universalista, assectária e de origem divina a que Allan Kardec deu o nome de Espiritismo. Estudar esses postulados ou não estudá-los, conhecê-los ou não conhecê-los, assimilá-los ou não assimilá-los, sabê-los ou não sabê-los é opção de cada um.

Entretanto, senhoreando-nos de uma das mais belas bênçãos do Apocalipse – exatamente aquela contida no verso terceiro de seu primeiro capítulo –, deixamos registrada aqui, com a devida e respeitosa adaptação, esta fraterna advertência a todos os nossos irmãos em humanidade:

– *Bem-aventurados aqueles que estudam e vivenciam as palavras da Terceira Revelação e guardam as coisas nela escritas, porque o tempo da Regeneração está próximo.*

UM LIVRO REVOLUCIONÁRIO

"O livro é tão importante que Deus se utilizou de um para imortalizar a sua palavra no mundo e transformá-la em roteiro de luz para a humanidade."

Nunca serão devidamente avaliadas neste mundo a importância, a influência e a capacidade regeneradora de um livro bem escrito e que aborde tema de interesse da humanidade.

A guerra da secessão ocorrida nos Estados Unidos entre 1861 e 1865, quando os Estados do norte entraram em choque com os do sul, teve como uma de suas consequências a abolição da escravatura nos Estados sulistas. Em fins de 1862 (meados da guerra, portanto), o presidente Abraham Lincoln recebeu na Casa Branca a escritora Harriet Beecher Stowe, que era baixinha, e lhe disse estas palavras: "Então é esta a pequenina mulher que fez esta grande guerra!". Referia-se ele, gracejando e elogiando ao mesmo tempo, à autora da obra antiescravagista *A Cabana do Pai Tomás*, que alcançou fama mundial.

Dizem historiadores que a publicação dessa obra contribuiu muito para a ascensão de Lincoln à presidência, e eles a reconhecem como a maior influência isolada no caso da abolição da escravatura.

A obra, publicada inicialmente em forma de folhetim, conta a história de Pai Tomás, um negro escravo que é obrigado a deixar mulher e filhos quando é vendido a outro proprietário. Há muitas outras personagens bem caracterizadas na urdidura da narrativa, como a menina Eve, filha de seu novo dono, que, mesmo tendo morrido jovem, se toma de simpatia pelo velho escravo, logrando suavizar muitos preconceitos raciais da época. Tomás é vendido novamente, e seu novo senhor, um beberrão contumaz e violento, o maltrata tanto que acaba causando-lhe a morte. O desfecho da obra é um eloquente manifesto contra a escravidão e um veemente apelo para que seja abolida da humanidade.

Fato notável é que Harriet escrevia contos triviais para suplementar os minguados recursos da família. O estopim para o romance famoso veio-lhe de uma carta escrita por sua cunhada: "Se eu pudesse usar da pena como você faz, escreveria algo que fizesse a nação inteira sentir que maldita coisa é a escravatura".

Dominada por esse pensamento, um dia Harriet tomou da pena, sentou-se à mesa, e começou: "Ao anoitecer de um frio dia de fevereiro, dois senhores estavam sentados a tomar um copo de vinho, numa bem mobiliada sala de jantar, na cidade de P..., no Kentucky...". E prosseguiu pelos dias e meses seguintes, até completar o livro.

Outro fato digno de nota é que Harriet considerava sua obra como mensageira da paz. "Deus a escreveu", disse ela muitas vezes. A cena, por exemplo, em que Pai Tomás é açoitado, veio-lhe de certa vidência durante uma cerimônia de comunhão. Tão claro como se estivesse presente à flagelação, viu o velho escravo ser mortalmente chicoteado por um branco desalmado. Depois da bênção, foi para casa contendo as lágrimas, e, num êxtase, dirigiu-se ao quarto e descreveu o acontecimento tal qual o havia presenciado. Quando leu a página para a família, as crianças choraram convulsivamente.

Em suma, por causa deste e de outros fatos revelados pela autora, a obra de Harriet é considerada de origem mediúnica.

Quarenta anos mais tarde, o livro foi analisado desta forma por um crítico de Nova Iorque: "A abolição da escravidão não foi nem podia ter sido realizada por uma só pessoa. Foi o resultado de esforços conjuntos... Mas a influência maior e de mais efeito foi 'A Cabana do Pai Tomás', livro que figura no quarto lugar, quanto à tiragem, entre os do mundo inteiro".[7]

Mudando de hemisfério, vejamos agora como um dos maiores vates do Brasil enaltece os livros que edificam e instigam os leitores, possibilitando-lhes pensar com clareza e iluminar seus corações.

Castro Alves, nosso festejado poeta condoreiro, sublimando a influência das boas obras literárias, escreveu em seu livro *Espumas Flutuantes:*

Oh! Bendito o que semeia
Livros... livros à mão cheia...
E manda o povo pensar!
O livro caindo n'alma
É germe — que faz a palma,
É chuva — que faz o mar.

E depois de "morto", não só não mudou de ideia como remartelou o mesmo tema, registrando no livro *Parnaso de Além-Túmulo,* pela abençoada pena de Chico Xavier:

---

[7] Texto elaborado com fulcro no artigo "Livro de paz que gerou uma guerra", de Forrest Wilson, in SRD, fev/43, p. 57.

Oh! Bendito quem ensina,
Quem luta, quem ilumina
Nas fainas do evolutir:
Quem o bem e a luz semeia
Terá a ventura que anseia
Nas sendas do progredir.[8]

No tópico seguinte, tenho a honra de celebrar um dos livros mais gratificantes de nosso tempo – *O Evangelho segundo o Espiritismo* –, que chamo de "meu querido Evangelho". Ele completou 150 anos de existência em 2014. Espero que sua leitura possa estimular o leitor a retornar às páginas de luz dessa obra inspiradíssima de Kardec para fortalecer ainda mais a sua fibra moral e espiritual na luta de cada dia.

Sua confecção também foi entrevista por uma jovem vidente (OP, p. 392), tal como aconteceu com Harriet, provando assim que o precioso dom da clarividência é patrimônio comum da humanidade, não pertencendo a nenhuma religião ou filosofia em particular. O diferencial está em que o Espiritismo o estuda, equaciona, prospecta, experimenta, desenvolve e direciona para finalidades superiores, proporcionando segurança e satisfação a seus portadores.

Para quem tem olhos de ver, o livro de Kardec é tão revolucionário quanto o de Harriet, mas num nível em que a libertação que ele preconiza atinge a alma de todas as raças, quaisquer que sejam suas cores. As duas obras, no entanto, são muito importantes, porque ambas as libertações, a física e a espiritual,

---

[8] *O poema "Marchemos", de Castro Alves, constante do livro "Parnaso de Além-Túmulo", é constituído de 14 sextilhas com as rimas arranjadas na disposição AABCCB, com exceção da estrofe citada, que inverteu a posição dos terceiro e quarto versos. Não encontrando motivo para essa mudança e acreditando num equívoco de impressão, adequamo-la à disposição das demais.*

estão entrelaçadas de tal maneira que o homem só atingirá a plenitude a que aspira quando as tiver concretizado na vida prática e entronizado no coração. É a conclusão a que há de chegar todo estudioso sincero desses magnos assuntos.

Tal a importância de um livro. O livro é tão importante que Deus se utilizou de um para imortalizar a sua palavra no mundo e transformá-la em roteiro de luz para a humanidade.

MEU QUERIDO EVANGELHO

"[...] Dizemos que o Cristianismo, tal qual saiu da boca de Jesus, mas apenas tal qual saiu, é invulnerável, porque é a lei de Deus."
Allan Kardec (RE, VII, p. 276.)

Sempre que apanho *O Evangelho segundo o Espiritismo* para minhas leituras e meditações diárias, lembro-me de um fato surpreendente que nos revela a maneira como ele foi elaborado na Vila de Ségur, para onde Allan Kardec se retirou a trabalhar.

Certa jovem de Lyon, de passagem por Paris, resolveu fazer uma visita de cortesia ao Codificador da Doutrina Espírita. Ela era dotada de segunda vista, fenômeno pelo qual seu portador consegue perceber, em estado de vigília, fatos que ocorrem a distância e outros acontecimentos da esfera espiritual.

Foi recebida gentilmente pela senhora Allan Kardec, a qual, tomando conhecimento do precioso dom mediúnico da visitante, perguntou-lhe, dada a ausência de seu esposo, se ela não poderia transportar-se em espírito até onde ele se encontrava para vê-lo.

A mocinha se recolheu por um instante em silêncio e passou a descrever o que via. E o que via a visitante? Via Kardec num aposento muito iluminado, no pavimento térreo, onde havia três janelas. O ambiente era alegre, a casa circundada por jardins, árvores e flores. Havia muita calma e tranquilidade. Kardec estava trabalhando, sentado próximo a uma janela. Encontrava-se cercado por uma multidão de espíritos que o inspiravam. Um deles parecia superior aos demais, recebendo de todos eles deferências.

A senhora Kardec, surpresa com a descrição, perguntou-lhe se ela podia perceber a natureza do trabalho com o qual se ocupava seu marido.

A jovem clarividente pediu um momento e, em seguida, disse que via um espírito segurando um livro de grandes proporções. Ele o abre e lhe mostra o que estava escrito. Ela lê: Evangelho.

Kardec, mais tarde, confirmou tudo quanto a jovem vidente dissera, desde a descrição precisa do ambiente e da peça onde se acomodara para seus escritos, até a obra que estava elaborando *em segredo* sobre o Evangelho de Jesus. E via nesse jogo sutil de circunstâncias fortuitas a prova do interesse dos espíritos por aquele trabalho.

Esse notável acontecimento consta do Apêndice que encerra o livro *Obras Póstumas*, de Allan Kardec, editado pela FEB.

Vou tentar agora descrever como vejo essa obra monumental da codificação espírita, empregando quatro palavras da língua portuguesa que aprecio muito, três delas um pouco desconhecidas, porque de uso raro na linguagem habitual de nossos escritores.

A primeira é abesana. Talvez o leitor ainda não a conheça, porque é um termo de uso antigo, mas é linda. Abesana é o primeiro sulco que o lavrador abre no solo com o arado para servir de guia aos demais. Sem ela, a aradura ficaria confusa e improdutiva.

Esta é a impressão inicial que tenho de *O Evangelho segundo o Espiritismo*: uma profunda e retilínea abesana, ou seja, um paradigma central das máximas morais do Cristo, que orienta o cultivador desse solo fertilíssimo e o conduz a uma copiosa colheita no campo religioso e espiritual, com abençoada aplicação na área social.

A segunda palavra é repristinar. É um verbo muito charmoso e nobre, e significa, no seu sentido mais amplo, restaurar o aspecto ou a forma primitiva de alguma coisa, despojando-a de tudo o que lhe foi eventualmente acrescentado.

É possível uma imagem mais perfeita do Evangelho espírita? Ele repristina o Evangelho do Cristo, restaurando-o em seu primitivo esplendor, sem as interpolações, os dogmas e os penduricalhos tendenciosos que lhe foram acrescidos através dos tempos e que o deixaram deformado à luz de uma consciência genuinamente cristã.

A experiência do Instrutor Metelo

A terceira palavra é transumância. Transumância é a migração periódica de rebanhos, da planície para as altas montanhas, no verão, e das altas montanhas para a planície, no inverno. No verão, o alto das montanhas é mais fresco. No inverno, a planície é mais aquecida. Daí a preferência dos animais pela mudança e o conforto que ela lhes proporciona.

Quem leu *Obreiros da Vida Eterna,* de André Luiz, irá lembrar-se de uma impressionante experiência pessoal narrada pelo Instrutor Metelo. Vamos condensá-la.

Em certo período de sua vida, Metelo teve o impulso de buscar apressado a montanha. A luz de cima o fascinava. Rompendo os laços que o retinham em baixo, logrou alcançar, jubiloso, pequena eminência. Mas baixando os olhos, espantou-se com a visão terrífica do vale: o sofrimento e a ignorância dominavam em plena treva. Sentiu-se feliz por um momento, pela posição que o distanciava daqueles quadros angustiosos.

Certa noite, porém, notou que o vale se represava de luz. Que sol misericordioso visitava o antro sombrio do sofrimento? Seres angélicos desciam, céleres, de radiosos pináculos. "Que acontecera?", perguntou a um dos anjos celestiais. "O Senhor

Jesus visita hoje os que erram nas trevas do mundo, libertando consciências escravizadas". Nem mais uma palavra. Urgia ao mensageiro divino descer para colaborar com o Mestre do Amor, diminuindo os desastres das quedas morais, amenizando padecimentos, pensando feridas, secando lágrimas, atenuando o mal, e, sobretudo, abrindo horizontes novos à Ciência e à Religião, de modo a desfazer a multimilenária noite da ignorância.

Diante desse quadro desconcertante da misericórdia divina, Metelo reconsiderou sua atitude temerária. Deteve-se e voltou. Por que fugir do vale se o próprio Jesus, que centralizava suas aspirações, trabalhava para que a luz de Cima penetrasse nas entranhas da Terra? Era preciso, pois, temperar todo impulso de elevação com o sal do entendimento, evitando a precipitação nos despenhadeiros do egoísmo e da vaidade.

É assim que me sinto quando mergulho o coração na obra religiosa de Kardec. É como se, numa humana transumância, eu subisse a montanha periodicamente para haurir os preceitos sublimes do Cristo na estratosfera rarefeita do alto, e depois descesse à atmosfera pesada da planície para vivenciá-los entre meus irmãos em humanidade.

A quarta palavra é sublimação. Em física térmica, sublimar é fazer passar, ou passar uma substância diretamente do estado sólido ao gasoso. O gelo, por exemplo, ao sublimar-se, transforma-se diretamente em vapor.

Só depois de percorrer os três primeiros estágios – abesana, repristinação e transumância – é que o incansável buscador da Verdade poderá sublimar-se, transitando do estado de consciência de sono para o estado de consciência de luz. E o ativador de todo esse processo de ascese é *O Evangelho segundo o Espiritismo* – obra que tem o condão de emparaisar a nossa alma. Emparaisar? Sim. E eu adoro esse verbo também.

O EVANGELHO DA CARIDADE

"Estudar e praticar o Evangelho espírita é regar todos os dias o canteiro do coração e depois desfrutar de uma farta e abençoada colheita."

Quando sinto o assédio das forças perturbadoras do mundo tentando assaltar a cidadela de minha alma, mergulho o coração nas águas desse rio sereno que flui da Eternidade chamado O *Evangelho segundo o Espiritismo*. E me sinto em paz, protegido por sua mensagem de Amor, impregnada pela misericórdia divina. Por isso, se me fosse permitido lhe acrescentar um segundo nome, eu o chamaria de "O Evangelho da Caridade".

Sim, porque o Anjo da Caridade, esse ser divino de asas puríssimas que espaneja pó de ouro sobre todas as suas passagens, também começa a se aninhar em nosso coração quando nos habituamos a assimilar os seus ensinamentos e a vivenciá-los no decorrer de nossa existência.

Em vista disso, tomo a liberdade de convidar gentilmente o caro leitor para sondarmos, com reverência e discrição, apenas duas passagens, pelo nosso meio, desse anjo de vulto evanescente:

A dama distinta

1. Quem é essa mulher de ar distinto, de trajes simples, que se faz acompanhar de uma mocinha também modestamente

vestida? Entra numa casa de aparência pobre, onde jaz uma mãe de família cercada de crianças. Ela vem acalmar todas as dores. Traz tudo o de que necessitam, acompanhado de meigas e consoladoras palavras, que fazem com que seus protegidos aceitem o benefício sem corar. O pai está no hospital e, enquanto lá permanece, a mãe não consegue prover às necessidades da família. Graças à boa senhora, aquelas crianças não mais sentirão frio, nem fome; irão à escola agasalhadas e, para as menores, o seio que as amamenta não secará.

Terminada a sua jornada, a boa senhora diz de si para consigo: "Comecei bem o meu dia". Qual o seu nome? Onde mora? Ninguém o sabe. Para os infelizes, é um nome que nada indica, mas é o anjo da consolação. À noite, um concerto de bênçãos se eleva em seu benefício ao Criador, porque todos a bendizem.

Por que esse traje tão singelo? Para não insultar a miséria. Por que se faz acompanhar da filha? Para lhe ensinar como se deve praticar a Caridade. Em casa, é mulher da sociedade, porque a sua posição o exige. Ignoram, porém, o que faz, porque ela não deseja outra aprovação, além da aprovação de Deus e da sua consciência.

Certo dia, no entanto, uma circunstância imprevista leva-lhe à porta da casa uma de suas protegidas, que andava a vender trabalhos executados por suas mãos. A protegida, ao vê-la, reconheceu nela a sua benfeitora. "Silêncio! ordena-lhe a senhora, não o digas a ninguém". Jesus também falava assim. (OESE, p. 259/60, "Os infortúnios ocultos", texto condensado.)

O anjo do Amor

2. Dei esta manhã o meu passeio habitual e, com o coração amargurado, venho dizer-vos: "Oh! meus amigos, quantas lágrimas e quanto tendes de fazer para secá-las todas!". Em vão, procurei consolar algumas pobres mães, dizendo-lhes ao

ouvido: "Coragem! há corações bons que velam por vós; não sereis abandonadas!". Elas pareciam ouvir-me e voltavam para o meu lado os olhos arregalados de espanto. Eu lia nos seus semblantes que seus corpos tinham fome e que, se minhas palavras lhes serenavam um pouco os corações, não lhes enchiam os estômagos.

Então uma pobre mãe, ainda muito jovem, que amamentava uma criancinha, tomou-a nos braços e a estendeu no espaço vazio, como a pedir-me que protegesse aquele entezinho que só encontrava, num seio estéril, uma alimentação insuficiente.

Vi em outros locais, pobres velhos sem trabalho e quase sem abrigo, envergonhados de sua miséria, sem ousarem implorar a piedade dos transeuntes. Com o coração cheio de compaixão, eu, que nada tenho, me fiz mendiga para eles e vou, por toda parte, estimular a Caridade, inspirar bons pensamentos aos corações generosos e compassivos.

É por isso que venho aqui e vos digo: "Há por aí infelizes, em cujas choupanas falta o pão, os fogões estão sem lume e os leitos sem coberta. Não vos digo o que deveis fazer; deixo a iniciativa aos vossos bons corações". Mas, se peço, também dou e dou bastante. Eu vos convido para um banquete e vos ofereço uma árvore carregada de flores e de frutos! Colhei os frutos dessa linda árvore que se chama Caridade. No lugar dos frutos que tirardes pendurarei todas as boas ações que praticardes e levarei a árvore a Deus, que a carregará de novo, visto que a Caridade é uma fonte inesgotável.

Acompanhai-me, pois, a fim de que vos conte entre os que se alistam sob a minha bandeira. Nada temais; eu vos conduzirei pelo caminho da salvação, porque meu nome é Caridade. (OESE, p. 259/60, "A beneficência", p. 272/3, texto condensado.)

***

Eis o que representa para mim *O Evangelho segundo o Espiritismo*. Porque todos nós já sabemos – o apóstolo Paulo, você e eu – que podíamos falar todas as línguas dos anjos e dos homens, termos o dom da profecia, conhecermos todos os mistérios e todas as ciências, distribuirmos todos os nossos bens aos pobres e até entregarmos às chamas os nossos corpos vivos, *mas se não tivermos Caridade,* nada disso nos aproveita, porque não passaremos de um metal que tine e de um sino vão que soa (1Co. 13:1/7).

Como vemos em Paulo, há dois tipos de Caridade: a que é feita ao retumbar dos bombos, para consumo externo, e que conduz à tranquilidade estéril do Mar Morto; e a que é feita no silêncio da alma, por Amor ao próximo, e que conduz à tranquilidade da Paz Celestial prometida pelo Cristo. Esta é a Caridade que faz resplandecer sua abençoada luz no Evangelho elaborado por Kardec.

ORAÇÃO E VIGILÂNCIA

"Orar e vigiar são um mandamento divino tão importante quanto aqueles que se encontram imortalizados no Decálogo."

Por que Jesus insistia tanto no Orai e Vigiai? Jesus orava e vigiava constantemente e insistia com seus discípulos para que orassem e vigiassem também.

Essa Oração e essa Vigilância devem ser muito importantes, senão o divino Amigo não voltaria a elas com tanta insistência em várias passagens dos quatro Evangelhos.

Quase todos nós pensamos saber o que é Orar e Vigiar. Mas será que o saberemos realmente, à luz do entendimento real com que o Cristo transmitiu esse elevado conceito à humanidade? Vamos fazer uma breve análise a respeito.

Comecemos pela Oração, porque Orar é mais simples que Vigiar e foi por meio dela que, num nível mais sublime, o homem principiou seus contatos com a Espiritualidade nos tempos passados. Sem esquecer, no entanto, que o conceito é duplo e só se completa com a Vigilância, conforme verificaremos mais adiante.

Vamos iniciar pela definição de Prece ou Oração.

Oração

1. *A prece é sempre agradável a Deus, quando ditada pelo coração, pois, para Ele, a intenção é tudo. Orar a Deus é pensar n'Ele, aproximar-se d'Ele, pôr-se em comunicação com Ele. A três coisas podemos propor-nos através da prece: louvar, pedir, agradecer. As pessoas que oram muito mas não se melhoram em sua conduta são as que fazem da prece uma inútil ocupação do tempo. O essencial não é orar muito, mas orar bem, fazendo da oração um estudo de si mesmas, transformando-se intimamente para melhor. (OLE, Questões 658 a 666, síntese do tópico "Prece".)*

2. *A mente centralizada na oração pode ser comparada a uma flor estelar, aberta ante o Infinito, absorvendo-lhe o orvalho nutriente de vida e luz. (MM, p. 177.)*

3. *Orar constitui a fórmula básica da renovação íntima, pela qual divino entendimento desce do Coração da Vida para a vida do coração. Semelhante atitude da alma, porém, não deve, em tempo algum, resumir-se a simplesmente pedir algo ao Suprimento Divino, mas pedir, acima de tudo, a compreensão quanto ao plano da Sabedoria Infinita, traçado para o seu próprio aperfeiçoamento, de maneira a aproveitar o ensejo de trabalho e serviço no bem de todos, que vem a ser o bem de si mesma. (MM, p. 179.)*

4. *[...] o trabalho da prece é mais importante do que se pode imaginar no círculo dos seres humanos. Não há prece sem resposta. E a oração, filha do amor, não é apenas súplica. É comunhão entre o Criador e a criatura, constituindo, assim, o mais poderoso influxo magnético que conhecemos. (OM, p. 136.)*

Vemos, assim, que Orar é elevar o pensamento a Deus, potencializado pelos mais puros sentimentos. A mente está carregada de eflúvios mentais na Oração, e esses pensamentos são transmitidos à Divindade ou às Entidades superiores às quais são dirigidas as rogativas.

O homem é um transmissor quando ora. A sua mente funciona como fonte de emissão de pensamentos. É um foco a enfeixar e direcionar seus raios para o Alto. Dessa forma, a Oração é uma atividade mental, e até verbal, gerada pelo ser que ora. Em ambos os casos – orando mental ou verbalmente – a mente está em plena atividade, reproduzindo as pulsações e os sentimentos mais íntimos do ser que os esteja gerando.

Vigilância

Vigilância é algo um pouco diferente, constituindo-se no inverso da Oração. Quando você entra em estado de Meditação, você começa a praticar a Vigilância, como veremos agora.

Quando Jesus dizia: *Vigiai!* Ele queria dizer: "Ficai em silêncio, espiritualmente alertas, despertos, conscientes". Na Vigilância não pode haver pensamento. Na Vigilância o pensamento está ausente. E por que está ausente?

Porque na Vigilância ou Meditação o homem está em estado de receber, não de transmitir. Se há pensamento na mente, não pode haver recepção. A casa mental está ocupada. As duas coisas – recepção e transmissão – não podem ocorrer ao mesmo tempo.

A recepção da resposta divina somente ocorre se a casa mental estiver vazia e silenciosa. Mas não de um silêncio que seja apenas a ausência de pensamentos, e sim de um silêncio muito mais profundo, que só a prática constante do silêncio da mente e da alma pode proporcionar. É o sentido do Salmo 46:10, quando o Senhor diz: *"Aquietai-vos* e sabei que Eu sou o Senhor". "Aquietai-vos", isto é, fazei silêncio interior.

Oração e Vigilância são uma pista única de mão dupla alternativa: quando há fluxo numa direção, não pode haver fluxo na direção contrária. O fluxo tem que ser controlado. Se o emissor está expedindo pensamentos, não pode estar concomitantemente recebendo pensamento.

Consciência ativada e mente vazia

Quando os discípulos adormeceram enquanto Jesus Orava e Vigiava no horto, Ele voltou e lhes disse: Não pudestes vigiar comigo nem um pouco? (Mt. 27:40).

Certamente a Vigilância deles não era imprescindível ao Amado Mestre para o cumprimento de Sua Missão. Mas Jesus é Mestre e Educador, como preconiza muito bem Pedro de Camargo. Jesus os estava iniciando nesse caminho puro da recepção da resposta divina, que só pode ser obtida pela Meditação.

Se os discípulos estivessem despertos ou alertas, mas com a presença de pensamentos, não estariam receptivos à resposta do Alto. E se estivessem vazios de pensamentos, mas entorpecidos (como devia ser o caso), também não serviriam para aquela finalidade. Segundo os mais experientes meditadores, o ponto principal na Vigilância ou Meditação é este: *Consciência ativada e mente vazia*, ou seja, alerta máximo de consciência sem a mais leve sombra de pensamento.

A respeito dessa ausência de pensamento, leciona Huberto Rohden, em sua vasta obra, que *silêncio total é ausência de ruído material, mental e emocional – não sentir, não pensar, não desejar nada.* E que *para o principiante esse estado de passividade pode levá-lo a adormecer, e isto não resolve o problema. Para que o homem permaneça na plenitude do Eu consciente, deve ficar 100% consciente, mas 0% pensante.*

Este é o ponto capital para o qual chamamos a atenção dos interessados: 100% de consciência, 0% de pensamento. Ou seja: após a Oração, se a pessoa que ora deseja receber uma resposta superior, deve permanecer em Meditação, ficando no estado que chamamos de *stand-by*: alerta máximo e silêncio interior profundo e total.

Causa estranheza, a princípio, falar de ausência do pensamento, pois muitos acham que o pensamento é algo silencioso e imperceptível, e sua ausência seria talvez a inexistência do próprio ser. Mas não é assim.

Entendamo-nos quanto aos vocábulos. Não se trata da extinção do pensamento, mas de sua ausência. Assim como a presença da luz torna a treva ausente, a ausência da luz torna a treva presente. Ambas continuam existindo, embora uma se torne a ausência da outra. O pensamento, quando se condensa em vocábulos e se transforma em veículo de comunicação, pode tornar-se estorvo em níveis mais altos de entendimento. Daí a necessidade do vazio mental. Uma vez encerrada a Vigilância, os pensamentos voltam a povoar a mente.

Portanto, leitor amigo, na próxima vez que Orar, procure em seguida Vigiar – se já não o estiver fazendo –, ficando sereno, em êxtase, na mais absoluta quietude e paz interior, a fim de aguardar e receber a resposta suprema, caso esteja esperando por uma.

É o que o Cristo espera daqueles que aspiram ao discipulado real, através desse diálogo de alma para alma que todos terão um dia com a Divindade. É o que foi também revelado por Ele na Sua Oração ao Pai, preparando neste mundo a tão almejada unificação da humanidade:

– *"Não rogo somente por estes, mas também por aqueles que vierem a crer em mim, por intermédio da sua palavra, a fim de que **todos sejam um**. E como és tu, ó Pai, em mim e eu em ti, também **sejam eles em nós**, [...] a fim de que **sejam aperfeiçoados na unidade**"* (Jo. 17:20/3).

OS DOIS ECUMENISMOS

*"Ainda tenho muitas ovelhas, não deste aprisco; a mim me
convém conduzi-las; elas ouvirão a minha voz;
então haverá um rebanho e um pastor."*
Jesus (Jo. 10:16.)

Diz o dicionário Houaiss que ecumenismo é o apelo à unidade de todos os povos contido na mensagem do Evangelho. No campo religioso, é o movimento favorável à união de todas as igrejas cristãs.

O apelo à unidade mundial é um toque de reunir presente na ideia mais ampla de ecumenismo, ao passo que, ao descer para o campo religioso, a ideia se afunila bastante, visto focar apenas a união das religiões derivadas do Cristianismo.

Essa restrição poderia ser diluída, em tese, pelo diálogo inter-religioso, que seria um colóquio harmonizador entre todas as religiões existentes na Terra. Mas ainda aí existem duas dificuldades: Há milhões de pessoas que não têm religião, embora creiam em Deus, e há milhões que não creem em Deus – os denominados ateus. Não obstante tantas nuanças, todos são irmãos e filhos do mesmo Pai.

Assim, a ideia de ecumenismo, mesmo sendo generosa e digna de acolhida, é de execução trabalhosa devido à diversidade de *crer, sentir e pensar*, culturalmente enraizada no mundo íntimo de todo ser humano. Mas essas limitações não devem arrefecer o ânimo dos espíritos iluminadamente ecumênicos, porque, como os homens não são perfeitos nem plenipotenciários, devem trabalhar conscientes de que visam à confraternização universal *possível*, uma vez que o que está fora do poder do homem, somente a depuração do tempo e a evolução permanente das coisas poderão realizar.

Jesus, como figura central da unificação dos povos, formatou, a nosso ver, a base do autêntico Ecumenismo. E a premissa básica para a concretização desse movimento pode ser encontrada em sua parábola do Grande Julgamento, condensada a seguir:

A parábola do Grande Julgamento

Quando vier o Filho do homem na sua majestade, reunirá todas as nações na sua presença e separará uns dos outros, como o pastor separa os cabritos das ovelhas; porá as ovelhas à sua direita e os cabritos à sua esquerda.

Então dirá aos que estiverem à sua direita: Vinde, benditos de meu Pai, entrai na posse do reino que vos está preparado desde a fundação do mundo. Porque tive fome e me destes de comer; tive sede e me destes de beber; era forasteiro e me hospedastes; estava nu e me vestistes; enfermo e me visitastes; preso e fostes ver-me.

Então perguntarão os justos: Senhor, quando foi que te vimos nestas condições e te atendemos em todos estes quesitos? Ele responderá: Sempre que o fizestes a um desses meus pequeninos irmãos que erram pelo mundo, a mim o fizestes.

Dirá também aos que estiverem à sua esquerda: Apartai-vos de mim, vós que praticais a iniquidade, porque tive fome e não me destes de comer; tive sede e não me destes de beber; sendo forasteiro, não me hospedastes; estando nu, não me vestistes; achando-me enfermo e preso não me fostes ver.

E eles lhe perguntarão: Senhor, quando foi que te vimos nestas condições e não te assistimos? Ele responderá: Sempre que o deixastes de fazer a um desses mais pequeninos, a mim o deixastes de fazer (Mt. 25:31/46).

A Caridade como base

No Ecumenismo divino elege-se a CARIDADE *que se vivenciou* e não a CRENÇA *que se adotou* como a pedra filosofal capaz de transformar o vil metal humanoo em ouro finíssimo, para a promoção a um nível espiritual superior. O ecumenismo humano, como reflexo que deve ser do divino, há de colocar em sua base a prática recíproca da caridade, tal como a enunciou o Cristo, e que se traduz na fraternidade sem fronteiras fundada no amor ao próximo.

Este é o passo fundamental para o abraçamento planetário. Aproximar os que anelam pela união e manter o apelo afetuoso aos indiferentes, sem distinção de qualquer matiz, compreendendo que somente o Foro divino tem luz suficiente para proceder ao julgamento de cada um e à seleção final.

A caridade ampla e irrestrita nas relações humanas é o único programa capaz de estabelecer o "desarmamento" das almas em qualquer nível em que se apresente. Sem essa preliminar, a impressão é que qualquer movimento ecumênico não terá sucesso. Porque ecumenismo não é pasteurização de crenças nem massificação de fés; não é bater as religiões no liquidificador e servir um copo de vitamina a cada participante, como imaginam as pessoas comuns do povo.

Ecumenismo é a pomada regeneradora que se passa nas feridas abertas no passado, dando tempo ao presente para que o futuro as possa cicatrizar. É tolerância mútua em transição para o patamar superior da convivência fraterna inter-religiosa e universal, não obstante as diferenças doutrinárias, ideológicas e teológicas, que devem ser recepcionadas com o mesmo carinho com que se insere algodão entre cristais.

O ecumenismo possível seria o que começasse com o oferecimento singelo de um copo de água fria a quem tem sede e prosseguisse na vivência prática e sincera do princípio estabelecido pelo Cristo em sua parábola. Ou como sugeriu Melanchthon: *"Nas coisas certas, unidade; nas incertas, liberdade; e em todas as demais, caridade"*.

A ideia é imensa e só almas imensas a conseguem acalentar, mas somente deverá triunfar se os seus promotores estiverem dispostos a viver esses princípios, a fazer essas concessões e a servir com amor e perseverança a todos, enaltecendo sempre, mesmo que incompreendidos, aqueles a quem amorosamente servirem.

Se os líderes religiosos estiverem dispostos a "morrer" como o grão de trigo da parábola para que haja uma frutificação a cento por um – como pastores que devem espelhar-se no exemplo do Pastor divino –, o triunfo do ecumenismo terreno, em seu sentido mais amplo, será um evento próximo futuro que ninguém poderá evitar e provavelmente o maior monumento à fraternidade universal que o homem terá jamais erguido em todos os tempos da humanidade. E só então ele poderá ser escrito com "E" maiúsculo.

E os seus promotores poderiam adotar como lema ecumênico este famoso pensamento citado por Emmanuel e registrado por um homem ecumenicamente correto que viveu entre nós chamado Chico Xavier: **"Por fora com todos e por dentro com Deus"** *(TCX, p. 203)*.

JESUS ERA ECUMÊNICO?

"Jesus e o Pai são um. Quando eles fazem nascer o seu Sol sobre maus e bons e vir suas chuvas sobre justos e injustos, estão proporcionando as mesmas oportunidades a todo o gênero humano para a sua redenção."

I – Não fostes vós que me escolhestes a mim; pelo contrário, eu vos escolhi e vos designei para que vades e deis frutos, e o vosso fruto permaneça. (Jo. 15:16.)

II – Vós sois cá de baixo, eu sou lá de cima; vós sois deste mundo, eu deste mundo não sou. Eu desci do céu para fazer a vontade daquele que me enviou. E a vontade de quem me enviou é esta: que nenhum eu perca de todos os que o Pai me deu. (Jo. 8:23; 6:38/9.)

III – Assim como o Pai me amou, também eu vos amei; permanecei no meu amor. Porque os meus discípulos serão conhecidos por muito se amarem. (Jo. 15:9; 13:35.)

IV – Disse-vos estas coisas para que a minha alegria esteja em vós e para que a vossa alegria seja completa. (Jo. 15:11 – tradução de Matos Soares.)

V – E como és Tu, ó Pai, em mim e eu em Ti, também eles sejam um em nós, a fim de que sejam aperfeiçoados na unidade. (Jo. 18:22/3.)

VI – Não Te rogo somente por estes, mas também por aqueles que vierem a crer em mim por intermédio da sua palavra. (Jo. 17:20.)

VII – Minhas ovelhas virão do Norte e do Sul, do Oriente e do Ocidente, e se sentarão à mesa com Abraão, Isaque e Jacó no reino dos céus. Então haverá um só rebanho e um só Pastor. (Mt., 8:11; Jo. 10:16.)

Interpretação do discurso

Desse duro discurso proferido por Jesus, cheio de alertamentos aos que serão Vencedores com Ele (e não aos que serão perdedores sem Ele), podemos tirar as seguintes conclusões:

1. Ninguém deve ser considerado líder religioso ou discípulo do Cristo apenas porque assim se proclama ou assim é proclamado pelas convenções terrenas. A condição de líder ou discípulo será comprovada pelas obras de cada um no campo da beneficência e da solidariedade humana.

2. Todos os homens são da Terra e só Jesus é do Céu, ou seja, todos na Terra são iguais e um só se destaca e é o Mestre Universal – o Cristo. Logo, a ordem divina é para que todos os discípulos do bem se unam no mundo, em nível de igualdade, e levem a palavra da Boa Nova a toda a humanidade.

3. Permanecer na aura amorosa do Cristo deve ser o propósito de todo líder ou discípulo, e essa permanência gera em consequência o amor fraterno, de forma assectária e universalista, por todos os seus irmãos em humanidade – afetos e desafetos.

4. A mensagem de Jesus não é uma sentença de morte sombria e fatal, mas uma bandeira de júbilo e euforia – e essa alegria espiritual gerada por ela deve ser a tônica das ações de todos os que se declaram seus discípulos.

5. Pelo fato de Jesus ser um com o Pai, o líder e o discípulo devem procurar ser um com Jesus, a fim de que essa corrente divina se estabeleça, ligando a Terra ao Céu.

6. Os líderes e discípulos unidos devem vivenciar e promover a vivência e a propagação da mensagem cristã, para despertar aqueles que ainda não tomaram conhecimento dela, sem pretensões seletivas, visto que só Deus sabe quem são as ovelhas que, em todo o mundo, participarão do rebanho único de Seu Filho.

7. As ovelhas do Cristo virão de todas as nações e de todas as religiões, e também dos agrupamentos sem matiz religioso, cabendo apenas a Deus, através da ação missionária dos homens, tocar o coração daquelas que se integrarão no rebanho único.

Este é o cerne do Ecumenismo estabelecido pelo Cristo.

– Duro é esse discurso; quem o poderá ouvir? dirão os que são contra a ideia ecumênica. E não a entenderão. Mas não a entenderão porque foram batizados somente com água e não com fogo, e provavelmente lhe farão oposição ou ficarão indiferentes. Mas os que forem batizados com o fogo do Espírito Santo entenderão. É para esses que o Cristo destinou o Seu Reino futuro: *Nada temais, ó pequenino rebanho, pois aprouve ao Senhor Deus vos dar o seu Reino (Lc. 12:32).*

Conclusão e sugestão

Nossa sugestão aos líderes religiosos da atualidade (e que será provavelmente considerada excêntrica e utópica pelos nichos conservadores de algumas religiões) é a seguinte:

– Sentem-se a uma mesa comunitária, de forma confortável e descontraída, regada a muito suco, vinho e chope (conforme a preferência de cada um), acompanhados de deliciosos petiscos. Comam e bebam à vontade. Falem sobre assuntos triviais, permutem suas histórias, suas lutas, suas dificuldades, suas vitórias. Narrem casos hilários e riam a bandeiras despregadas, com direito a espirros de perdigoto no interlocutor. Recordem também acontecimentos tristes, fases ruins, testemunhos, momentos de angústia, com direito a cabeças reclinadas nos ombros uns dos outros, muitas lágrimas e lenços umedecidos.

É preciso quebrar a distância, o gelo, o protocolo, o engomamento gerados pelo ciúme doutrinário, pelo isolamento e pela falta de prática no intercâmbio religioso. É preciso mesclar as experiências comuns, como é costume fazer em família, quando todos se reúnem após longa viagem. Muitos abraços, muitos afagos, muitos tapinhas nas costas. É isto que é o ecumenismo: uma reunião de familiares, mortos de saudade e carentes de afeto, após uma separação de aproximadamente... 5000 anos.

Em seguida, como um bando de aves em revoada, saiam pelas ruas e batam de porta em porta, solicitando aos moradores da cidade a contribuição de um quilo de mantimento de qualquer espécie – é a campanha do quilo – ou uma peça de roupa usada. Depois, suarentos, sob um sol a pino, carregando sacoladas de doações nos ombros, entrem na primeira favela que encontrarem e distribuam essas dádivas aos irmãos necessitados, com um sorriso no rosto, uma palavra de fé e um abraço fraterno. Na choupana humilde, aceitem com boa vontade um copo de água fria, uma xícara de café, e até um prato de sopinha rala se lhes forem oferecidos. É o que faria Francisco de Assis no lugar de cada um.

Tradução: saiam da zona de conforto, desçam da torre de marfim do "sabe com quem está falando?" e das indagações intelectuais infindáveis e estéreis. Partam para o corpo a corpo do trabalho de campo, na ação social da solidariedade humana, para sentirem a alma do Cristo, que vivia entre os humildes e não desdenhava a companhia dos publicanos, dos leprosos e das meretrizes. Jesus não tem tempo para veranear pelos templos suntuosos de nenhuma religião da atualidade, visto que Sua presença é reclamada a todo momento ao pé do sofrimento humano, nos guetos, favelas e cortiços.

Se tudo isto for feito com o sentimento de caridade cristã e o amor exemplificado por Jesus, então os líderes religiosos estarão prontos para sentarem-se à mesa de conferência e iniciarem as tratativas para a harmonização ecumênica de seus vários rebanhos.

Porque se o movimento ecumênico começar pela base da pirâmide cristã, que é a caridade vivenciada em sua singeleza mais absoluta, o movimento terá sucesso. Mas se começar por cima, pela tentativa de desbastar suas diferenças doutrinárias, afiando uma agudeza noutra agudeza, estará fadado ao fracasso, porque terá começado a construção desse Tabernáculo sagrado pela cumeeira e não pelo alicerce, e nenhuma construção se sustenta se iniciada no vácuo.

Desarmem as almas, portanto. Tornem-se camaradas. Amalgamem-se. Dispam os finos paramentos teológicos de seus antepassados, que, não obstante sua importância, maçarocaram a singeleza da mensagem cristã, e vistam o burel grosseiro e surrado de Francisco de Assis, o santo universal da alegria, da singeleza e da caridade. Sentem-se à mesa da harmonização universal e estendam para o céu as mãos espalmadas, suplicando a Deus a esmola da misericórdia divina.

Se dessa atitude não resultar o Ecumenismo com "E" maiúsculo preconizado pelo divino Pastor em seu Evangelho, este autor, envergonhado de pertencer a uma espécie tão irredutível, hipócrita e mesquinha, rogará a Deus que risque seu nome, para sempre, do Livro da Vida.

SER ESPÍRITA

*"[...] Oh, como é doce ser espírita e praticar suas virtudes!
Para mim é minha única felicidade.[...]"*
Pierre Houdée (RE, jun/1865, p. 234.)

1. **Ser espírita** é aprimorar-se permanentemente e estabelecer-se no silêncio da alma, longe da tagarelice verbal e mental do mundo, propiciando uma comunhão espiritual profunda com as entidades que, em nome do Senhor, vêm trazer aos homens o consolo e as recomendações das esferas superiores.

"Se pudésseis ver o recolhimento dos Espíritos de todas as ordens que assistem às vossas sessões, durante a leitura de vossas preces, não só ficaríeis tocados, mas envergonhados de ver que o vosso recolhimento, que apenas qualifico de silêncio, está bem longe de aproximar-se do [recolhimento] dos Espíritos, um bom número dos quais vos são inferiores. O que chamais vos recolherdes durante a leitura de vossas belas preces, é observar um silêncio que ninguém perturba; mas se os vossos lábios não se mexem, se o vosso corpo está imóvel, vosso Espírito vagueia e deixa de lado as sublimes palavras que deveríeis pronunciar do mais profundo do vosso coração, a elas vos assimilando pelo pensamento." *De Courson* (RE, nov/68, p. 477/8.)

2. **Ser espírita** é perseverar no estudo e na prática da Doutrina que lhe ilumina a mente e o coração, confiando em que o tempo e a meditação sobre tantos postulados sublimes lhe permitam assenhorear-se desse resplandecente painel da vida no Infinito, que os Espíritos denominaram, com muita propriedade, de "a *eterna* Doutrina Espírita". (OLE, p. 139.)

"[...] A verdadeira Doutrina Espírita está no ensino que os Espíritos deram, e os conhecimentos que esse ensino comporta são muito graves para serem adquiridos de outro modo que não seja *por um estudo perseverante, feito no silêncio e no recolhimento*; somente nessa condição se pode observar um número infinito de fatos e particularidades que escapam ao observador superficial e permitem firmar uma opinião." *Allan Kardec* (OLE, p. 60.)

"[...] É por isso que dizemos que estes estudos requerem atenção demorada, observação profunda e, sobretudo, como o exigem todas as ciências humanas, continuidade e perseverança. São precisos alguns anos para formar-se um médico medíocre e três quartas partes da vida para formar-se um sábio, *e querem [os apressados] em algumas horas adquirir a Ciência do Infinito! [...]*." *Allan Kardec* (OLE, p. 51.)

3. **Ser espírita** é falar primeiro ao coração, ensinando a amar, e em seguida ao intelecto, procurando instruir e educar, oferecendo sempre um copo doutrinário de água fresca àquele que dele tem necessidade.

"[...] O que se busca na doutrina é, antes de tudo, o que toca o coração. É uma coisa notável a facilidade com que, mesmo as pessoas mais iletradas, compreendem e assimilam os princípios desta filosofia, pois não é necessário ser sábio para ter coração e raciocínio. Ah! dizem eles, se sempre nos tivessem falado assim, jamais teríamos duvidado de Deus e de sua bondade, mesmo nas maiores misérias!" *Allan Kardec* (RE, jul/67, p. 274/5.)

4. **Ser espírita** é estar convicto de que um dia a Doutrina Espírita se tornará universal, consagrando o princípio da liberdade de consciência e estabelecendo a caridade como o fundamento básico da harmonia de todas as crenças e povos.

"[...] Daí por que, quando o Espiritismo tornar-se crença de todos, não haverá mais incrédulos, nem materialistas, nem ateus. Sua missão é combater a incredulidade, a dúvida, a indiferença; não se dirige aos que têm uma fé, e a quem esta fé é suficiente, mas aos que em nada creem, ou que duvidam. Não diz a ninguém que deixe a sua religião; respeita todas as crenças, quando sinceras. Aos seus olhos a liberdade de consciência é um direito sagrado; se não a respeitasse, faltaria ao seu primeiro princípio, que é a caridade. Neutro entre todos os cultos, será o laço que os reunirá sob uma mesma bandeira – o da fraternidade universal. Um dia eles se darão as mãos, em vez de se anatematizarem." *Allan Kardec* (RE, mar/65, p. 131.)

5. **Ser espírita** é divulgar, com sutileza e sabedoria, a ideia consoladora da reencarnação e dos outros postulados espiritistas, sem constranger o ouvinte nem colocá-lo de prevenção contra o Espiritismo.

"[...] Não faleis, pois, [de Espiritismo] àqueles a quem apavora a simples palavra *Espiritismo;* falai da pluralidade das existências, dos numerosos escritores que preconizam esta ideia; falai também sobretudo aos aflitos, como o faz o Sr. Victor Hugo, da presença, em torno de nós, dos seres queridos que perdemos; eles vos compreenderão e, mais tarde, ficarão muito surpreendidos de *ser espíritas* sem o haver suspeitado." *Allan Kardec* (RE, out/1868, p. 425.) (Primeiro grifo do original.)

6. **Ser espírita** é *saber,* e não apenas *crer,* que estamos todos inseridos nesse mecanismo universal chamado Cosmos, criado

pela Providência divina para nossa evolução e felicidade, e que a mão paternal de Deus nos provê, de forma sutil e invisível, de tudo o que precisamos para a nossa sublimação, ainda que, em decorrência de nossa voluntária cegueira espiritual, ignoremos Sua solicitude e atribuamos tantas benesses à ação fortuita das forças da Natureza.

"[...] Suponde-vos um instante ante uma colmeia, *cujas abelhas fossem invisíveis;* o trabalho que veríeis realizar-se diariamente vos causaria admiração e, talvez, exclamásseis: Singular efeito do acaso! Pois bem! realmente estais em presença de um ateliê imenso, conduzido por inumeráveis legiões de operários, para vós invisíveis, dos quais uns não passam de trabalhadores manuais, que obedecem e executam, enquanto outros comandam e dirigem, cada um em sua esfera de ação, proporcionada ao seu desenvolvimento e ao seu adiantamento e, assim, pouco a pouco, até a vontade suprema, que tudo impulsiona." *Um Espírito protetor* (RE, set/64, p. 384.)

7. **Ser espírita** é compreender que o Espiritismo proveio do Infinito, da Fonte de toda a Luz, e ao derramar-se sobre os Espíritos encarnados e desencarnados constituiu-se num alevantado roteiro de sublimação que nenhum Espírito ou homem, individualmente, tem o poder de conceber ou desvirtuar.

"Repetirei aqui o que disse alhures, porque nunca seria demais repetir: A força do Espiritismo não reside na opinião de um homem, nem na de um Espírito; está na universalidade do ensino dado por estes últimos; o *controle universal,* como o *sufrágio universal,* resolverá no futuro todas as questões litigiosas; fundará a unidade da doutrina muito melhor do que um concílio de homens. Ficai certos, senhores, de que este princípio fará o seu caminho, como o *Fora da caridade não há salvação,* porque baseado na mais rigorosa lógica e na abdicação da personalidade. Não contrariará senão os adversários do Espiritismo e aqueles que só têm fé em suas luzes pessoais." *Allan Kardec* (RE, mai/64, p. 193.) (Grifos do original.)

8. **Ser espírita** é pautar-se em todos os seus atos e palavras pela moderação, mesmo quando desafiado pelos irmãos em estágios diversos de pensamento, pois a verdade goza do privilégio da imortalidade e dispensa arroubos de momento, debates acalorados e defensores de plantão.

"[...] Aproximam-se os tempos em que os acontecimentos favorecerão a eclosão do que semeais. Considerai a obra na qual trabalhais, sem vos preocupardes com o que possam dizer ou fazer. Vossos inimigos fazem tudo o que podem para vos levar além dos limites da moderação, a fim de poder dar um pretexto às suas agressões; seus insultos não têm outro objetivo, *mas a vossa indiferença e vossa longanimidade os confundem.* À violência, continuai, pois, a opor a doçura e a caridade; fazei o bem aos que vos querem mal, a fim de que possam distinguir, mais tarde, o verdadeiro do falso. Tendes uma arma poderosa: *a do raciocínio.* Servi-vos dela, mas não a mancheis jamais pela injúria, o supremo argumento dos que não têm boas razões para dar; *esforçai-vos, enfim, pela dignidade de vossa conduta, para fazer respeitar em vós o título de espírita.*" São Luís (RE, ago/68, p. 342.)

9. **Ser espírita** é colocar-se humildemente na posição de eterno aprendiz de Espiritismo e Cristianismo, abeberando-se na fonte dos que sabem mais e só se manifestando em palavras e atos para estender a mão, socorrer, construir e harmonizar.

"[...] Está provado que o Espiritismo *é mais entravado pelos que o compreendem mal do que pelos que não o compreendem absolutamente, e, mesmo, pelos inimigos declarados.* E é de notar que os que o compreendem mal geralmente têm a pretensão de o compreender melhor que os outros; e não é raro ver neófitos que, ao cabo de alguns meses, pretendem dar lições àqueles que adquiriram experiência em estudos sérios. Tal pretensão, que denuncia o orgulho, é uma prova evidente da ignorância dos verdadeiros princípios da doutrina." *Allan Kardec* (RE, nov/64, p. 431/2.)

10. **Ser espírita** é não se abalar com a possível defecção de correligionários próximos, mantendo a conduta reta, o coração sereno e o pensamento límpido, certo de que a Obra a que se devota requer acima de tudo trabalhadores de qualidade e não trabalhadores em quantidade, e que há muito terreno bom aguardando a semeadura do bem para se preocupar com os terrenos sáfaros que a repelem.

"[...] Sabemos perfeitamente que, por não havermos incensado certos indivíduos, os afastamos de nós e eles se voltaram para o lado donde vinha o incenso. Mas, que nos importa! Para nós, as pessoas sérias são mais úteis à causa, e não olhamos como sérios aqueles que são atraídos pela isca do amor-próprio, como mais de um a experimentou. Não os queremos; lamentamos que tenham dado mais valor à fumaça das palavras que à sinceridade. Temos consciência de que, em toda a nossa vida, jamais devemos algo à adulação ou à intriga. [...]." *Allan Kardec* (RE, jan/65, p. 15.)

"[...] Daí por que dizemos também aos adeptos: Ligai-vos aos homens de boa vontade, porque não falhareis; mas não percais vosso tempo com os cegos que não querem ver, nem com os surdos que não querem ouvir. Agir assim é faltar com a caridade? Não, pois para estes será apenas um adiamento. Enquanto perdeis o tempo com eles, negligenciais dar consolações a uma porção de gente necessitada e que aceitaria com alegria o pão da vida que lhes oferecêsseis. [...]." *Allan Kardec* (RE, fev/65, p. 75.)

11. Ser espírita é estar ciente da amplitude cósmica da ideia que abraça e revestir-se de uma fé inabalável em seu futuro, a fim de não se deixar esmorecer quando vierem os expurgos necessários promovidos pela Providência divina para decantar a Obra que tem por objetivo a regeneração da humanidade.

"[...] Desde que a divisa do Espiritismo é *Amor e caridade,* reconhecereis a verdade pela prática desta máxima, e tereis como certo que aquele que atira a pedra em outro não pode estar com a verdade absoluta. Quanto a mim, senhores, ouvistes a minha profissão de fé. Se – que Deus não permita! – surgissem dissidências entre vós, digo-o com pesar, eu me separaria abertamente dos que desertassem da bandeira da fraternidade, porque, aos meus olhos, não poderiam ser encarados como verdadeiros espíritas." *Allan Kardec* (RE, nov/61, p. 497.) (Grifo do original.)

12. Ser espírita é manter a fé e o equilíbrio interior, praticando a oração e vigilância recomendadas pelo Cristo, mesmo em face dos flagelos assoladores que devastam a humanidade, sabendo que Deus está no comando de todos os acontecimentos e que de tudo isto resultará o advento de um novo Céu e uma nova Terra como recompensa aos que perseverarem no bem.

"Entramos cada vez mais no período transitório, que deve levar à transformação orgânica da Terra e à regeneração de seus habitantes. Os flagelos são os instrumentos de que se serve o grande cirurgião do Universo para extirpar, do mundo, destinado a marchar para frente, os elementos gangrenados que nele provocam desordens incompatíveis com o seu novo estado. Cada órgão, ou melhor dizendo, cada região será, sucessivamente, dissecada por flagelos de diversas naturezas. Aqui, a epidemia sob todas as suas formas; ali, a guerra, a fome. *Cada um deve, pois preparar-se para suportar a prova nas melhores condições possíveis, melhorando-se e se instruindo, a fim de não ser surpreendido de improviso.*

"Algumas regiões já foram provadas, mas seus habitantes se equivocariam redondamente se se fiassem na era de calma, que vai suceder à tempestade, para recaírem nos seus antigos erros. É uma pequena trégua que lhes é concedida, para entrarem num caminho melhor; se não o aproveitarem, o instrumento de morte os experimentará até os trazer ao arrependimento. Bem-aventurados aqueles a quem a prova feriu de começo, porque terão, para se instruírem, não só os males que sofreram, mas o espetáculo daqueles seus irmãos em humanidade, que por sua vez serão feridos. Esperamos que um tal exemplo lhes seja salutar, e que entrem, sem hesitar, na via nova, que lhes permitirá marchar de acordo com o progresso." *Doutor Demeure* (RE, nov/68, p. 448/9.)

13. **Ser espírita**, finalmente, é ter consciência de que está aqui apenas de passagem, devendo aproveitar todo o tempo disponível para promover a semeadura da luz, a fim de ascender o quanto antes a uma das muitas moradas da casa do Pai, que se encontram disponíveis aos bons, consoante a promessa de Jesus.

"[...] Como nossa Terra é um dos mundos menos adiantados, aqui se encontram mais Espíritos maus do que bons; daí por que nela vemos tanta perversidade. Empreguemos, pois, todos os nossos esforços para não regressarmos a ela depois desta estação, e para merecermos habitar um mundo melhor, num desses orbes privilegiados onde o bem reina absoluto e onde não nos lembraremos de nossa passagem na Terra senão como um sonho mau." *Allan Kardec* (RE, out/58, p. 428.)

Filigranas em André Luiz

AS TRANSFIGURAÇÕES DO PERISPÍRITO

*"Semeia-se corpo animal, ressuscitará corpo espiritual.
Se há corpo animal, há também corpo espiritual."*
Paulo (1Co. 15:44.)

Chamo de filigranas em André Luiz certas informações aparentemente casuais e espontâneas que ele insere em sua coleção, e que, se o leitor não estiver atento, podem passar despercebidas. Mas sua importância é inegável e descortinam um novo mundo à reflexão. Darei nesta série alguns exemplos dessas passagens, que sempre me deixaram cismativo e ao mesmo tempo encantado com tanta sutileza e sabedoria.

Vou reproduzir de forma condensada cada caso, mas farei a citação da fonte para que o leitor possa consultá-la em sua íntegra, no original.

Poucas trajetórias espirituais relatadas na literatura espírita são tão conhecidas e apreciadas como a de André Luiz. De médico abastado do Rio de Janeiro, onde teria desencarnado na primeira metade do século XX, a cidadão da colônia espiritual Nosso Lar, sua vida é um exemplo frisante de como um espírito que esteja determinado a superar todos os obstáculos da jornada consegue desembaraçar-se das regiões purgatoriais do Umbral inferior e alçar voo às esferas resplandecentes do planeta.[9]

Assimilando, com avidez e proveito, as lições e advertências fraternas de seus novos amigos na citada colônia – como Clarêncio, Lísias, Narcisa, a senhora Laura e outros –, André em pouco tempo tem sua saúde e equilíbrio emocional restabelecidos. Recebe também a visita de sua mãe, que vive numa esfera superior, o que lhe traz profunda alegria ao coração. Diante dessas inúmeras manifestações de afeto, coloca-se imediatamente à disposição de seus benfeitores, oferecendo-lhes seus humildes préstimos, onde quer que pudessem ser úteis, para retribuir a tantas bênçãos recebidas.

Em visita às Câmaras de Retificação, onde são internados os irmãos carentes recolhidos nas regiões umbralinas, André percebe de imediato a extensão do serviço e a escassez de trabalhadores, e se lança instintivamente à tarefa de limpeza, recebendo de seus novos companheiros olhares de satisfação e agradecimento.

O sonho

Após um dia e uma noite de intensos trabalhos, André se recolhe a um apartamento de repouso, ao lado das Câmaras de Retificação, entregando-se às asas do sono. E sonha. Tem a impressão de ser arrebatado em pequenino barco, rumando a regiões desconhecidas. Decorridos alguns minutos, vê-se à frente de um porto maravilhoso, onde alguém o chama com especial carinho.

Era sua mãe, que no mesmo instante André abraçou em transbordamentos de júbilo, dela recebendo orientações de inexcedível sabedoria, que ele guardaria no coração como diretrizes para sempre. Mais tarde, recordando o fato, ele reflexiona:

---

[9] *Para o conhecimento das várias dimensões em que se divide o globo terrestre, bem como das características de cada uma, sugiro a leitura de meu livro* **As sete esferas da Terra**, *publicado pela FEB.*

"[...] O sonho não era propriamente qual se verifica na Terra. Eu sabia, perfeitamente, que deixara o *veículo inferior* no apartamento das Câmaras de Retificação, em Nosso Lar, e tinha absoluta consciência daquela movimentação em plano diverso. Minhas noções de espaço e tempo eram exatas. [...]" (NL, p. 197).

Eis a filigrana: André denomina *veículo inferior* o corpo que deixara adormecido em Nosso Lar. Ele já havia deixado definitivamente, pela desencarnação, um primeiro corpo, o corpo físico, no Rio de Janeiro. Agora, pelo fenômeno do sono, deixara temporariamente um segundo corpo, o corpo espiritual (ou perispírito), nas Câmaras de Retificação. A pergunta é: com que corpo ele foi visitar sua mãezinha na esfera superior? E a resposta mais provável é: com o corpo mental.

André já se havia referido a esse terceiro corpo, chamando-o de "envoltório sutil da mente", e informado que ele preside a formação do corpo espiritual, assim como este preside a do corpo físico. Mas se absteve de entrar em pormenores, segundo ele "por falta de terminologia adequada no dicionário terrestre" (EDM, p. 25).

Estudos complementares sugerem que o corpo mental já não conserva mais a configuração humana. O Ministro Clarêncio revela que "o delicado veículo do Espírito, *nos planos mais elevados,* vem sendo construído, célula a célula, na esteira dos milênios incessantes [...] *até que nos transfiramos de residência, aptos a deixar, em definitivo,* **o caminho das formas***,* colocando-nos na direção das esferas do Espírito Puro, onde nos aguardam os inconcebíveis, os inimagináveis recursos da suprema sublimação" (ETC, p. 132/3).

Dos três corpos referidos, o primeiro é transitório e perecível; o segundo é transformável e também perecível (LIB, p. 85/6), mas pode durar milênios; e o terceiro, quanto à durabilidade, nada sabemos.

Em relação ao corpo espiritual (segundo corpo), há três situações em que ele pode "perder a forma" ou "perecer". A primeira é quando o espírito se sublima e é transferido para esferas superiores àquela em que habita. A segunda, quando o espírito precisa reencarnar e, por mérito próprio ou intercessão de terceiros, recebe o necessário restringimento do perispírito, em institutos especializados do Plano Espiritual, para sua localização no casulo de carne. E a terceira, quando, nos planos inferiores, devido a "inenarráveis tormentas de desesperação" (LIB, p. 95), o espírito "gasta" (LIB, p. 95) o perispírito, o qual, perdendo sua configuração humana, toma a forma ovoide.

Segunda morte

Quando o Instrutor espiritual Gúbio pergunta a André se já tinha ouvido falar numa "segunda morte", ele responde:

– "Sim [...], *tenho acompanhado vários amigos à tarefa reencarnacionista,* quando, atraídos por imperativos de evolução e redenção, tornam ao corpo de carne. De outras vezes, raras aliás, tive notícias de amigos *que perderam o veículo perispiritual, conquistando planos mais altos.* A esses missionários, distinguidos por elevados títulos na vida superior, não me foi possível seguir de perto" (LIB, p. 85/6).

O magnânimo Instrutor acolhe as observações de André, acrescentando que os que se elevam a regiões sublimes são servidores que se tornaram enobrecidos devido ao dever bem cumprido, enquanto que aqueles que retornam à carne assistidos por espíritos nobres são colegas que já merecem a reencarnação trabalhada por valores intercessores (LIB, p. 85/6).

Com fulcro nesse diálogo enriquecedor entre Instrutor e discípulo e em passagens congêneres de outras obras da Série André Luiz, podemos deduzir, com boa margem de segurança, que os espíritos que se iluminam e passam a habitar esferas mais elevadas, desintegram – ou têm desintegrados nos institutos espirituais especializados – os fluidos que mantinham seus corpos perispiríticos tangíveis e duráveis naquele plano. Essa "carne sutilizada" (irmã requintada, por analogia, da "carne física") que dá consistência ao perispírito é haurida nos fluidos ambientes da esfera onde o corpo é utilizado e nele se consolida. Uma vez liberado desses fluidos, o perispírito plasticiza-se (sutiliza-se, diafaniza-se, aerofaniza-se, rarefaz-se) e, retraindo-se, sua matriz é reabsorvida imediatamente pelo corpo mental.

A mãe de André já vive num plano em que só é utilizado o corpo mental. Por isso, ao visitá-lo em Nosso Lar, precisou passar pelos gabinetes transformatórios, no Ministério da Comunicação, para ser provida dos recursos fluídicos necessários para aquele encontro. Ou seja: seu corpo perispirítico foi exteriorizado (projetado, prolongado, desdobrado, estendido) do corpo mental e recebeu, quando chegou ao plano de André, a "carne sutilizada" própria daquele plano, e dela se desfez depois para, "munida de recursos fluídicos para a jornada de regresso" (NL, p. 94), retornar à sua esfera de origem. É por isso também que André, em sonho, ao visitá-la no plano dela, não precisou utilizar-se do "veículo inferior".

Pode-se concluir, com cautela, do que ficou dito que, quando o espírito é transferido de forma permanente para uma esfera mais alta, o corpo espiritual, agora retraído, é preservado em estado de crisálida e embutido no corpo mental, para ser utilizado em qualquer eventualidade futura. Quando os elevados Mentores empregam os verbos "perder", "perecer" ou "gastar", como vimos acima, para se referir ao "desaparecimento" do perispírito nas várias situações mencionadas, estão se utilizando – como eles mesmos não se cansam de advertir – das palavras mais aproximadas que encontram no restrito vocabulário humano para expressar, mesmo que de forma imperfeita, a ideia de ausência do perispírito, visto que para revelações novas seriam necessárias palavras novas e mais específicas. É o que aprendemos com André Luiz.

Doutrinariamente falando, André é tão preciso e correto, que nos faz lembrar Giotto. Conta-se que Giotto, quando era aprendiz de pintura e tinha por mestre a Cimabue, pintou uma mosca com tanta perfeição no nariz de uma figura, que seu mestre teria tentado afugentá-la várias vezes antes de notar que era apenas uma travessura do aluno.

Abstração feita do espírito faceto que moveu Giotto, pode-se afirmar hoje que, de forma análoga, mas num nível muito sublimado, André Luiz pincela detalhes da vida imortal com tanta mestria no imenso panorama debuxado pelo Codificador, que, segundo imaginamos, haveriam de surpreender agradavelmente o próprio mestre.

MANTER A PAZ E TIRAR A PAZ

"Sem noção de responsabilidade, sem devoção à prática do bem, sem amor ao estudo e sem esforço perseverante em nosso próprio burilamento moral, é impraticável a peregrinação libertadora para os Cimos da Vida."
Emmanuel (NDM, p. 12.)

Como se sabe, um dos mais importantes problemas da felicidade humana é o da reaproximação fraterna entre espíritos que se desentenderam no passado, com a necessidade do perdão mútuo e da semeadura do amor, através da lei da reencarnação.

Grande porcentagem de reencarnações aqui na Terra se processa em moldes padronizados para todos, no campo das manifestações puramente evolutivas, quando os seres ainda não despertaram para a condução consciente de suas próprias vidas. Mas quando as almas se elevam em cultura e conhecimento, e, consequentemente, em responsabilidade, o processo reencarnacionista individual é mais complexo, fugindo à expressão geral.

Colônias espirituais mais elevadas mantêm serviços especiais para atendimento fraterno a esses casos, quando os espíritos, nos intervalos entre as encarnações, se esforçam no estudo, no sacrifício pessoal e na vivência do bem, conquistando amigos e acumulando méritos e créditos para uma eventual intervenção superior futura.

Não são espíritos completamente bons e redimidos, mas que apresentam maior soma de qualidades superiores, a caminho da vitória plena sobre as condições e manifestações grosseiras da vida. Em geral, são entidades em débito, mas com valores de boa vontade, perseverança e sinceridade, que lhes outorgam o direito de influir sobre os fatores de sua reencarnação, escapando, de certo modo, do padrão geral. Todos têm necessidade da luta que corrige, renova, restaura e aperfeiçoa. A reencarnação é o meio, a educação divina é o fim.

Manter a paz

Em uma existência anterior, Segismundo, Adelino e Raquel formaram um trio que protagonizou dolorosa tragédia familiar. Os dois últimos eram marido e esposa, e Segismundo surgiu entre eles para, em seguida a uma paixão avassaladora, destruir aquela união, assassinando o esposo e abandonando depois a viúva à sua própria sorte.

Na vida presente, Adelino e Raquel já retornaram à carne, em novo casamento, e deverão receber Segismundo como segundo filhinho (o casal já tem um menino de três anos), em decorrência da necessidade natural de reajuste cármico estabelecido pela lei divina. Entretanto, o futuro pai, nas horas de sono, repele com vigor o reencarnante, trabalhando assim contra a harmonização necessária a uma boa reencarnação, ao sentir, durante as tentativas de reaproximação conciliatória de Segismundo, as vibrações antagônicas de seu assassino do passado. Mas, felizmente, os três haviam granjeado crédito, desde a última existência, trabalhando no mundo espiritual.

O Instrutor Alexandre, que desempenha elevadas funções no plano invisível, é solicitado pelos amigos do reencarnante a interferir no processo, a fim de apaziguar as partes e levar a bom termo aquele importante cometimento. Acompanhado de

André Luiz e de outros companheiros e amigos dos protagonistas, Alexandre faz uma visita preliminar ao lar do casal. E durante a refeição familiar, o instrutor toca profundamente a sensibilidade do coração de Adelino, ao inspirar o pequerrucho a dissipar a amargura do pai, ao convidá-lo para a prece que seria realizada com sua mãezinha logo mais à noite, na hora do recolhimento noturno.

Na hora combinada, a família reunida, os amigos espirituais presentes, o menino se ajoelha e faz a oração dominical com infantil emotividade. André nota que Raquel se achava rodeada de intensa luz, a qual, partindo de seu coração, envolvia o esposo e o pequenino em suaves irradiações. Adelino deixou escapar uma lágrima furtiva, quando o filho, ao terminar a prece, lhe beijou carinhosamente as mãos. Mais alguns minutos e todos se acomodam sob os cobertores, felizes e tranquilos.

Em seguida, Raquel abandona o corpo físico, sempre envolta em luminosas irradiações, e, despreocupada e feliz, se recolhe aos braços de uma velha senhora desencarnada, sua avó materna, que fazia parte do grupo espiritual de apoio, permanecendo ambas em oração.

Nesse momento, Adelino também se afasta da matéria, pelo fenômeno do sono, mas pesadamente, parecendo mover-se com extrema dificuldade, e não apresentando aquele mesmo halo luminoso que aureolava a personalidade de Raquel. Seu olhar, angustiado e espantadiço, vagueava pelo quarto, até que ele soltou um grito lancinante, ao divisar, no ambiente, a presença de Segismundo, seu antigo adversário.

André utiliza dezenas de páginas para narrar, com sublime elevação e profusão de detalhes, o desenvolvimento dessa trama familiar no tempo e no espaço, culminando com a intercessão amorosa e firme de Alexandre nessa reunião espiritual, na qual o dadivoso mentor logra promover a harmonização de

Segismundo e Adelino, o que proporcionou uma reencarnação exitosa para o segundo filhinho do casal.

Mas o que desejo destacar, nesse contexto que nos prende irresistivelmente o interesse, é a seguinte particularidade:

André Luiz estranha o fato de Raquel, embora envolta em luz, parecer identificar tão somente, durante aquela reunião extrafísica, a presença de sua avó materna, aos braços da qual se recolhe, fixando indiferentemente o olhar nos demais integrantes do grupo, como se eles não estivessem presentes. E pede o esclarecimento de Alexandre.

– "Não se surpreenda" – diz o nobre instrutor. – "Cada um de nós deve ter a possibilidade de ver somente aquilo que nos proporcione proveito legítimo. Além do mais, não seria justo intensificar a percepção de nossa amiga para que nos acompanhe no trabalho desta noite. Ela nos auxiliará com o valor da oração, mas não precisará seguir, de perto, os esclarecimentos que a condição do esposo requisita. *Quem faz o que pode, recebe o salário da paz. Raquel vem fazendo quanto lhe é possível para o êxito no desempenho das obrigações que a trouxeram ao mundo; por isso mesmo, não deve ser advertida nem perturbada.* [...]."(ML, Sinopse dos capítulos 12, "Preparação de experiências", e 13, "Reencarnação". Citação: p. 190/1.)

Eis a filigrana: *Quem faz o que pode, recebe o salário da paz. Raquel vem fazendo quanto lhe é possível para o êxito no desempenho das obrigações que a trouxeram ao mundo; por isso mesmo,* **não deve ser advertida nem perturbada.**

Tirar a paz

Em contraponto a essa passagem de Raquel, nós temos, em outra narrativa de André Luiz, a de um ancião desencarnado chamado Ribeiro.

Ribeiro estava hospitalizado nas Câmaras de Retificação de Nosso Lar, mas em crise de grandes proporções, e a causa fundamental desse agravo de perturbação *eram os pensamentos negativos, emitidos pelos parentes encarnados*. Narcisa explica a Tobias que o paciente gritava desesperado, dizendo que precisava retornar à residência terrestre, e reclamando que era crueldade retê-lo ali, distante do lar, onde a esposa e os filhos chorosos exigiam a sua presença. A enfermeira prestimosa teve de lhe aplicar passes de prostração, subtraindo-lhe as forças e o movimento, em benefício dele mesmo.

– "Fez muito bem – acentuou Tobias, pensativo –; vou pedir providências contra a atitude da família. *É preciso que ela receba maior bagagem de preocupações, para que nos deixe o Ribeiro em paz.*" *(NL, p. 148.)*

Eis a filigrana: *É preciso que ela [a família]* **receba maior bagagem de preocupações**, *para que nos deixe o Ribeiro em paz*.

O que se percebe, nessas duas passagens de André Luiz, é que a lei divina, com sua justiça equitativa e distributiva, sempre retribui a cada um de acordo com suas obras. Raquel deveria ser **deixada em paz**, porque vinha fazendo tudo quanto lhe era possível para o bom êxito no desempenho das obrigações que a trouxeram ao mundo, ao passo que os familiares do Ribeiro deveriam ser **privados de sua "paz"**, *recebendo algumas preocupações extras na labuta diária* (talvez no campo financeiro ou da saúde), a fim de não interferirem na convalescença do esposo e pai, em recuperação nas regiões hospitalares de Nosso Lar.

Como se pode notar das filigranas referidas, não há melhor travesseiro para a noite do que a consciência do dever retamente cumprido, porque, tanto na Terra quanto no Céu, quem faz o que pode recebe o salário da paz. Raquel que o diga.

ASSISTÊNCIA A UM MORIBUNDO – OS CLARINS DE NOSSO LAR

"O Espiritismo é a nossa grande esperança e, por todos os títulos, é o Consolador da humanidade encarnada; mas a nossa marcha é ainda muito lenta. Trata-se de uma dádiva sublime, para a qual a maioria dos homens ainda não possui 'olhos de ver'. [...]".
Ministro Benevenuto (NL, p. 241.)

O instrutor Alexandre palestrava com André Luiz no plano espiritual, quando foi abordado por simpática velhinha, sua conhecida, que lhe pediu socorro urgente para uma pessoa da família. Tratava-se de seu filho, Antônio, viúvo havia vinte anos, e que estava em vésperas de desencarnação, mas necessitava de mais alguns meses na matéria para solução de certos problemas que afetavam a paz familiar. Segundo a mãe aflita, ele trouxera tantas criações mentais negativas para o leito naquela noite, que estava à beira de um derrame cerebral mortífero. Alexandre, demonstrando já conhecer o caso, pôs-se a caminho imediatamente, acompanhado de seus dois amigos.

Entrando na residência do enfermo, foram encontrá-lo em quarto espaçoso, entre alvos lençóis, apresentando as características de um moribundo. A alma confusa, inconsciente, movimentava-se com dificuldade, quase que totalmente exteriorizada, junto do corpo físico, a respirar com grande dificuldade.

A trombose perigosíssima instalara-se numa das artérias que irrigam o córtex motor do cérebro. Mais alguns instantes e a vítima estaria desencarnada.

Alexandre tocou-lhe o cérebro perispiritual e falou com autoridade, ordenando-lhe que se mantivesse vigilante, porque sua cooperação era fundamental para beneficiar-se do auxílio que lhe seria dispensado de imediato. Era necessário que intensificasse o desejo de retomar as células do corpo físico – ordenou-lhe –, para que aquela assistência se coroasse de sucesso. O enfermo compreendeu a advertência no íntimo de sua consciência e se colocou em boa posição para colaborar em prol de si mesmo.

Em seguida, o instrutor iniciou complicadas operações magnéticas no corpo inanimado de Antônio, ministrando-lhe energias novas à espinha dorsal, ao fígado e ao cérebro, à altura da zona motora. Solicitou a André que se mantivesse em prece, pois pretendia convocar alguns irmãos em serviço nas redondezas para concorrerem com seu auxílio. O grupo do irmão Francisco não pode estar longe, assegurou. E assumindo uma atitude de prece, endereçou o apelo mental àquela turma socorrista, *e em pouco mais de um minuto pequena expedição de oito entidades penetrou no recinto.*

Essa turma de socorro, vinculada à colônia Nosso Lar, é uma das inúmeras que existem e colaboram nos círculos espirituais aderentes às regiões da Crosta terrestre, trabalhando pelo reconforto de doentes graves e agonizantes.

– *"Francisco"* – diz-lhe Alexandre –, *"precisamos aqui **das emanações de algum dos nossos amigos encarnados,** cujo veículo material esteja agora em repouso equilibrado."*

O irmão Afonso

O dirigente do grupo socorrista partiu imediatamente e, não decorrido muito tempo, voltou trazendo o espírito do irmão

Afonso, que, desembaraçado agora dos liames físicos pela liberação do sono, atendia às qualificações requeridas por Alexandre. O instrutor pede-lhe que coloque as mãos sobre a fronte do enfermo e se conserve em oração. O interpelado não pestanejou. Dando a impressão de ser um veterano em semelhantes serviços de assistência, despreocupou-se de todos os presentes, fixando-se tão somente na obrigação a cumprir.

Funcionando como verdadeiro magnetizador, Alexandre transferiu vigorosos fluidos de Afonso para o organismo de Antônio já em estado de pré-desencarnação. O semblante do enfermo transfigurava-se gradualmente e seu cérebro revelava sinais crescentes de melhoras. Sua forma perispiritual foi se acoplando harmoniosamente à forma física, integrando-se uma na outra, num processo de aglutinação célula por célula.

Depois de um quarto de hora mais ou menos, estava finda a laboriosa intervenção magnética, e Alexandre, chamando a mãezinha de Antônio, informou-lhe que, graças à misericórdia divina, o coágulo fora reabsorvido e que o enfermo teria no máximo cinco meses a mais de sobrevida. E orientou-a para que o prevenisse intuitivamente, nesse lapso de tempo, a fim de que ele resolvesse seus negócios mais urgentes, porque aquele prazo era improrrogável. *(ML, Sinopse do cap. 7, "Socorro espiritual". Citação: p. 72.)*

Eis a filigrana: em todo esse minucioso e elaborado processo de assistência espiritual, o sucesso do empreendimento fraterno não seria tão exitoso sem a concorrência de um colaborador encarnado – o irmão Afonso. Desta maneira, todos foram beneficiados: o enfermo e seus familiares, a mãezinha agradecida, o prestimoso colaborador encarnado, o grupo do irmão Francisco, que cumpria assim mais uma etapa de sua frutuosa tarefa, e André Luiz e Alexandre, pela missão cumprida.

É digna de nota, nesse caso tão edificante, a participação ativa, generosa e eficiente do irmão Afonso, e por ter sido ele lembrado pelo irmão Francisco para atender aquela emergência. Alexandre precisava de alguém equilibrado no campo mental e emocional, e ele teve o mérito de ser lembrado e trazido à intervenção fraterna. Afonso, naturalmente, devia ser um desses espíritos encarnados que já têm consciência de si e cumprem criteriosamente seus deveres espirituais, fazendo diariamente a lição de casa com equilíbrio e boa vontade.

A narrativa de André constitui um excelente estímulo para todos nós, os espíritos encarnados. Se agirmos como o irmão Afonso, também seremos selecionados para colaborar nos inúmeros grupos franciscanos que atuam todas as noites nas imediações invisíveis de nosso próprio lar. E uns bônus-hora a mais, mesmo não sendo esse o objetivo, serão sempre bem-vindos...

Os clarins de Nosso Lar

No início de setembro de 1939, Nosso Lar sofre os primeiros choques vibratórios provenientes da guerra que começara na Europa. André Luiz encontrava-se nas Câmaras de Retificação, quando inesquecível clarim, cujo som era proveniente das esferas superiores, ressoou por mais de um quarto de hora, causando profunda emoção nos habitantes da cidade.

Essa clarinada, que se fazia ouvir com modulações estranhas e imponentes, significava a convocação superior aos serviços de socorro à Crosta terrestre, e era utilizada por espíritos vigilantes de elevada expressão hierárquica. Só ocorria em circunstâncias muito graves.

– *"Quando soa o clarim de alerta, em nome do Senhor"* – explica Tobias –, *"precisamos fazer calar os ruídos de baixo, para que o apelo se grave em nossos corações"* (NL, p. 227).

Eis a filigrana: os clarins de Nosso Lar! Que merecimento já possuem as comunidades espirituais dignas de receber essa clarinada divina! Que contraste com a esfera humana, onde as trombetas de Deus não conseguem ser ouvidas pelos ouvidos moucos da maioria da humanidade, nem mesmo quando ressoam através de acontecimentos estarrecedores, como acidentes de largo vulto, tsunamis pavorosos, terremotos e outras inúmeras convulsões da natureza, que são vistos por aqui como infortúnios aleatórios da vida e não alertas e corretivos divinos!

A Crosta terrestre ainda não tem o merecimento já conquistado por Nosso Lar, de ouvir o clarim do Senhor nos momentos mais graves de sua história. A misericórdia divina, porém, permite a uma parcela mais espiritualizada da humanidade a graça de ouvi-lo de uma forma um pouco menos apocalíptica, mas não menos eficaz, através da exortação de um verdadeiro missionário da luz, de um programa de rádio ou televisão a serviço do bem, ou de uma obra escrita visando ao inadiável esclarecimento espiritual do homem, como a Coleção André Luiz. Esse clangor celeste pode acontecer até mesmo por meio de uma revista mensal dedicada à edificação do reino do Céu na Terra.

No tempo de Allan Kardec, essa clarinada era dada mensalmente na França pela *Revue Spirite*. Hoje ela é dada no Brasil pelo mais que centenário Reformador. Mas estas publicações, felizmente, não são ave rara. Há outros órgãos de iluminação com esse mesmo teor espiritualizante cumprindo a sua sagrada missão na Terra. Eu citei apenas os de minha preferência, mas o leitor antenado no bem tem todo o direito – e mais que o direito, o dever – de divulgar os de sua predileção, a fim de que a luz do Alto não deixe de prosperar no mundo por causa da pasmaceira de seus propugnadores.

AMPARO MEDIÚNICO – O CASO ESTER

"[...] Todo aquele que opere, e coopere de espírito voltado para Deus, poderá aguardar sempre o melhor. Não é promessa de amizade. É lei."
Aniceto (OM, p. 175.)

O Instrutor Alexandre desempenha elevadas funções no plano espiritual. Conhecendo o objetivo de André Luiz de estudar o intercâmbio mediúnico entre as duas dimensões para transmitir informações a seus irmãos encarnados, convida-o a acompanhá-lo ao núcleo que dirigia na Crosta terrestre.

A reunião era realizada em espaçoso salão, onde dezoito irmãos em desenvolvimento mediúnico permaneciam em rigorosa concentração. Das seis entidades espirituais selecionadas para as comunicações da noite, talvez nem todas pudessem manifestar-se, tendo em vista que, dentre os médiuns presentes, apenas um apresentava os pressupostos necessários àquele intercâmbio.

André estranha essa informação, dizendo que não supunha tão difícil a tarefa, pois pensava que o médium fosse, acima de tudo, uma simples máquina.

– "Este irmão" – explica Alexandre, apontando o médium apto ao intercâmbio – "não é um simples aparelho. É um Espírito que deve ser tão livre quanto o nosso e que, a fim de se prestar ao intercâmbio desejado, precisa renunciar a si mesmo, com abnegação e humildade, primeiros fatores na obtenção de acesso à permuta com as regiões mais elevadas. [...] Naturalmente, ele é responsável pela manutenção dos recursos interiores, tais como a tolerância, a humildade, a disposição fraterna, a paciência e o amor cristão; *todavia, precisamos cooperar no sentido de manter-lhe os estímulos de natureza exterior, porque se o companheiro não tem pão, nem paz relativa, se lhe falta assistência nas aquisições mais simples, não poderemos exigir-lhe a colaboração, redundante em sacrifício.* Nossas responsabilidades, portanto, estão conjugadas nos mínimos detalhes da tarefa a cumprir." (ML, Sinopse do cap. 1, "O psicógrafo". Citação: p. 14.)

Eis a filigrana: *[...] precisamos cooperar no sentido de manter-lhe os estímulos de natureza exterior, porque se o companheiro não tem pão, nem paz relativa, se lhe falta assistência nas aquisições mais simples, não poderemos exigir-lhe a colaboração, redundante em sacrifício.*

Amparo espiritual

Para que o homem realize sua missão neste mundo, ancorado na indispensável proteção divina, duas precondições lhe são necessárias, segundo a Questão 922 de *O Livro dos Espíritos:* a primeira é a posse do necessário para a vida material, e a segunda, a consciência tranquila e a fé no futuro para a vida moral.

Até Allan Kardec recebeu veladamente a promessa dessa assistência, também no que respeita à esfera física. Quando pergunta ao Espírito Verdade se a proteção espiritual prometida também se estenderia às coisas materiais da existência, o Luminar máximo da Terceira Revelação responde:

– "Nesse mundo, a vida material é muito de ter-se em conta; *não te ajudar a viver seria não te amar*" (OP, p. 276).

Do exposto, é possível intuir uma hipotética lei espiritual que poderia ser enunciada da seguinte forma: "Quando encontram em um ser humano as disposições morais necessárias e o espírito de serviço desinteressado e ativo dedicado ao próximo, as entidades espirituais promotoras da vida harmonizam as circunstâncias materiais de tal forma em seu entorno, que o tutelado se movimenta num oceano de segurança e paz fundamental ao sucesso de sua obra".

Mas essa orquestração invisível de acontecimentos é feita de tal forma, realizada com tal sutileza, levada a efeito com tal imperceptibilidade, que se torna insondável até para o próprio beneficiado, lembrando a simbologia daquele "maná escondido" ou secreto consolo dispensado a Seus seguidores, de que nos fala o Cristo no Apocalipse.

Essa assistência transcendental, porém, não é concedida apenas aos médiuns sinceros e aos missionários legítimos que adquirem projeção na sociedade pela obra que realizam, mas também às pessoas anônimas e comuns, desde que, ao fazerem suas rogativas ao Senhor da Vida, estejam revestidas de fé e merecimento. E quanto mais simples as pessoas assistidas, mais explícita a assistência, como no caso a seguir.

O caso Ester

Ester ficou viúva de Raul, permanecendo com três filhinhos pequenos e um casal de velhos, seus parentes, em modesto lar. Doía-lhe a saudade do morto querido e o fato de desconhecer as circunstâncias de sua morte, ocorrida em viela escura, e não devidamente esclarecida pelas autoridades. E orava, pedindo socorro espiritual.

Conduzida, durante o desdobramento natural do sono, por uma amiga também encarnada, porém mais lúcida, procuraram o Instrutor Alexandre no plano espiritual, solicitando-lhe o necessário auxílio. Ester pedia-lhe a bênção de sonhar com o companheiro, para acalmar o coração, e fazer-lhe sentir o carinhoso interesse que todos sentiam por ele no lar terreno. Desejava trabalhar e consagrar-se aos filhinhos, mas, antes disso, anelava inteirar-se do ocorrido com o esposo, a fim de se conformar.

André Luiz se utiliza de 31 páginas para narrar, de forma simples e tocante, a complexidade do caso e as providências, sempre sábias e generosas, tomadas pelo nobre Instrutor, ao qual acompanhava com toda a atenção, auxiliando-o e anotando suas atitudes e esclarecimentos oportunos a cada passo.

Raul não fora assassinado, como acreditavam os parentes, mas suicidara-se. Graças à intercessão de Alexandre, foi subtraído à ação de um bando de delinquentes desencarnados que se dedica à pratica do mal e recolhido a uma instituição espiritual de socorro urgente situada na própria esfera da Crosta. Deposto em alvo leito e assistido por atenciosos enfermeiros e, com passes magnéticos, pelo próprio Alexandre, recuperou-se em alguns dias, predispondo-se a narrar finalmente seu drama e a causa de sua amarga decisão de desertar da vida.

Alexandre, em seguida, se dirige às autoridades do Ministério do Auxílio, em Nosso Lar, pedindo a colaboração de uma das irmãs que funcionavam nas Turmas de Socorro, para concurso mais eficiente ao lado de Ester. Romualda foi destacada para descer ao lar da viúva, com a missão de prepará-la espiritualmente para visitar na noite próxima o esposo desencarnado e, em seguida, permanecer junto dela por duas semanas, colaborando no reerguimento de suas energias psíquicas *e cooperando para que se lhe reorganizasse a vida econômica, através de colocação honesta e digna.*

A visita espiritual foi feita na data combinada, finda a qual a viúva regressa cheia de novo ânimo ao lar. Romualda permaneceu mais estreitamente a seu lado, insuflando-lhe coragem e bom ânimo, e, na semana seguinte, segundo seu projeto de serviço, contava com a possibilidade de cooperar no sentido de organizar-lhe serviço bem remunerado. André manifestou desejo de colaborar com ela nessa tarefa, a fim de observar, como é de seu feitio, o funcionamento da lei divina em tais casos. Por isso, uma semana depois foi chamado pela digna servidora para a conclusão dos trabalhos de assistência.

– Faça o favor de assistir nossa amiga – pede a servidora –, enquanto vou buscar a pessoa indicada para auxiliá-la.

Decorridas três horas, aproximadamente, alguém bateu à porta. **Seguida de Romualda,** *uma dama distinta vinha ao encontro de Ester, oferecendo-lhe trabalho honesto em sua oficina de costura.* A viúva chorou de emoção e de alegria, enquanto combinavam certas medidas de serviço, num quadro confortador de júbilo geral. (ML, Sinopse do cap. 11, "Intercessão".)

Eis a filigrana: a assistência material dispensada pelos espíritos aos encarnados está implícita em André Luiz e explícita no Evangelho – *Buscai primeiro o reino de Deus e sua justiça e todas as coisas vos serão acrescentadas.*

Na expressão "todas as coisas" estão compreendidas as materiais e as espirituais, mas disponíveis somente para os que buscam em primeiro lugar o reino de Deus. Os demais não estão deserdados, mas também não usufruem. A herança permanece intocável, pendente da cláusula suspensiva do *"Buscai primeiro".* É justo. As pérolas celestiais não são lançadas a esmo pela Divindade, mas incrustadas com carinho, uma a uma, na tiara imortal dos que amam e têm fé em Deus –, ou seja, os que lograram conhecer-se a si mesmos e, em decorrência disso, se tornaram Vencedores com Jesus.

A estes, confidencia o Senhor: **Não te ajudar a viver seria não te amar.**

O PODER FULGURANTE DA ORAÇÃO – JESUS É ALEGRIA

"A mente centralizada na oração pode ser comparada a uma flor estelar, aberta ante o infinito, absorvendo-lhe o orvalho nutriente de vida e luz."
André Luiz (MM, p. 177.)

Após mais de oito anos nas regiões umbralinas e um ano de trabalho ativo nas Câmaras de Retificação de Nosso Lar, André encontrava-se equilibrado e feliz, mas muito saudoso da esposa e dos três filhinhos que deixara na Crosta.

Certo dia, o Ministro Clarêncio informou André de que no dia seguinte acompanharia a senhora Laura à esfera carnal, cujo processo reencarnatório estava em curso, e que, se ele quisesse, poderia acompanhá-los e visitar sua família. Profundamente jubiloso e emocionado, André agradeceu ao Ministro e, conseguindo uma semana de ausência de seu local de trabalho, preparou-se para aquele reencontro.

O autor dedica os dois últimos capítulos do primeiro livro de sua momentosa coleção para descrever esse emocionado retorno ao lar terreno. Foi com ansiosa expectativa e o coração aos saltos que adentrou a antiga residência. Mas a decepção foi chocante. Tudo estava modificado: os móveis já não eram os mesmos; suas fotos com a família haviam desaparecido dos lugares costumeiros; a ex-esposa havia se consorciado em segundas núpcias e seu marido atual encontrava-se acamado, apresentando um quadro de pneumonia complicado em virtude da hipertensão, reclamando absoluto repouso; dos três filhos, o rapaz encontrava-se desorientado, uma das filhas apoiava a mãe em sua visão materialista da vida, e a outra, que passara a se interessar pelo Espiritismo, era a única que sentia a presença do pai e se lembrava dele com saudade.

Num primeiro momento, André teve ímpetos de odiar o doente, considerando-o um intruso que se lhe apossara do lar. Mas ele já não era o mesmo homem de outrora. Nos últimos anos, o Senhor o havia chamado aos ensinamentos do amor, da fraternidade e do perdão. E reflete: por que condenar o procedimento da ex-esposa? E se fosse ele o viúvo na Terra, teria acaso suportado a prolongada solidão? E o pobre enfermo, como e por que odiá-lo? Não era também seu irmão na Casa do Pai Celestial? Era preciso, pois, lutar contra o egoísmo feroz. Sua família não era mais apenas uma esposa e três filhos na Crosta, mas constituía-se agora de centenas de enfermos das Câmaras de Retificação e estendia-se à comunidade universal.

Dominado por esses novos pensamentos, tentou em vão auxiliar o doente. Mas suas dificuldades eram enormes e estava muito esgotado e abatido para uma assistência eficaz. Lembrou-se então de certa lição de Tobias, o qual lhe dissera que em Nosso Lar muitos podiam locomover-se usando o poder da volitação, e que os que se mantivessem num plano de perfeita sintonia de pensamentos *podiam conversar a distância, sem a necessidade de aparelhos de comunicação.*

André lembrou o quanto lhe seria útil a colaboração de Narcisa. E fez então a experiência. *Concentrou-se em fervorosa oração ao Pai e, nas vibrações da prece, dirigiu-se a Narcisa, instando por socorro.* Passados vinte minutos, mais ou menos, quando ainda não havia retirado a mente da rogativa, alguém tocou-lhe de leve no ombro. *Era Narcisa que atendia, sorrindo, o seu apelo e vinha ao seu encontro.*

Sob a atuação eficiente da laboriosa enfermeira, o doente recuperou-se em pouco tempo, André ficou jubiloso, a alegria voltou ao antigo lar, e ele mesmo reconheceu que vigorosos laços de inferioridade se haviam rompido dentro de si para sempre, pois passara a estimar os novos cônjuges como se fossem seus irmãos. (NL, Sinopse dos caps. 49, "Regressando à casa", e 50, "Cidadão de Nosso Lar".)

Evelina

Em outro momento, André narra a história de Evelina e de sua *prece refratada*. A menina de quinze anos tinha sua reencarnação amparada por organizações de Nosso Lar. A família passava por sérias dificuldades morais e espirituais. E a jovem orava fervorosa e continuamente à mãezinha desencarnada, para que esta assistisse a madrasta adoentada e o pai deprimido. O que não sabia é que os problemas familiares eram decorrentes, em parte, da atuação invigilante da genitora. Esta, transfigurada pelo ciúme a que se recolhera após a morte e considerando a madrasta uma usurpadora dentro de seu antigo lar, vampirizava-lhe as energias do organismo, levando-a à exaustão orgânica e ao desgosto de viver. Mas a prece impressionante de Evelina *superou as linhas vibratórias comuns do plano físico* e alcançou as autoridades que poderiam socorrê-la na cidade espiritual.

Segundo esclarecimentos do Ministro Clarêncio, em sua palestra sobre a sublimidade da prece, [...] "*Desejos banais* encontram realização próxima na própria esfera em que surgem. *Impulsos de expressão algo mais nobre* são amparados pelas almas que se enobreceram. *Ideais e petições de significação profunda na imortalidade* remontam às alturas". E, em se referindo ao caso de Evelina, o Ministro acentuou: "A *prece refratada* é aquela cujo impulso luminoso teve a sua direção desviada, passando a outro objetivo. [...] Evelina recorre ao espírito materno que não se encontra em condições de escutá-la, mas a solicitação não se perde... *Desferida em elevada frequência,* a súplica de nossa irmãzinha vara os círculos inferiores e procura o apoio que lhe não faltará". (ETC, Sinopse dos caps. I, "Em torno da prece", e II, "No cenário terrestre". Citações: p. 10, 14 e 16.)

Eis a filigrana que ressuma dos dois casos expostos: *o poder fulgurante da oração!* André orou fervorosamente, e vinte minutos depois a resposta plenipotenciária da Divindade se apresentava a seu lado, na pessoa de Narcisa! Evelina orou fervorosamente, e em pouco tempo, não obstante o direcionamento equivocado da prece, o socorro celestial se apresentou para trazer a solução pela qual ela tanto anelava!

De acordo com o Instrutor Aniceto, "[...] o trabalho da prece é mais importante do que se pode imaginar no círculo dos encarnados. *Não há prece sem resposta. E a oração, filha do amor, não é apenas súplica. É comunhão entre o Criador e a criatura, constituindo, assim,* **o mais poderoso influxo magnético que conhecemos.** *[...]*" (OM, p. 136).

Jesus é alegria

Certo dia André foi convidado por Lísias a acompanhá-lo ao Campo da Música. Quando chegaram ao local, observou que luzes de indescritível beleza banhavam extenso parque, onde se ostentavam encantamentos de verdadeiro conto de fadas. Ali a nata de Nosso Lar apresentava-se em magnífica forma. Não era luxo, nem excesso de qualquer natureza, o que proporcionava tanto brilho ao quadro maravilhoso. Era a expressão natural de tudo, a simplicidade confundida com a beleza, a arte pura e a vida sem artifícios. E André acrescenta:

"[...] *Em palestras numerosas, recolhia referências a Jesus e ao Evangelho, e, no entanto, o que mais me impressionava era a nota de alegria reinante em todas as conversações.* Ninguém recordava o Mestre com as vibrações negativas da tristeza inútil, ou do injustificável desalento. *Jesus era lembrado por todos como supremo orientador das organizações terrenas, visíveis e invisíveis, cheio de compreensão e bondade, mas também consciente da energia e da vigilância necessárias à preservação da ordem e da justiça"* (NL, p. 252).

Eis a filigrana: **Jesus era sempre lembrado com alegria por todos os presentes!**

Que diferença entre Nosso Lar e a Crosta terrestre! Por aqui, Jesus é recordado com tristeza, cultuado entre cravos e martírios, quando deveria ser contemplado com felicidade e visualizado ressurreto na glória de Sua imortalidade.

A mensagem do Cristo sempre foi de exultação, desde o aviso de Sua natividade, em que os anjos anunciaram uma *"boa nova de grande alegria"* para todo o povo, até o dia em que ascendeu às Alturas, quando quinhentos galileus se despediram d'Ele com imenso júbilo nos corações. Ao encerrar o sermão da montanha, Ele disse à multidão extasiada: *Exultai e alegrai-vos, porque é grande o vosso galardão nos céus.* À véspera de ser preso, voltou a exortar Seus discípulos com palavras de bom ânimo: Disse-vos estas coisas para que *a minha alegria esteja em vós e a vossa alegria seja completa.* Na cruz, finalmente, sua derradeira mensagem foi de perdão, e o perdão só pode nascer de um coração vitorioso e feliz, nunca de uma alma amargurada.

Em Nosso Lar Jesus é recordado com alegria, e nós deveríamos recordá-l'O assim também. As pessoas que já se encontram em processo de quitação com a Lei, iluminam suas mentes e corações e logram se distanciar da cena do Gólgota. Para elas, o símbolo de sua fé deixa de ser a tristeza da Cruz para se transformar na alegria da Ressurreição.

COMO PARTIR COM SERENIDADE

*"Oh! caminhos das almas, misteriosos caminhos do coração!
É mister percorrer-vos, antes de tentar a suprema equação da Vida Eterna!
É indispensável viver o vosso drama, conhecer-vos detalhe a detalhe,
no longo processo do aperfeiçoamento espiritual!..."*
André Luiz (NL, p. 13.)

As pessoas que têm vontade de conhecer como se processa a atividade das equipes espirituais que auxiliam as criaturas na Terra a desencarnar (desencarnar: termo espírita para o nosso conhecido morrer), devem ler o livro *Obreiros da Vida Eterna*, de André Luiz, recebido por Francisco Cândido Xavier e publicado pela FEB.

Esse livro narra em detalhes a assistência prestada pelo Instrutor Jerônimo e sua equipe a cinco pessoas em fase terminal de existência. A equipe procede da cidade espiritual Nosso Lar e é constituída por vários colaboradores especializados, entre eles, André Luiz, que faz também a reportagem dos casos.

O grupo trabalha em nome de Jesus, sem qualquer coloração religiosa, por isso irá auxiliar o desenlace de três espíritas (Dimas, Fábio e Adelaide), um católico (Cavalcante) e uma evangélica (Albina), cujas existências chegaram ao fim. Por determinação superior, porém, Albina teve sua desencarnação adiada por alguns meses, para atender a necessidades espirituais de sua família; por isso, apenas quatro dos pacientes receberão a assistência necessária para aquele fim.

Falaremos nesta apertada síntese apenas de Adelaide, para demonstrar como os parentes e amigos podem colaborar com as equipes espirituais na desencarnação de um ente querido.

Adelaide, já em idade avançada, era responsável por antiga e nobre instituição espiritista-cristã dedicada à assistência a enfermos e ao amparo materno a órfãos. Sempre foi discípula fiel do divino Mestre e, apesar das dificuldades e aflições decorrentes de seu longo e estafante trabalho, perseverou até o fim.

Encontrava-se agora tranquila, em seu leito de morte, esperando a hora da partida. Para facilitar seu desprendimento da carne, ela, em desdobramento espiritual, foi orientada por seus mentores a confiar a Jesus suas preocupações finais, transferindo para outras mãos o precioso fardo de suas responsabilidades na instituição. Que convertesse saudades em esperanças e desatasse os elos mais fortes que a ligavam à matéria, em atendimento à determinação divina.

Para colaborar com a equipe que a assistia, foi-lhe dito que, em ocasiões como essa, a resolução pessoal é quase tudo. Ela deveria ajudar a si mesma, libertando a mente dos elos que a imantavam a pessoas, acontecimentos, coisas e situações da vida terrena. Nada a deveria reter. Quando fosse chamada, não olhasse para trás. Que se lembrasse da ordem imperativa de Jesus: "Lázaro, vem para fora!" (Jo. 11:43), e se afastasse do envoltório de carne como Lázaro se afastou da gruta.

O apego da equipe

Ela argumentou, porém, que havia um problema: a sua equipe. Desde muitos anos, organizara na instituição um grupo muito grande de pessoas dedicadíssimas, principalmente senhoras, que a estimavam profundamente. Visto com olhos espirituais, seu quarto de dormir naquela casa parecia agora uma intrincada malha de pensamentos retentivos dessas pessoas queridas, a embaraçar-lhe a partida. Ninguém desejava sua desencarnação, pois as vibrações, desejos e preces de todos eram no sentido de que ela permanecesse entre eles. E ela se sentia amarrada ao corpo decrépito por esses pensamentos, como um balão ao poste.

Em vista disso, os mentores organizaram naquela casa uma reunião espiritual, na noite que antecedeu o programado passamento, onde, durante as horas do repouso noturno, foram agrupados os espíritos que constituíam a equipe humana de Adelaide, para a necessária orientação.

Nessa reunião eles foram esclarecidos, de forma fraterna porém enérgica, de que cooperação e carinho são estimulantes sublimes na obra do bem, mas que é preciso evitar o egoísmo que se expressa na forma de tirania sentimental. A ternura mal manifestada pode transformar-se em idolatria. A aflição com que todos intentavam reter a missionária na carne era filha do medo e da falta de confiança no futuro. Não se devem converter companheiros de luta em oráculos erguidos em pedestais de barro. Que não depusessem na fronte da desencarnante a coroa da responsabilidade total pela instituição, cujo peso deveria ser dividido, dali para a frente, entre todos os que remanescessem na casa.

Tudo isso lhes foi dito de maneira firme, porém paternal, para elevar-lhes a compreensão, a fim de que se desprendessem, mentalmente, da devotada e digna servidora, que deveria preceder a todos na grande viagem para o mundo invisível. Ao término da reunião, foi feita uma prece, em que se suplicavam a Deus bênçãos de compreensão e paz para todos os presentes.

Na manhã seguinte, Adelaide desencarnou tranquilamente, pois se extinguiram as correntes mentais desequilibradas, geradoras de filamentos fluídicos que a retinham ao corpo físico e que procediam de seus amigos e correligionários leais, mas invigilantes. Abriu-se a casa à visitação geral. Os cooperadores encarnados, embora não guardassem na retentiva da memória recordações minuciosas da reunião espiritual, sustentaram discreta atitude de respeito, serenidade e conformação. Depois de orar fervorosamente, Adelaide, cercada de numerosos amigos do plano invisível, partiu em companhia da equipe de Jerônimo rumo às paradisíacas regiões celestiais...

O exemplo de Adelaide é uma preciosa lição para todos nós, caso tenhamos em nossos lares parentes queridos, às vezes já idosos, em processo de partida para o outro plano. É importante cercá-los nessas ocasiões de muita assistência, amor e carinho, mas sem prendê-los magneticamente à matéria, porque as emissões mentais de retenção funcionam como rede invisível que enleia o desencarnante, inibe-lhe o desprendimento e lhe causa profunda aflição psíquica e emocional.

O poder da prece

Eis a filigrana: sentimentos desequilibrados de apego podem prejudicar em vez de ajudar. Nossos pensamentos e preces devem ser no sentido de suplicar a Deus que seja feita a sua vontade e não a nossa, tanto para a recuperação quanto para a libertação da alma, a fim de não nos tornarmos pedra de tropeço para os emissários do Senhor, que certamente virão em socorro de nosso ente querido. É o que Jesus ensina, no Pai-Nosso: "Seja feita a vossa vontade, assim na Terra como no Céu". Esse procedimento não é uma atitude de frieza ou distanciamento sentimental, como pode parecer às pessoas que ainda não refletiram maduramente sobre o assunto, mas de responsabilidade moral e ética perante a realidade da vida.

A morte do corpo físico é sempre uma bênção para o espírito que cumpriu dignamente seus deveres neste mundo; e para o que não os cumpriu, será um novo recomeço e uma nova oportunidade de acertar o passo, porque, como diz o Senhor em

Ezequiel, 33:11, *Deus não quer a morte do pecador, mas que ele se converta, deixe o mau caminho e viva.*

Em todo esse procedimento, é inestimável o valor da oração. Para o Instrutor Aniceto, "[...] o trabalho da prece é mais importante do que se pode imaginar no círculo dos encarnados. Não há prece sem resposta. E a oração, filha do amor, não é apenas súplica. É comunhão entre o Criador e a criatura, constituindo, assim, o mais poderoso influxo magnético que conhecemos. [...]" (OM, p. 136).

Para o Instrutor Alexandre, "A criatura que ora, mobilizando as próprias forças, realiza trabalho de inexprimível significação. Semelhante estado psíquico descortina forças ignoradas, revela a nossa origem divina e coloca-nos em contato com as fontes superiores. [...] Toda prece elevada é manancial de magnetismo criador e vivificante e toda criatura que cultiva a oração, com o devido equilíbrio do sentimento, transforma-se, gradativamente, em foco irradiante de energias da Divindade" (ML, p. 66/7).

Para o Instrutor Gúbio, "[...] A prece sentida aumenta o potencial radiante da mente, dilatando-lhe as energias e enobrecendo-as, enquanto a renúncia e a bondade educam a todos os que se lhes acercam da fonte, enraizada no Sumo Bem. Não basta, dessa maneira, exteriorizar a força mental de que todos somos dotados e mobilizá-la. É indispensável, acima de tudo, imprimir-lhe direção divina. *É por esta razão que pugnamos pelo Espiritismo com Jesus,* única fórmula de não nos perdermos em ruinosa aventura" (LIB, p. 147).

Como foi visto, essa mensagem traça importantes diretrizes espirituais para nosso comportamento diante da morte de alguém de nosso convívio, que é um evento inevitável para todo ser humano. Como o espírito é imortal e todos evoluímos em grupo amparando-nos uns aos outros, a vida sucede à morte e a morte sucede à vida.

E isto acontecerá – como ensina o Apóstolo Paulo – até "[...] que este corpo corruptível se revista da incorruptibilidade, e que o corpo mortal se revista da imortalidade" (1Co. 15:53), porque, "[...] se há corpo natural, há também corpo espiritual" (1Co. 15:44). E é com esse corpo espiritual que penetraremos um dia na vida eterna, quando deixarmos o outro estirado no leito.

A DEVOÇÃO DE ZENÓBIA –
A FLOR COLHIDA E MORTA

"Caminhando de par com o progresso, o Espiritismo jamais será ultrapassado, porque, se novas descobertas lhe demonstrarem estar em erro acerca de um ponto qualquer, ele se modificaria nesse ponto. Se uma verdade nova se revelar, ele a aceitará."
Allan Kardec (AG, p. 44/5.)

A pequena expedição socorrista constituída pelo Assistente Jerônimo, o padre Hipólito, a enfermeira Luciana e André Luiz, proveniente de esfera superior e destinada a operar na Crosta planetária, fez uma parada programada na "Casa Transitória de Fabiano", situada nas regiões inferiores do Umbral.

Essa Instituição piedosa, segundo Jerônimo, fundada em outros tempos por Fabiano de Cristo, era destinada a tarefas de assistência evangélica a espíritos recém-desligados do plano carnal. O Instituto sofre permanente assédio de espíritos desesperados e sofredores daquela região purgatorial, condenados pela própria consciência à revolta e à dor. Vez por outra eles tentam tomá-la de assalto, exigindo que suas defesas magnéticas sejam mantidas em constante alerta por considerável número de servidores vigilantes.

Recebidos os expedicionários pela irmã Zenóbia, responsável pela Instituição, estabelece-se animada conversação entre todos, onde são esclarecidos os objetivos da expedição, que é acomodar em suas dependências alguns irmãos em estágio terminal que deveriam desencarnar em breves dias na Crosta, ao mesmo tempo em que Zenóbia conta com a cooperação especializada dos integrantes do grupo para o socorro a algumas entidades estacionadas em abismo próximo.

Em dado momento, um dos servidores da vigilância entra precípite na sala e informa à irmã Zenóbia que um bando de entidades cruéis, com objetivos hostis, se aproxima perigosamente da Casa, vindo da direção norte. São expedidas ordens urgentes para que fossem acesos os holofotes externos e ligadas as forças de defesa elétrica de repulsão.

Indefiníveis ruídos alcançam o interior da Casa, trazendo preocupação à própria diretora da Instituição e deixando o grupo recém-chegado presa de inquietante expectativa e angústia. Eram gritos aterradores, como se a curta distância campeasse uma horda de animais ferozes e enraivecidos.

A fé que asserena

"Entre nós" – relata André –, "Luciana parecia a mais atemorizada. Torcia nervosamente as mãos, até que, não lhe sendo possível suportar por mais tempo a inquietação, dirigiu-se à diretora da casa, suplicando:

– "Irmã, não será conveniente endereçarmos fervorosa rogativa a Deus? conheço os monstros. Tentaram, muita vez, arrebatar meu pai do sítio a que se recolhera!...

"Zenóbia sorriu com benevolência e respondeu:

– *"Já fiz meus atos devocionais de hoje, preparando-me para as ações eventuais do trabalho no decurso do dia. Aliás, minha amiga, nossa ansiosa expectativa, em si mesma, vale por* súplica ardente. Decidamos, pois, qualquer problema a sobrevir, com resolução e confiança em Nosso Pai e em nós próprios".

André informa que pôs-se, assombrado, a identificar, vindos do entorno da casa, rugidos estridentes de leões e panteras, casados a uivos de cães, silvos de serpentes e guinchos de macacos. Ouviram-se explosões ensurdecedoras: estavam sendo atacados com petardos magnéticos. A diretora ordena que fossem assestadas as baterias e emitidos raios de choque fulminante. As explosões foram diminuindo até a extinção total. A horda invasora se desviara para outro rumo e todos puderam respirar aliviados. (OVE, Sinopse do cap. IV, "A Casa Transitória". Citação, p. 60/1.)

Eis a filigrana dessa passagem, constante das palavras da Irmã Zenóbia: – *Já fiz meus atos devocionais de hoje, preparando-me para as ações eventuais do trabalho no decurso do dia.*

Ou seja: a diretora tinha por hábito, *em suas preces matinais*, entregar nas mãos de Deus todos os acontecimentos eventuais que a pudessem envolver em seus diligentes labores daquele dia – bem como a Instituição sob sua responsabilidade –, certa de que a assistência divina não lhe faltaria em nenhum momento, por mais angustiosa que se lhe prefigurasse a situação.

Que grande exemplo para nós, que também nos movimentamos em ambiente inóspito aqui na Crosta, onde as surpresas se sucedem a cada passo, vivendo entre as forças do bem, que permanecem em permanente vigilância, e a atuação atrevida das transitórias forças do mal!

Como ensina André: "Em cada ambiente, a cada hora, para cada um de nós, existe a conduta reta, a visão mais alta, o esforço mais expressivo, a porta mais adequada" (EV, p. 30). Quem faz sua prece matinal e age de acordo com esses princípios, se envolve, como a irmã Zenóbia, num halo de proteção divina em todas as horas de seu abençoado dia.

A flor colhida

Em outro lance, o Instrutor Aniceto, André Luiz e Vicente transitam de Nosso Lar até a Crosta e participam de uma reunião espiritual em modesta casa situada no Rio de Janeiro, cujos moradores encarnados – uma senhora viúva e seus cinco filhinhos – se preparam para o estudo do Evangelho no lar. A esfera invisível da casa já está cheia de amigos da família quando começa a reunião. Após os comentários da noite, em que a dona da casa, inspirada por seu mentor, faz a leitura do Evangelho e propicia edificantes lições a seus filhos, todos os encarnados, após frugal refeição, se recolhem ao leito.

A assembleia espiritual continua confraternizando e discreteando intimamente sobre a bênção que é um lar na Terra edificado nos legítimos pilares cristãos, quando André e mais alguns amigos saem para um pequeno jardinzinho que rodeava a habitação.

"Respirando as brisas cariciosas que sopravam da Guanabara" – narra ele –, "reparei, pela primeira vez, no delicado fenômeno, que não havia observado até então. Uma pequena carinhosa, enquanto a mãezinha palestrava com um amigo, despreocupadamente, colheu um cravo perfumoso, num grito de alegria. *Vi a menina colher a flor, retirá-la da haste, ao mesmo tempo que a parte material do cravo emurchecia, quase de súbito.* A senhora repreendeu-a, com calor:

– "Que é isso, Regina? Não temos o direito de perturbar a ordem das coisas. Não repitas, minha filha! Desgostaste a mamãe!". (OM, Sinopse do cap. 37, "No santuário doméstico". Citação, p. 195.)

Eis a filigrana: *Vi a menina colher a flor, retirá-la da haste, ao mesmo tempo que a parte material do cravo emurchecia, quase de súbito.* Ao colher a "alma" da flor – ou seja, a sua parte etérica –, a menina fez com que a sua contraparte física perecesse quase que de imediato.

Sobrepondo esse fato aparentemente casual, ocorrido nos jardins de uma singela casa do Rio de Janeiro, a um acontecimento mais vasto, proporcionado pelo Cristo na Palestina, veremos como se ajustam com surpreendente perfeição. Refiro-me à passagem narrada em Mateus, capítulo 21, em que o Cristo, tendo fome e divisando ao longe uma figueira carregada de folhas, aproximou-se, mas não tendo encontrado nela nenhum figo, ordenou que "nunca mais alguém coma fruto de ti", e ela secou.

Resulta dessa superposição de fatos que – tanto no micro como no macrocosmo – o princípio que atuou sobre o cravo e a árvore é absolutamente o mesmo: ao colher a parte astral do cravo, a menina o matou no plano físico; ao "amaldiçoar" a figueira por não dar frutos, Jesus provavelmente deu uma ordem mental aos espíritos encarregados da flora naquela região para que transplantassem a matriz etérica da árvore em outro local, e o resultado foi a sua morte física. Era preciso dar aos homens uma lição viva do poder fulgurante da fé, e a lição foi dada pela maior Autoridade abaixo de Deus neste mundo: toda "árvore humana" que não der bons frutos será cortada pela raiz.

Tudo é conexo e interagente no Universo e em nenhuma parte a evolução sofre intermitência. Para quem tem olhos de ver, o simples tatalar de asas de uma borboleta na África pode abalar a estrutura monolítica dos Himalaias no outro lado do mundo.

Estudar a Série André Luiz e vivenciá-la no dia a dia é próprio das almas que, em laborioso esforço de internalização, já atingiram o conhecimento de si mesmas. Não desprezemos, portanto, as filigranas nem o estudo sistematizado da Doutrina Espírita. Porque as filigranas são as gotas de luz que nos iluminam os olhos para a compreensão da Verdade. E o Espiritismo é a ciência da consciência, a filosofia da sabedoria e a religião do coração, restaurando o Cristianismo nascente na plenitude de seu primitivo esplendor.

Três temas fascinantes

NÍVEIS DE CONSCIÊNCIA E O FUTURO

*"Temos registrado em nós o futuro até aquele ponto em que
o vivemos, quando fomos transferidos para a Terra,
provenientes de mundos superiores."*

Introdução

A consciência é fácil de ser imaginada, mas difícil de ser definida. Num sentido formal, é o sentimento ou conhecimento que permite ao ser humano vivenciar, experimentar ou compreender aspectos ou a totalidade de seu mundo interior. É também a faculdade de estabelecer julgamentos morais dos atos realizados, ou o atributo que permite a uma pessoa a percepção do que se passa em torno de si (o mundo objetivo) e dentro de si (o mundo subjetivo). Poderíamos prosseguir assim, infinitamente, de dicionário em dicionário, e não chegar a nenhum consenso, porque consciência é como alma: apesar das mil definições, permanece indefinida e indefinível.

Podemos dizer, de forma leiga e descomplicada, que consciência é o núcleo essencial e pensante do ser imortal criado por Deus, a quintessência do ser psíquico, onde está insculpida a Lei divina, como revelaram as Entidades superiores a Allan Kardec. É o Eu superior infuso na individualidade, em torno do qual orbitam sucessivamente, através das reencarnações, todos os "eus" menores representados pelas várias personalidades, e que vão sendo abandonados ao longo do caminho, assim como a ovelha, por onde passa, deixa tufos de lã enredados nos espinheiros na charneca.

Ao elaborar este resumo dos vários níveis de consciência apresentados por mestres e filósofos de reconhecimento mundial, espero estar contribuindo para clarear *o lado sombra da personalidade humana e apontar caminhos para a sua iluminação*. Ofereço, assim, ao leitor interessado, elementos para um estudo mais profundo e uma abordagem mais abrangente do tema, a fim de que possa deixar, se for o caso, "o vale da sombra e da morte", de que falam as Escrituras, e subir o monte de sua sublimação individual.

Para deixar o texto mais leve e fluente, mantive aspas somente nas citações diretas e desprezei-as nas partes condensadas, mesmo quando constem cadeias vocabulares transcritas do original. Essas passagens, porém, serão facilmente identificáveis pelo registro da fonte no final das referidas transcrições, caso o leitor queira recorrer ao original.

Jung e Calderaro

Carl Gustav Jung, fundador da psicologia analítica, sonhou, em 1909, que se encontrava em uma casa estranha, mas que, de certa forma, lhe pertencia. Ela estava dividida em três andares: no andar superior havia móveis modernos, no andar térreo, mobília medieval, e o porão estava cheio de antiguidades românicas. Havia também uma escada estreita de pedras que conduzia a uma caverna pré-histórica, que ele se viu tentado a explorar. Ao acordar, interpretou o próprio sonho: havia no inconsciente humano outros níveis mais primitivos, que ele devia explorar. (SRD, jul/86, p. 97.)

Graças aos apontamentos de André Luiz, podemos desfrutar também das reflexões do Instrutor espiritual Calderaro acerca dos vários níveis de consciência. A imagem de que ele se utiliza é a mesma de Jung, mas começa agora pelo primeiro andar.

Diz ele que nosso cérebro (mente ou consciência) é como um castelo e se divide em três regiões distintas: na primeira está a "residência de nossos impulsos automáticos", simbolizando o sumário vivo dos serviços realizados; no segundo localizamos o "domicílio das conquistas atuais", onde se erguem e se consolidam as qualidades nobres que estamos edificando; no terceiro, temos a "casa das noções superiores", indicando as eminências que nos cumpre atingir. Num deles moram o hábito e o automatismo; no outro residem o esforço e a vontade; e no último demoram o ideal e a meta superior a ser alcançada. E conclui: "Distribuímos, deste modo, nos três andares, *o subconsciente, o consciente e o superconsciente*. Como vemos, possuímos, em nós mesmos, *o passado, o presente e o futuro*" (NMM, p. 47).

Ouspensky e Gurdjieff

Para o eminente psicólogo russo Peter Ouspensky, discípulo de Georges I. Gurdjieff, existem dois grupos de seres humanos: *o fisiológico e o psicológico.*

Os indivíduos fisiológicos (do queixo para baixo) são aqueles que voltam sua percepção consciente apenas para a satisfação de suas necessidades básicas, ligadas às sensações e satisfação dos desejos corporais, como comer, dormir e copular.

Já os indivíduos psicológicos (do queixo para cima) são aqueles que – além de comer, dormir e copular – estendem seus interesses a um nível mais alto, ao campo das emoções e dos sentimentos.

Globalmente, esses indivíduos dos dois grupos são classificados em *quatro níveis de consciência:*

1. **Consciência de sono** – indivíduos que só pensam em si e em seus interesses, recusando-se a aceitar o progresso e a evolução pessoal, alheios à realidade dos sentimentos e da realização espiritual. Os valores ainda dormem no homem. Tudo está em estado de latência. Não têm aspirações. Neles o Divino hiberna, à espera do despertar. São os homens fisiológicos.

2. **Consciência desperta** (ou **lúcida**) – indivíduos que estão em processo de *despertamento* para níveis menos egoístas de percepção da realidade e que buscam seu desenvolvimento pessoal e uma vida melhor. Os valores começam a acordar. O ideal já interessa, mas para ser explorado. Começam a surgir pensamentos mais bem coordenados, ações mais disciplinadas, sentimentos de contradição e de impossibilidade. O homem já distingue entre o Eu e o Não Eu. Pensa antes de agir, faz tudo o que fazem os fisiológicos, mas vai além, visando à vida, não vive só para isso. São os homens psicológicos.

3. **Consciência de si** – indivíduos que se percebem autoconscientes, que reconhecem a mente além do corpo físico, e que por isso fazem a si mesmos perguntas que se esforçam por responder (quem sou, de onde venho, que faço aqui, porque sofro, para onde vou), iniciando um processo de autoconhecimento. Nesse nível o homem começa a ter consciência de que não é somente a máquina (o corpo), mas uma psique ou inteligência superior que pode controlar a máquina. O ser usa a razão em benefício da vida. Ele anela pelo ideal e busca o êxtase. É quando projeta vida no que faz, à semelhança dos grandes artistas e santos. Já desfruta da intuição.

4. **Consciência objetiva** (ou **cósmica**) – indivíduos em que o egocentrismo já está superado, que se veem claramente na sua totalidade e se tornam parte de um todo pelo qual

se sentem responsáveis. Neste nível eles vivem a plenitude do ideal. A verdade é real e não mais relativa. A consciência cósmica é profunda e extrafísica. São os seres que pairam acima do gênero humano e o impulsionam e dirigem. Deixam de pensar em si para pensar na humanidade. Atingem o estado místico superior.

Cerca de 80% dos seres humanos compõem o primeiro nível, e uma quantidade infinitesimal compõe o último. (FED, passim, e Internet.)

Sua Voz e Pietro Ubaldi

Acrescendo mais luz ao tema, Sua Voz, mentor espiritual do filósofo italiano Pietro Ubaldi, classifica a humanidade, de uma forma geral, em três tipos de pessoas (ou níveis de consciência):

1. O **tipo humano comum**, que se move em um nível primário. O tipo mais baixo vive e aprecia viver somente no nível vegetativo. Move-se num campo físico em que a ideação é concreta, quase muscular. Para ele o mundo sensório é a realidade e nenhuma abstração ou conceito sintético a supera.

Dominam nesse nível os instintos primordiais (fome e sexo) e a satisfação deles é a única necessidade, alegria e aspiração. É um tipo de psiquismo rudimentar, que se exercita apenas no campo passional, de atrações e repulsões violentas e primitivas. Qualquer superamento é relegado ao inconcebível; uma treva envolve quase toda a consciência. É o selvagem e, nos países civilizados, o homem das classes inferiores, onde renasce por seu peso específico espiritual.

2. Mas a civilização criou **um tipo mais elevado**, de psiquismo mais desperto, que chega até a racionalidade. A explosão das paixões é controlada, pelo menos aparentemente. Os instintos primordiais, ainda que se conservem os mesmos, se

complicam e revestem de um trabalho reflexo de controle; se apuram, tornando-se mais nervosos e psíquicos.

Adora-se a riqueza até cultuá-la. Impera a ambição, que incita à luta, e esta se faz cada vez mais nervosa e astuciosa, e supera os limites do indispensável. A realidade, ainda que sensória, se enriquece. A zona do concebível se dilata um pouco, mas se detém sempre no exterior dos fenômenos e é impotente em face de uma síntese substancial. Os princípios gerais são repetidos, não sentidos. Há uma incapacidade de consciência para tudo o que excede ao interesse do eu. O altruísmo não se expande além do círculo familiar.

É o moderno homem civilizado, educado, envernizado de reclamos culturais, voluntarioso, dinâmico, sem escrúpulos, egoísta, habituado a mentir, vazio de qualquer convicção e aspiração substancial. A sua impotência intuitiva e sintética ele denomina razão, objetividade, ciência, que é meio utilitário.

3. **Há um tipo ainda mais elevado de homem**, dificilmente reconhecível pelo exterior por quem não tenha chegado ao seu nível. É muitas vezes um solitário, um mártir, cuja grandeza não é reconhecida senão depois de sua morte. E isso é natural. Só o que é medíocre pode ser compreendido de pronto e aclamado pela maioria medíocre. Glória fácil e rápida significa pouco valor.

Nesse tipo, o concebível se encontra dilatado até a síntese máxima. A consciência tem alcançado a dimensão superior da intuição. Ele está demasiadamente distanciado da média, porque já viu e compreendeu os altos fins da vida e não pode passar pela terra senão em missão, amando e beneficiando.

É, quase sempre, uma figura apagada e desprezada no mundo, mas o seu gesto estreita toda a criação. Já venceu os instintos da animalidade ou luta por vencê-los. Não tem inimigos sobre a terra senão as inferiores leis biológicas, que procura subjugar. Aceita a dor, e faz sua a dor do mundo.

Sabe e sente tudo quanto para os seus semelhantes se perde no inconcebível. Seus triunfos são demasiado vastos e longínquos para serem notados, porque ele se move no pensamento e na ação aderentes à substância das coisas, em harmonia com o Infinito. Esta é a *super-humanidade do porvir*, na qual a animalidade estará vencida e o espírito triunfante.

Estas gradações não são absolutas, nem como nível, nem como tipo, e cada um oscila para uma ou para outra. Mas a evolução é universal e constante, e opera a ascensão de um tipo para outro: ascensão do selvagem para a civilização, ascensão das classes sociais inferiores para o bem-estar da burguesia.

Hoje, a persistência e a extensão da civilização amadureceram e difundiram o segundo tipo e, visto que é preciso evoluir, quando esse segundo tipo constituir a maioria – por ter elevado e assimilado o tipo inferior –, essa revolução não poderá ser senão para ascender ao terceiro tipo: **o super-homem.** (AGS, cap. LXXVIII.)

Classificação de Paulo

Em complemento às classificações estabelecidas acima por seus vários autores, mas num sentido místico e muito profundo, podemos citar um pensamento bastante enigmático encontrado na Bíblia Sagrada, em Efésios, 5:14, registrado por São Paulo:

"Desperta, ó tu que dormes, levanta-te de entre os mortos, e o Cristo te iluminará."

Temos aqui um caminho de três níveis para se alcançar a plenitude espiritual ou perfeição – *despertar, levantar-se e ser iluminado*. A conquista dos dois primeiros níveis pertence ao homem; a concessão do terceiro é exclusiva do Cristo:

1. Desperta, ó tu que dormes.

Toda psique em estágio evolutivo inferior, ao encarnar ou reencarnar, mergulha sua consciência dinâmica na letargia ou narcose da matéria, onde os ciclos mentais se tornam lentos, a aprendizagem (ou reaprendizagem) custosa, a ascensão demorada e a depuração sofrida. A finalidade desse estágio humano da consciência espiritual entorpecida é seu despertamento para a realidade da vida imortal. É a semente lançada no seio da terra, onde deve "morrer" para viver e frutificar, segundo o divino Mestre.

2. Levanta-te de entre os mortos.

Após o despertamento, o homem (tomado aqui no sentido genérico) percebe, à luz dessa nova consciência lúcida, que está vivendo entre consciências adormecidas, os "dorminhocos mentais" cujos objetivos se resumem exclusivamente ao desfrute dos bens terrenos. Por isso Jesus chamou-os de mortos, quando um candidato a discípulo manifestou desejo de segui-l'O, mas pretendia antes enterrar um defunto familiar: "Deixa aos mortos [os outros familiares] o cuidado de enterrarem os seus mortos; quanto a ti [que já começas a despertar], vem e segue-me". Atingido esse estágio de lucidez mental, o homem deve "levantar-se de entre os mortos", ou seja, verticalizar-se em espírito e em ideais, diferindo dos que ainda rastejam na planura lodosa e estéril de uma existência sem lucidez nem amanhã espiritual, e oferecer-lhes a mão.

3. E o Cristo te iluminará.

Superados os dois estágios iniciais, o homem não se ilumina por si, mas centra-se no foco mesmo da luz e cria as condições necessárias, após esvaziar-se de todos os apegos do mundo, para ser iluminado pelo Cristo, assim como, em contato com a energia, o filamento da lâmpada de Thomas Alva Edison só logrou acender depois que o cientista fez vácuo no interior do bulbo. Porque assim como a vida é uma doação de Deus, a iluminação é uma doação do Cristo. Você pode reverenciar vários instrutores humanos e aprender muito com eles, mas todos eles (como ensinam os mestres orientais) são apenas dedos apontando para a fonte da verdadeira Luz, e a inteligência está em seguir a Luz e não o dedo. É o que se depreende da doutrina do Apóstolo.

Interpretação dos autores citados

Vemos claramente em Paulo o gigantesco esforço do homem para transitar da animalidade à angelitude, através destes três níveis de consciência: *despertar, levantar-se e ser iluminado pelo Cristo*.

Em Sua Voz temos os três níveis de que se compõe a humanidade: *o tipo humano comum,* primário e inconsciente, que vive apenas para a realidade sensória; *um tipo mais elevado,* já racional, nervoso e psíquico, com vernizes de civilização, mas profundamente egoísta (o homem atual); *e um tipo ainda mais elevado,* quase sempre solitário, investido em missão superior, e que passa pela vida, muitas vezes desconhecido e desprezado, amando e beneficiando a todos – *o super-homem do porvir*.

Em Ouspensky/Gurdjieff encontramos essa mesma humanidade dividida em dois grandes grupos – *indivíduos fisiológicos e psicológicos* – e escalonada em quatro níveis de consciência: *consciência de sono,* em que o indivíduo hiberna por milhares de anos e os valores permanecem adormecidos; *consciência desperta* ou *lúcida,* em que os valores começam a acordar e o ideal já interessa; *consciência de si,* em que o ser psíquico se reconhece separado da máquina (o corpo físico), já desfruta da intuição e busca o êxtase; e *consciência objetiva* ou *cósmica,* em que o homem se torna integral e a sua identidade com o foco da consciência universal se aprofunda, levando o indivíduo ao estado místico superior.

E, finalmente, em Jung e Calderaro temos a maquete desse castelo interior de que se compõe a consciência humana, dividido em três andares ou regiões distintas. No andar inferior encontramos a região de nossos hábitos e automatismos; no intermediário, a região de nossas conquistas atuais, que vamos lentamente consolidando por nosso esforço e vontade; e no superior, o ideal e as eminências espirituais que nos compete atingir. Temos, assim, em nós o *subconsciente, o consciente e o superconsciente,* ou, por outras palavras, *o passado, o presente e o futuro.*

Tudo o que vivemos, em todos os tempos, no campo do bem e do mal, é registrado automática e indelevelmente em nossos arquivos psíquicos, tornando-se asas que nos libertam ou grilhetas que nos prendem durante a nossa marcha evolutiva. Temos em nós o passado, porque já o vivemos. Temos em nós o presente, porque o estamos vivendo. Mas como podemos ter em nós o futuro, se ainda não o vivemos? Ainda não o vivemos? Engano. Já o vivemos sim. **Temos registrado em nós o futuro até aquele ponto em que o vivemos, quando fomos transferidos para a Terra, provenientes de mundos superiores.**

Antes de prosseguir na leitura, solicitamos ao atento leitor reler o último período, grifado, porque ele é muito importante e vamos tentar desenvolvê-lo e tornar a sua compreensão mais fácil nas linhas seguintes. Falaremos, primeiro, da origem da raça adâmica e, segundo, do exílio dos espíritos empedernidos nos mundos inferiores, para em seguida voltarmos à importante tese do futuro infuso em nós.

Diz o conspícuo Codificador do Espiritismo, reproduzindo o ensino das Entidades superiores, que há transfusões periódicas, de imensas colônias de espíritos, de mundos superiores para mundos inferiores. Ao chegarem aqueles mundos a um de seus períodos de transformação, quando devem ascender na hierarquia do Cosmos, a parcela física e espiritual da população que os habita e que, apesar de sua inteligência e de seu valor, se aferra às diretrizes do mal, é degredada para planetas inferiores, a fim de não perturbar a tranquilidade e a felicidade dos bons que irão permanecer naquelas radiantes esferas. A raça adâmica foi composta por uma (ou várias) dessas colônias. Esses espíritos, ao encarnar em nosso mundo, demonstrando o poderoso diferencial evolutivo de que eram portadores em relação ao novo meio, já na segunda geração "constroem cidades, cultivam a terra, trabalham os metais", trazendo imenso progresso aos povos primitivos entre os quais vieram habitar. (AG, cap. XI, itens 38 a 49.)

"A raça adâmica" – prossegue Kardec – "apresenta todos os caracteres de uma raça proscrita. Os Espíritos que a integram foram exilados para a Terra, já povoada, *mas de homens primitivos,* imersos na ignorância, que aqueles tiveram por missão fazer progredir, levando-lhes as luzes de uma inteligência desenvolvida. [...]" (AG, p. 231).

"Adão e seus descendentes são apresentados na Gênese como homens sobremaneira inteligentes, pois que, desde a segunda geração, constroem cidades, cultivam a terra, trabalham os metais. São rápidos e duradouros seus progressos nas artes e nas ciências. [...]. Tão radical diferença nas aptidões intelectuais e no desenvolvimento moral atesta, com evidência não menor, uma diferença de origem" (AG, p. 227/8).

Ao falar sobre a origem da raça adâmica, Kardec está falando da trasladação desses espíritos maus, tal como a ela se reportou o Espírito Bernardin, em uma de suas mensagens:

"Voltai sempre os olhos para este pensamento filosófico, isto é, cheio de sabedoria: Somos uma essência criada pura, mas decaída; pertencemos a uma pátria onde tudo é pureza; culpados, fomos exilados por algum tempo, mas só por algum tempo. Empreguemos, pois, todas as nossas forças, todas as energias em diminuir o tempo de exílio; esforcemo-nos por todos os meios que o Senhor pôs à nossa disposição para reconquistar essa pátria perdida e abreviar o tempo de ausência" (RE, V, p. 264).

A transferência cósmica dos espíritos

Abramos aqui um breve parêntese para falar rapidamente sobre a referida transferência. Como se dá essa remoção? Tentaremos simplificar a questão, interpretando a palavra de três grandes mestres na área.

1. Emmanuel esclarece
248 – Como se verifica a queda do Espírito?
– Conquistada a consciência e os valores racionais, todos os Espíritos são investidos de uma responsabilidade, dentro das suas possibilidades de ação; porém, *são raros os que praticam seus legítimos deveres morais,* aumentando os seus direitos divinos no patrimônio universal.

Colocada por Deus no caminho da vida, como discípulo que termina os estudos básicos, a alma nem sempre sabe agir em correlação com os bens recebidos do Criador, *caindo pelo orgulho e pela vaidade, pela ambição ou pelo egoísmo, quebrando a harmonia divina pela primeira vez e penetrando em experiências penosas,* a fim de restabelecer o equilíbrio de sua existência.

249 – A queda do Espírito somente se verifica na Terra?
– A Terra é um plano de vida e de evolução como outro qualquer, e, *nas esferas mais variadas, a alma pode cair, em sua rota evolutiva,* porquanto precisamos compreender que a sede de todos os sentimentos bons ou maus, superiores ou indignos, reside no âmago do espírito imperecível e não na carne que se apodrecerá com o tempo (OC, p. 148).

2. Kardec questiona as Entidades superiores

121 – Por que é que alguns Espíritos seguiram o caminho do bem e outros o do mal?

"Não têm eles o livre-arbítrio? Deus não criou Espíritos maus; *criou-os simples e ignorantes,* isto é, com igual aptidão para o bem e para o mal. *Os que são maus, assim se tornaram por sua vontade.*"

122 – Como podem os Espíritos, em sua origem, quando ainda não têm consciência de si mesmos, ter a liberdade de escolher entre o bem e o mal? Há neles um princípio, uma tendência qualquer que os leve mais para um caminho do que para outro?

"O livre-arbítrio se desenvolve à medida que o Espírito *adquire a consciência de si mesmo*. Já não haveria liberdade se a escolha fosse determinada por uma causa independente da vontade do Espírito. A causa não está nele, mas fora dele, nas influências a que cede em virtude da sua livre vontade. *Esta é a grande figura da queda do homem e do pecado original: uns cederam à tentação, outros resistiram*" (OLE, p. 127/8).

Kardec interpreta: decaimento não é retrogradação

"À primeira vista, a ideia de decaimento parece em contradição com o princípio segundo o qual os Espíritos não podem retrogradar. Deve-se, porém, considerar que não se trata de um retrocesso ao estado primitivo. O Espírito, ainda que numa posição inferior, nada perde do que adquiriu; *seu desenvolvimento moral e intelectual é o mesmo, qualquer que seja o meio onde se ache colocado*. Ele está na situação do homem do mundo condenado à prisão por seus delitos. Certamente, esse homem se encontra degradado, decaído, do ponto de vista social, mas não se torna nem mais estúpido, nem mais ignorante" (AG, p. 234).

3. Sua Voz, mentor de Pietro Ubaldi, complementa

"Assim o vosso mundo humano contém e é atravessado *por seres que sobem e descem;* que, provindos das formas inferiores de vida, se adiantam trabalhando duramente na criação do próprio eu espiritual; ou que, *decaídos de superiores formas de consciência,* se entregam à ruína, abusando do poder alcançado. Há quem retrocede e quem progride; quem acumula valores e quem os desperdiça; quem para indolente, preferindo o ócio ao empreendimento do fatigante labor de seu próprio progresso. Daí a grande variedade dos tipos, de raças, do mundo. [...]

"Livre é em vosso nível a escolha dos atos e das sendas, livre a escolha das causas; isso vo-lo concede a vossa madureza de moradores da fase espiritual; *mas não é livre a escolha das séries das reações e dos efeitos, que vos são impostos inexoravelmente pela Lei.* Cada escolha vos prende ou vos liberta, e a faculdade de escolher e de dominar aumenta com a capacidade e com o merecimento que lhes garantem o bom uso" (AGS, p. 105).

Síntese e interpretação dos textos citados

1. Vemos em Emmanuel que o espírito, em sua evolução universal, quando chega àquele estágio em que começa a transitar do instinto para a razão, adquire o precioso dom do livre-arbítrio *e inicia sua trajetória como ser raciocinante,* podendo escolher entre seguir a estrada do bem ou a do mal. Os que escolherem a do mal, são colhidos pelas malhas do orgulho, da vaidade, da ambição ou do egoísmo, iniciando-se em experiências penosas nos vários departamentos corretivos da casa do Pai. Esse reciclamento espiritual pode ocorrer em vários estágios da marcha evolutiva, não somente na Terra, porque há vários níveis de correção assim como há vários níveis de mundos no que tange a seu grau de evolução Notemos também o que

diz Emmanuel: "São raros os que praticam seus legítimos deveres morais", ou seja, embora muitos resvalem, há uma parcela minoritária e vigilante que permanece fiel, vivendo de acordo com a Lei divina.

2. Vemos em Kardec o primado espiritual da livre escolha: os que são maus assim se tornam por sua exclusiva vontade. O livre-arbítrio mais se fortalece quanto mais o espírito adquire *consciência de si mesmo*, e aqui está a chave para se entender essa perigosa bifurcação da vontade a que está sujeito o ser consciente: uns cederam à tentação por livre escolha, enquanto que outros resistiram. Os que resistiram, por conseguinte, não necessitam de qualquer tipo de correção. (OLE, Questões 121 e 122.)

Vemos também que esse decaimento não afronta o princípio da não retrogradação do espírito. O ser nada perde do que já haja adquirido. Há uma degradação física pessoal e também uma deterioração do meio ambiente para o qual ele é deportado, quando transferido de um planeta superior para outro, inferior, mas nada perde do nível moral e intelectual em que se encontrava por ocasião da transferência. Kardec exemplifica usando a imagem do que ocorre com um presidiário, e nós poderíamos reforçar com outro exemplo, também mencionado em nossa Doutrina, do aluno que é reprovado no exame de fim de ano e retorna, no ano seguinte, ao início do mesmo ano letivo. Não há retrogradação; há apenas realocação do aluno para o nível condizente com seu estágio de aprendizagem.

3. Vemos em Sua Voz que há, em nosso mundo, os seres que emergem das formas inferiores da vida (provenientes dos vários reinos da natureza), esforçando-se para atingir o desabrochar da consciência, e *há os que descem de superiores formas de consciência*, por haverem abusado do poder adquirido. Se os seres, porém, que já desfrutam dos primeiros

lampejos de consciência, ou já se encontram em um estado relativamente adiantado dela, são livres na escolha de seus atos e caminhos a seguir, não o são da série de efeitos ou consequências que lhes serão impostos pela Lei. A liberdade do ser é diretamente proporcional ao bom uso que fizer de seu livre-arbítrio.

Em suma, podemos resumir a trajetória do espírito da seguinte forma: desde que o princípio, saído do Todo Universal (conjunto dos fluidos existentes no espaço, que são a fonte de tudo o que existe nos estados espiritual, fluídico ou material) (OQE, 1º vol., p. 289), começa a evoluir do átomo até o arcanjo (OLE, Questão 540), ele tem por meta atingir as cumeadas da evolução no Infinito. Nesse carreiro sem fim, o ser busca duas coisas: a sua perfeição moral e a máxima amplitude em Ciência Sideral.

Em determinado ponto dessa trajetória (que não sabemos precisar onde nem quando), ele atinge a perfeição, *a partir da qual não está mais sujeito a falir* (OQE, 1º vol., p. 289). Mas a evolução continua, porque, se a perfeição atingida o coloca ao abrigo de falências, não lhe proporciona a completude em Ciência Sideral. A conquista dessa Ciência é progressiva e infinita – um estímulo permanente à atividade do espírito –, e nunca será alcançada em sua plenitude, visto que só Deus sabe tudo. Se um dia o espírito vier a saber tudo, será Deus, o que é impossível. Ele é deus, mas não é Deus (João, 10:34). É até onde sabemos no momento. Se estudarmos, refletirmos e procurarmos merecer, saberemos mais amanhã.

O espírito também está sujeito à falência, em qualquer ponto de sua trajetória evolutiva, *antes de atingir a perfeição moral* (pois, depois de atingi-la, não falha mais). Se perseverar no caminho do mal, pode falir durante centenas de encarnações dentro do mesmo planeta, ou decair de um planeta superior (quando este é elevado de nível) para um inferior, até sua liberação total. Ao quitar seus débitos perante a Lei, o ser supera os entraves da matéria e reenceta sua marcha evolutiva pelo Infinito.

Fechamos o parêntese sobre a transferência dos espíritos.

O futuro infuso em nós

Retomemos agora a tese do futuro infuso em nós, que interrompemos para falar da trasladação das colônias de espíritos (visto que ambos estão intimamente conectados).

Dando sequência ao raciocínio lógico de Kardec e incluindo-nos, infelizmente, nessa imensa falange de espíritos transferidos, suponhamos, por analogia, que o mundo superior em que vivíamos estivesse no ano 5015 d.C. quando ocorreu a nossa transferência, em dois níveis: *do mundo superior para o inferior e do futuro para o passado.* Já que estamos, aqui na Terra, no ano 2015 d.C. (data em que é redigido este texto), temos um filme com 3000 anos de história futura infuso em nós e rebobinado em nosso superconsciente, período que vivemos lá e que será reprisado aqui. É urgente desenrolarmos esse filme e nos conscientizarmos de seu conteúdo, *pois só voltaremos a adquirir conhecimentos novos quando reatingirmos aquele ponto de onde caímos,* conforme revela a nossa Doutrina (AG, p. 231). Até lá, apenas *recordaremos e revelaremos* o que já existe em nós, concretizando-o no mundo exterior, como ensina Sua Voz (AGS, p. 328).

Devido ao acesso, por intuição, a esses registros futuros que se encontram introjetados em nós, podemos estabelecer relações entre o que ocorreu lá e o que deverá ocorrer aqui, porque *a história se repete* com pequenas variações em todos os mundos que se encontram dentro dessa mesma faixa de evolução, faixa que abrange alguns milhares de anos. O futurível – ou futuro próximo e possível – deste planeta está escrito em caracteres indeléveis nos penetrais de nossa alma (superconsciente), que Deus, através dos profetas, exteriorizou nas profecias. E nós, os seres humanos, vislumbramos isso porque já vivemos esses fatos, no futuro, em outros mundos.

Se conseguirmos acessar o nosso superconsciente ou decodificar as profecias, ficaremos hipoteticamente cientes de 3000 anos de história – história que ainda está por acontecer –, levando-nos esse conhecimento forçosamente de volta para o futuro. Só 3000 anos neste exemplo que estamos dando, mas, dependendo da gravidade da falta, o espírito pode ser mergulhado no túnel do tempo pela Providência divina e projetado no pretérito por verdadeiras "eternidades", ainda inimagináveis para nós. O acesso a esse arquivo pode ser uma impossibilidade fatal para os que se encontram em consciência de sono, mas não para os que se encontram em processo de aquisição da consciência de luz, porque, para estes, *premonições e reminiscências do futuro* são fenômenos naturais em sua mente.

Jung falou em inconsciente coletivo, que seria o subterrâneo profundo da psique humana, traduzido em um conjunto de sentimentos, pensamentos e lembranças compartilhados por toda a humanidade. É uma herança coletiva, segundo ele, recebida não somente dos antepassados do homem, mas também dos animais. As massas não se lembram das imagens, ou arquétipos, de forma consciente, *mas herdam uma predisposição para reagir ao mundo da mesma forma como seus ancestrais faziam.*

Imaginemos, agora, não esse inconsciente junguiano pretérito e aparentemente restrito às experiências terrenas, mas – e aqui queremos cunhar a expressão – um *inconsciente coletivo futuro*, vivenciado em orbes superiores, armazenado nos estratos profundos do ser, e que as massas degredadas para a Terra (tal como visto em Kardec) trouxeram embutido em si, contendo os eventos apocalípticos ocorridos naquele plano quando de sua expulsão de lá. Quando, em breve, esses fatos começarem a se repetir por aqui, em cumprimento às previsões de Jesus em seu sermão profético sobre o final dos tempos, a humanidade, com sua percepção espiritual agora aguçada pela angustiosa expectativa desses acontecimentos já conhecidos e sofridos, os perceberá de pronto, e o mundo, alucinado pelos *flashes* dessas recordações aturdentes, irá misturar-se como as vagas do oceano.

Se Freud e Jung tivessem assestado seus poderosos holofotes nessa direção, ter-nos-iam certamente apresentado pérolas indescritíveis desse nosso oceano íntimo e superior ainda inexplorado. É da Lei, porém, que cada coisa só deva aparecer no tempo em que possa ter legítimo proveito.

Embora o assunto seja fascinante e comporte mais profundas inquirições, devemos, muito a contragosto, mudar agora de direção. Não só o futuro próximo está registrado em nós. O pretérito ilimitado e profundo também está. Jung, como vimos, emprega uma imagem onírica muito preocupante: fala-nos de uma estreita escada de pedras que, do porão de nosso subconsciente, *desce para uma caverna pré-histórica e desconhecida* que ele se viu tentado a explorar. Não há como não sentir um calafrio na espinha quando pensamos no que poderá haver nesses abismos insondáveis que enegrecem ainda mais o lado sombra de nossa individualidade, nascidos de uma ancestralidade estratificada em nós e vivida nos reinos primários da natureza, cuja extensão e abissal profundeza estamos longe de imaginar.

A alavanca da vontade

A respeito desses vários níveis de consciência, devemos enfatizar que todo ser humano tem, desde sua origem como espírito, esse simbólico edifício de vários pavimentos dentro de si, e que o estado primitivo de sono da consciência é uma fase natural da caminhada evolutiva, visto que todo ser passa necessariamente por ele. Mas se ele é invencível no animal (que evolui pela impulsão natural das coisas), não o é no homem (o qual pode imprimir a velocidade que desejar a seu progresso). O homem deve superá-lo através de um esforço contínuo e titânico, até ver o sol da espiritualidade fulgurar em sua alma. Deve superá-lo o mais rápido possível e transitar do instinto à razão, da razão à intuição, e da intuição à unidade cósmica, escalando seu Tabor íntimo degrau a degrau, ou pavimento a pavimento, até atingir a iluminação da consciência.

Dos vários andares da casa, o homem, normalmente, em seu estágio atual, ocupa apenas os dois primeiros. Do primeiro nível de sono profundo, ele passa ao segundo, com lampejos de despertamento, ou sono desperto. Aqui ele ainda se encontra semiadormecido, mas pensa que está acordado. E para que desperte é preciso conscientizá-lo de que está dormindo; sem isso, ele não fará o esforço necessário para acordar. E os andares seguintes, de nível superior, são ocupados por uma porcentagem mínima da humanidade, mas que pode ser detectada pela obra que cada um de seus componentes realiza, visto que os frutos é que dão notícia da proficiência da árvore.

A maioria esmagadora do gênero humano ainda está dormindo o sono da inconsciência. Queda-se, em seu estupor de criatura sonolenta ou ensonada, à espera de que uma alma superior, anônima e caridosa, lhe dirija um aceno de mão, uma palavra amiga ou um livro iluminativo que a possa arrancar dessa insensibilidade existencial profunda, que ela desconhece e, se conhecesse, não conseguiria imaginar o fim. É preciso abrir sua mente, com sutileza e doçura, para essa verdade, pois se ela permanecer crente de que está acordada, não fará nenhum esforço para despertar. Paulo não bradaria aos ouvidos do homem: "Desperta, ó tu que dormes!", se o homem estivesse vígil ou acordado.

O pastor que não interage

Diante desse quadro desafiador, podemos afirmar que a maior desgraça humana é a consciência de sono, quando se torna voluntária, porque nivela o homem ao animal. Nesse estágio o ser humano é um zumbi ou morto ambulante submetido à ação mecânica e compulsória da Lei. É crucial que o homem esteja consciente, desperto e alerta a respeito de cada passo, de cada pensamento, de cada ação que for executar, porque os passos, os pensamentos e as ações funcionam como um alfaiate do destino, que vai recortando e cosendo a roupa apertada ou folgada, o *smoking* ou a farraparia que ele irá usar em seu eterno devenir. Estar consciente ou inconsciente do que se faz é que faz toda a diferença para o bem ou para o mal. A inconsciência dos que crucificaram o Cristo foi proclamada por Ele na cruz: "Perdoa-lhes, Pai, porque *eles não sabem o que fazem*".

Viver em consciência de luz e diamantizar as percepções da alma devem ser a meta de quem elegeu o Cristo por seu Mestre – Ele, que é o único Mestre da humanidade, a luz de todas as consciências e o amor de todos os corações.

José Ingenieros, célebre psicólogo e escritor ítalo-argentino, pintou um belo quadro literário que pode ser tomado como representativo desse homem de consciência adormecida. A tela é de um bucolismo encantador, mas o estado romântico, porém deplorável, do pastor debuxado nela deve ser motivo de preocupação para os que já estão despertos e lutam pela iluminação interior do ser humano:

"Há uma certa hora em que o pastor ingênuo se assombra diante da natureza que o circunda. A penumbra se adensa, a cor das coisas se uniformiza no cinzento homogêneo das silhuetas, a primeira umidade crepuscular levanta, de todas as ervas, um vago perfume, aquieta-se o rebanho para dormir, o sino remoto tange o seu aviso vesperal. A impalpável claridade lunar vai se esbranquiçando, ao cair sobre as coisas; algumas estrelas inquietam o firmamento com a sua cintilação, e um longínquo rumor de arroio, brincando nas brenhas, parece conversar sobre misteriosos temas.

"Sentado sobre a pedra menos áspera que encontra à beira do caminho, o pastor contempla e emudece, convidado em vão a meditar, pela convergência do sítio e da hora. Sua admiração primitiva é simples estupor. A poesia natural que o rodeia, ao refletir-se em sua imaginação, não se converte em poema. Ele é, apenas, um objeto no quadro, uma pincelada; como a pedra, a árvore, a ovelha, o caminho; um acidente na penumbra. Para ele, todas as coisas foram sempre assim, e assim continuarão a ser, desde a terra que pisa, até o rebanho que apascenta" (OHM, p. 45).

Quando a harmonia irradiante das esferas e a beleza natural da vida envolvem suavemente o homem e não se convertem em poema na sua alma, é porque ele se encontra, espiritualmente, entorpecido e cadaverizado pela matéria e, em face disso, não tem ainda consciência de que é um "morto" que respira – um simples defunto que perambula sem destino pela vida, muitas vezes com o peito preguead0 de comendas, ostentando altos títulos nobiliárquicos ou graduações de mestrado e doutorado conquistadas com a menção honrosa *summa cum laude*. Despertá-lo dessa consciência de treva e centrá-lo no foco da consciência de luz, de que o Cristo é o representante máximo, é a maior caridade que qualquer espírito integrado em Jesus, por mais simples que seja, pode lhe proporcionar neste mundo.

Mas, para que o homem se torne instrumento desse divino despertar alheio, é-lhe necessário, antes, implementar o seu próprio despertamento espiritual, como ensina São Paulo:

"Desperta, ó tu que dormes, levanta-te de entre os mortos e o Cristo te iluminará" (Ef, 5:14).

***

Nota nº 3: *Quem despertou meu interesse para esse vasto e fascinante campo de estudos da consciência foi Divaldo Pereira Franco, médium e orador espírita, e também – a definição que mais aprecio – educador e médico das almas. Suas profundas explanações sobre o assunto, para os que estiverem interessados, podem ser vistas em várias conferências, seminários e workshops, alguns gravados em vídeo ou DVD, dentre os quais podemos citar: "Ciência contemporânea e o Espiritismo", "Desperte e seja feliz", "Autodescobrimento", "Uma visão científica da loucura e obsessão", "O homem integral", "Ciência do espírito", "O homem do século XXI" e "O despertar da consciência". Sou infinitamente grato a esse sublime Peregrino por ter repartido comigo uma côdea de seu abençoado pão, desde que nossos caminhos se roçaram nessa romagem para o Infinito.*

Nota nº 4: *Ao falar da máquina (corpo físico), constante do terceiro nível – consciência de si –, de Ouspensky/Gurdjieff, deixo de comentar as suas sete funções (intelectiva; emotiva; locomotora; instintiva; sexual; emotiva superior; e intelectiva superior), para não tornar este tópico muito extenso. Esse estudo, porém, pode ser encontrado nos citados autores ou, de forma simplificada e envolvente, nos seminários de Divaldo.*

DIÁLOGO FRATERNO COM OS ATEUS

"Deus existe ou não existe dependendo da consciência de luz ou de sombra em que você esteja imerso."

A palavra ateu é formada pelo prefixo *a* — que significa ausência — e pelo radical grego *theós* — que significa Deus. Seu sentido etimológico, portanto, é *sem Deus*. Os ateus não são contra Deus. Para eles Deus é apenas uma hipótese, algo sem comprovação. Se o crente diz que Deus existe, que o prove, porque o ônus da prova pertence a quem afirma. O ateu não afirma que Deus não existe, então ele não tem que provar nada, porque, ao descrer, não está afirmando nada. Mas, como eles próprios dizem (a fim de se manterem de mente aberta a provas robustas), "ausência de evidência não é evidência de ausência": se alguém lhes provar que Deus existe, eles crerão.

Há muitos anos venho elaborando de lavra própria ou respigando em jazida alheia verdadeiras pepitas da sabedoria humana (estas, em jazida alheia), ou seja, páginas impregnadas de Deus, fé, religião, espiritualidade, meditação, comportamento, risoterapia, reflexões filosóficas, perdão etc. e enviando-as a um grupo seleto de amigos com quem me correspondo mensalmente. Por respeito à sempre bem-vinda pluralidade filosófica de que é composto o pensamento do homem moderno, é natural que também lhes enviasse um dia, agora em forma de livro, algo sobre o ateísmo. O dia chegou. Afinal, os ateus são nossos irmãos, filhos do mesmo Pai. E seu ateísmo não é nenhum Rochedo de Gibraltar. Como disse alguém com *animus jocandi:* "À noite, todo ateu é meio crente em Deus"...

Selecionei as melhores tiradas de ateus famosos – alguns mais sarcastas que ateus –, que colhi em *site* da Internet dedicado ao assunto (Ateus.net), e lhes fiz alguns comentários singelos, mas sem a pretensão de "converter" ninguém, porque é mais útil à sociedade um ateu sincero que um religioso fanático. Algumas máximas podem parecer sacrílegas, mas quando se prova que noventa por cento das guerras ocorridas no mundo tiveram origem religiosa, não fica difícil reconhecer que o sacrilégio não é exclusividade dos ateus.

Às vezes é mais prazeroso conversar com um ateu do que com um crente. O ateu é mais inteligente, mais prático, mais ativo e, por não estar sob a canga de nenhum dogma religioso, mais aberto ao progresso; crendo que ele é o deus de si mesmo e, por isso, sabendo que depende só de si, arregaça as mangas e mete mãos à obra quando algo está em sua dependência. O crente, com as honrosas exceções de estilo, é muito mais acomodado, porque, pelo simples fato de crer em alguma entidade invisível, considera-se "eleito" e, numa espera estática, acredita que alguém lhe virá abrir o mar Vermelho na hora da necessidade.

Talvez seja por isso que Emmanuel tenha enviado o seguinte recado aos homens: "[...] *No Espaço, uma das modernas tradições é a de que, ultimamente, chegam às portas do céu somente os ateus e materialistas generosos que fazem o bem pelo bem, alheios às convenções e ao sentido das recompensas.* Com essa lembrança não desejo menosprezar os esforços da fé, mas quero lembrar a necessidade do trabalho sincero, perseverante, decidido e leal nas mais belas expressões de solidariedade real e de simplicidade na vida!" (REF, set/13, p. 36).

Em tempo: às vezes os autores escrevem Deus, outras vezes, deus; respeitei a opção. Tive também que me valer, entre outros, de argumentos espiritualistas e espíritas para lhes falar, mesmo sabendo que esse tipo de raciocínio não tem relevância para eles. Desobedeci, assim, ao padre Antônio Vieira, quando adverte, no seu *Sermão da Sexagésima*, que uma agudeza só se vence com uma agudeza maior. Mas aqui, como diz o título, não se trata de uma competição tipo "risca-faca", onde tem que haver um vencido e um vencedor. Isto é apenas um diálogo fraterno, um bate-papo galponeiro, uma conversa descontraída entre amigos, ao pé do fogo e ao saborear de um gostoso chimarrão, pelo menos no que me toca.

Deus

– A ideia de que Deus é um gigante barbudo de pele branca sentado no céu é ridícula. Mas se, com esse conceito, você se referir a um conjunto de leis físicas que regem o Universo, então claramente existe um Deus. Só que Ele é emocionalmente frustrante: afinal, não faz muito sentido rezar para a lei da gravidade! (Carl Sagan)

Deus não é um velhinho de barbas brancas – o chamado "deus antropomorfo masculino" das atuais religiões cristãs semipagãs – nem um feixe de leis universais. Ele é a inteligência suprema do Universo, causa primária de todas as coisas. As leis que regem o Universo são criação sua, mas não são Ele. Afirmar o contrário é confundir o efeito com a causa. Na definição de Einstein, "Deus é um poder raciocinante superior que se revela no universo incompreensível".

– Se é certo que um Deus fez este mundo, não queria eu ser esse Deus: as dores do mundo dilacerariam meu coração. (Arthur Schopenhauer)

– *Jamais consideraríamos bondosa uma pessoa que, tendo o poder de criar um mundo sem dor, cria deliberadamente o contrário. (André Cancian)*

– *Deus é um ser mágico que veio do nada, criou o universo e tortura eternamente aqueles que não acreditam nele, pois os ama. (Steve Knight)*

O princípio do Evangelho segundo João revela que Jesus, por delegação divina, formou o planeta Terra, do qual é o governante supremo, fazendo desse mundo um verdadeiro oásis, após milhões de anos de elaboração, e depositando mais tarde, nesse acolhedor berço planetário, o homem, em seus primeiros movimentos evolutivos. Por ser um elemento superior aos seres vivos que o rodeavam, o homem viu despertar em si os preciosos dons da razão e do livre-arbítrio, elementos novos de sua psique, os quais se encontravam nele ainda em estágio embrionário.

Submetido às leis universais a que tudo está sujeito e que regem a vida física, moral e espiritual de forma igualitária em todos os planetas, o homem começou a aprender empiricamente que "a toda ação corresponde uma reação igual e em sentido contrário" (como diz hoje a ciência), ou, por outras palavras pronunciadas mais tarde por Jesus, "a cada um será dado de acordo com suas obras". As leis divinas são educativas e não punitivas, pois sua meta é guindar o ser consciente do micro ao macrocosmo, ou seja, transformar o homem em arcanjo.

Na magistral definição de Léon Denis, "A alma dorme na pedra, sonha na planta, sente no animal, desperta no homem". Pode-se acrescentar: e sublima-se no anjo. Essa evolução se processa por meio da lei da reencarnação: o princípio imortal ou alma retorna continuamente à matéria, formando por atração magnética (no útero materno) envoltórios físicos de acordo com o grau evolutivo já alcançado, até atingir a perfeição, como o aluno que passa por todas as classes até atingir a colação de grau.

Logo, Deus não criou o mundo como se fosse uma sala de torturas para causar sofrimentos a seus filhos; os filhos é que, abusando de todas as mordomias que o Pai lhes concede e usando mal sua liberdade, se autopunem ao infringirem a lei divina. É o que diz o Eclesiastes, 7:29: "Deus fez o homem reto, mas ele se meteu em muitas astúcias". A mansão planetária é bela; o inquilino é que é um sugismundo, pelo menos uma minoria que, por ser atrevida, parece maioria. "Não adianta o mundo ser um jardim, se nesse jardim habitar uma fera." Quando o homem for melhor (e o sofrimento é um excelente lapidador desse diamante bruto), o mundo será harmonioso e feliz.

A lei da reencarnação

Quanto à lei da reencarnação, cabe aqui um adendo: ela não faz parte do imaginário mitológico das nações, como creem alguns. É lei tão real quanto a da gravidade. Foi ensinada de forma imperfeita na aurora das grandes religiões, como no Hinduísmo, sob o nome de metempsicose, e no Judaísmo, como ressurreição, ganhando depois foros de cidadania científica, no século XIX, com Allan Kardec, no Espiritismo. Kardec, a princípio, empregando todo o arsenal de seu poderoso raciocínio lógico, a refutava. Mas foi vencido e convencido pela imensa caudal de provas carreadas em seu favor pelas Entidades superiores. "Só ela explica o que sem ela é inexplicável." Não é lei para se crer, é lei para se estudar e conhecer, como qualquer lei da física.

Como Newton chegou à lei da gravidade? Supostamente observando a queda de um fruto. Como se chega à lei da reencarnação? Observando-se, por exemplo, o nascimento de uma criança. A inteligência não é hereditária. Pais broncos podem ter filhos inteligentes e filhos broncos podem ter pais inteligentes. Isto é de observação comum. Então, como se explica o fato de uma criança inteligente nascer de pais incultos? Pela psique. A psique, ao voltar à matéria, já acumulou inteligência em sucessivas existências passadas. Quanto mais vidas bem aproveitadas, mais sabedoria acumulada. Nada vem do nada. Ninguém nasce com dons gratuitos. Se Rui Barbosa reencarnar em sua família, você terá um filho muito inteligente; caso contrário, pode ter um filho comum ou obtuso. E Deus o permite porque é da lei da solidariedade universal que famílias bem-educadas recebam almas ainda rústicas para proporcionar-lhes oportunidade de evolução, e vice-versa.

A reencarnação é estudada hoje nas maiores universidades americanas. Médicos e cientistas famosos já constataram sua veracidade. Para citar apenas um: Brian Weiss (médico pela Universidade de Yale, considerado hoje o maior especialista em terapia de vidas passadas), em seu livro "Muitas Vidas, Muitos Mestres", ao ajudar uma paciente chamada Catherine a superar fobias e ataques de ansiedade, levou-a a regressar, pela hipnose, a vidas passadas, onde foi localizada a origem de seus problemas e obtida a cura, e de onde ela trouxe revelações extraordinárias sobre a imortalidade da alma.

– Deus deseja prevenir o mal, mas não é capaz? Então não é onipotente. É capaz, mas não deseja? Então é malevolente. É capaz e deseja? Então por que o mal existe? Não é capaz nem deseja? Então por que lhe chamamos Deus? (Epicuro)

Se o Criador fizesse tudo perfeito desde o início, onde estaria o mérito de suas criaturas? Se o filho recebe do pai tudo de bandeja, onde seu merecimento e sua felicidade? A plenitude vem da autorrealização, do ser provar a si mesmo que é capaz, e não da perfeição imerecida. Num Universo perfeito, habitado por criaturas perfeitas, todos estariam de camisola tangendo harpa, já que não haveria necessidade de aperfeiçoamento e de progresso, e o tédio seria infinitamente mortal, já que as almas são eternas. Não; a evolução é permanente. Só Deus sabe tudo.

Deus não fez o mal; o mal é criação do homem, quando transgride as Leis divinas. Ao proporcionar ao homem o progresso, principalmente o progresso moral e espiritual, Deus vai eliminando progressivamente o mal existente na humanidade. Ele sabe que a meta é a perfeição no Infinito e para esse objetivo vai conduzindo paulatinamente seus filhos. Mas como, segundo Jesus, Deus cria constantemente, sempre haverá almas em todos os estágios de evolução, do primário ao sublime. E sabemos que além dos universos físicos que conhecemos, há universos morais paralelos aos primeiros e espirituais paralelos aos segundos, pelos quais todos havemos de passar.

Essa é a rodagem da máquina universal que podemos conceber hoje. Querer saber mais que isso sem haver antes assimilado isso, é querer subir a escada sem haver construído os degraus. Sofisma o grego Epicuro. Mas com os conhecimentos de seu tempo, que mais poderia ele fazer?

– Por que eu devo permitir que o mesmo Deus que abandonou seu filho me diga como cuidar do meu? (Robert Green Ingersoll)

Deus não abandonou Jesus. O Cristo mesmo o disse a seus discípulos, pouco antes de sua prisão: "Eis que vem a hora e já é chegada, em que sereis dispersos, cada um para sua casa, e me deixareis só; contudo não estou só, **porque o Pai está comigo**" (Jo. 16:32). Aquelas palavras ditas na cruz ("Deus meu, Deus meu, por que me desamparaste?") eram a recitação que Jesus fazia do Salmo 22:1, escrito pelo rei David, e constante do Velho Testamento da Bíblia Sagrada. O evangelista registrou apenas a frase principal, por ser mais representativa do horror daquela hora, mas o salmo completo proferido pelo Cristo pode ser lido no capítulo citado e consiste de vários versículos. Jesus apenas consagrou o costume do povo hebreu, naquele tempo, de declamar salmos na hora da agonia. Após a ressurreição, três dias depois, ele diria a seus apóstolos: "**Todo o poder me foi dado no céu e na terra.** Ide e fazei discípulos de todas as nações, batizando-os **em nome do Pai,** do Filho e do Espírito Santo" (Mt. 28:18/9). Estranho abandonador esse, que no dia seguinte torna o desamparado plenipotenciário! Jesus não foi abandonado por Deus, Robert; talvez por você, por enquanto.

– *Não sou um ateu total, todos os dias tento encontrar um sinal de Deus, mas infelizmente não o encontro. (José Saramago)*

Quando um caçador experimentado levanta-se de manhã e vê pegadas de animais em torno de sua tenda, ele sabe, por aqueles sinais, que tipo de animal andou por ali. Quando um pensador experimentado olha, à noite, para o céu estrelado, ele percebe nesses sinais luminosos que foi a mão de um Ser Poderosíssimo que os criou. O grande Saramago, ao que parece, esqueceu-se de olhar para o céu. Ou olhou e nada percebeu, o que às vezes acontece até com os gênios.

– *E no 4,5 bilionésimo ano o homem disse: que haja deus. (Justin Thomas)*

Realmente, esse deus com "d" minúsculo foi criação do homem. Foi o mesmo deus que Nietzsche matou ou disse que tinha morrido e, logo depois, após dez anos de sofrimento atroz sobre um leito, morreria louco. Mas não foi Deus que, "injuriado", o puniu com a morte. Nietzsche morreu louco porque, segundo alguns de seus biógrafos, adquirira sífilis na mocidade, que lhe deu causa a um cancro no cérebro. Outros dizem que foi câncer. Pelo sim, pelo não, Deus continua vivo. E o velho Nietzsche também.

– *A superstição ofende mais a Deus do que o ateísmo. (Denis Diderot)*

Com todo o respeito que nos mereça o ateísmo, ele não é tão importante a ponto de ofender a Deus. Nem a superstição. Deus fica indiferente. Nenhum pai humano se ofenderia com as traquinadas de seu filho. Depois de lhe trocar as fraldas amareladas, ele o ajudaria a crescer e se tornar responsável.

– A afirmação de que Deus criou o homem à sua própria imagem está tiquetaqueando como uma bomba-relógio nas fundações do Cristianismo. (Arthur C. Clarke)

Esse conceito sobre a criação do homem é de Moisés. Bem interpretado, ele significa que Deus criou o espírito do homem à sua imagem e semelhança, porque, como ensinou Jesus à samaritana, **Deus é espírito**. Agora, a imagem de um deus matusalênico e de barbas sebosas, divulgada pelo cristianismo humano (porque há o Cristianismo do Cristo e há o cristianismo dos homens, não se esqueçam), é condizente com esse cristianismo com "c" menor que a ciência e o progresso estão encarregados de implodir.

– Para os peixinhos do aquário, quem troca a água é deus. (Mário Quintana)

De fato, enquanto o homem raciocinar como um bagre, toda a harmonia do Universo será fruto do nada. Mas esse mesmo Mário Quintana, que todos admiramos, também escreveu: "Não importa saber se a gente acredita em Deus; o importante é saber se Deus acredita na gente".

– Não só deus não existe como tente achar um encanador em fins de semana. (Woody Allen)

Nada como um dito chistoso para levantar a galera! Mas, quem dirige um filme como "Meia-Noite em Paris", é capaz de encontrar quantos encanadores quiser em qualquer dia do ano... e eletricistas, pedreiros, pintores...

Esquimó: – Se eu não soubesse nada sobre Deus e pecado, eu iria para o inferno?
Missionário: – Não, não iria se você não soubesse.
Esquimó: – Então por que você me falou sobre isso? (Annie Dillard)

Sem comentário.

Religião

– *Religião é uma coisa excelente para manter as pessoas comuns quietas. (Napoleão Bonaparte)*
– *Religiões são como pirilampos: só brilham na escuridão. (Sebastièn Faure)*
– *Quando uma pessoa sofre de um delírio, isso se chama insanidade. Quando muitas pessoas sofrem de um delírio, isso se chama religião. (Robert M. Pirsig)*
– *Todas as religiões são fundadas sobre o temor de muitos e a esperteza de poucos. (Stendhal)*
– *A ciência está aberta à crítica e implora a você que prove que ela está errada. Já a religião o condena se você tentar alguma prova contra ela. Ela te diz: aceite com fé e cale a boca. (J. Stock)*

Tudo isto está rigorosamente certo se se tratar das religiões organizadas e manipuladas pelos homens, aquelas de que dizia Marx serem o ópio do povo. Mas quando se tratar da Religião do Amor e da Ciência Divina, que Jesus trouxe de Deus e entronizou no seu Cristianismo, então nenhuma daquelas formulações acima tem razão de ser. Dessa Religião Divina, sem representantes terrenos nem templos de pedra, disse o Cristo: "Vem a hora, e já chegou, em que Deus não será adorado nem no templo nem no monte: Deus é espírito, e importa que os que O adoram, O adorem em espírito e verdade". E completou:

"Vós sois o templo do Deus vivo". Exigir mais é prova de cegueira moral.

– As pessoas defendem apaixonadamente a religião que receberam de seus pais. Defenderiam com igual paixão qualquer outra fé, possivelmente oposta, se tivessem nascido em outra família. (Richard Dawkins)

O que prova que o sectarismo é a doença infantil das religiões terrenas. A verdade é que a reencarnação situa o ser psíquico alternadamente em todos os povos, raças, nacionalidades e religiões, a fim de dessectarizar o espírito e, *conduzindo-o ao espiritualismo laico,* alçá-lo ao *status* de cidadão universal. Um dia todas as barreiras que dividem os homens cairão por terra. Nesse glorioso dia – como diz o Apocalipse – o reino da Terra será de Nosso Senhor Jesus Cristo.

– Eles vieram com a Bíblia e sua religião — roubaram nossa terra, esmagaram nossa crença e agora nos dizem que devemos ser gratos ao "Senhor" por sermos salvos. (Chefe Pontiac)

Sem comentário também.

Bíblia

– A inspiração da Bíblia depende da ignorância da pessoa que a lê. (Robert G. Ingersoll)

Já dizia o divino Mestre: "Graças te dou, ó Pai, Senhor do céu e da terra, porque ocultaste estas coisas aos sábios e entendidos do mundo, e as revelaste aos pequeninos. Sim, ó Pai, porque assim foi do teu agrado" (Mt. 11:25/6). Para o Cristo, ignorante é aquele, mesmo laureado, que não tem sensibilidade para as coisas divinas, e não a pessoa sem instrução. Os simples de coração encontram na Sagrada Escritura consolo para todas as suas provações, ao passo que um sábio poderá ver nela somente motivo de tropeço. Cada um se encontra.

– *Se mais cristãos lessem a Bíblia, haveria menos cristãos.* (Derek W. Clayton)

Isto é tachar todos os cristãos de ignorantes, numa generalização preconceituosa e deselegante que extrapola as mais comezinhas regras de convivência da etiqueta social. Nada é integralmente perfeito neste mundo. O livro sagrado dos cristãos não podia fugir à regra. Já se disse que a Bíblia é uma bigorna que tem consumido muitos martelos. Cada martelada arranca estilhaços do que não é essencial nela, deixando cada vez mais reluzente o seu coração de diamante.

Allan Kardec, referindo-se ao Velho Testamento, disse que há duas partes distintas na lei mosaica: a lei de Deus, promulgada no monte Sinai, e a lei civil, estabelecida por Moisés. Uma é invariável; a outra, porém, por ser apropriada aos costumes do povo de sua época, se modifica com o passar dos tempos. A lei de Deus está formulada de forma inequívoca nos Dez Mandamentos e é de todos os tempos e países. A maioria das outras são leis que Moisés estabeleceu, obrigado a conduzir, pelo temor, um povo naturalmente indisciplinado, no qual ele teve de combater arraigados abusos e preconceitos. Para imprimir autoridade às suas leis disciplinares, atribuiu-lhes origem divina, assim como fizeram todos os legisladores dos povos primitivos, como, por exemplo, Hamurábi, rei de Babilônia. Mas, além dos Dez Mandamentos, a Lei Divina está também contida nos Evangelhos e nos profetas bíblicos.

A Bíblia, pois, pode ser comparada àquele bloco de mármore do qual Michelangelo esculpiu Davi: ao extrair do bloco tudo que não era Davi, Davi apareceu. Quando o estudioso extrai da Bíblia tudo o que não é Deus, Deus aparece. Alguns exemplos *do que não é Deus* na Bíblia:

Em Êxodo, 21:7, a Bíblia autoriza que o pai venda a filha. *Deus não tem nada com isso.*

Em Levítico, 25:44, lê-se que o homem pode possuir escravos, homens ou mulheres, desde que comprados de nações vizinhas. *Deus não tem nada com isso.*

Em Êxodo, 35:2, afirma-se que o homem que trabalhar no sábado deve ser morto. *Deus não tem nada com isso.*

Diz-se, em Levítico, 21:16/20, que nenhum homem cego, ou coxo, ou mutilado, ou que tiver pé ou mão quebrados, ou corcunda, ou anão, ou míope, ou com sarna ou impingem, poderá se aproximar do altar de Deus. *Deus não tem nada com isso.*

Em Levítico, 19:27, lê-se que é proibido ao homem aparar a barba ou o cabelo das têmporas. *Deus não tem nada com isso.*

E, finalmente, em Deuteronômio, 22:5, proíbe-se a mulher de usar calças compridas. *Deus, principalmente neste caso, lava as mãos e jura por Deus que não tem nada com isso...*

Mas, por outro lado, quando Jesus diz: "Passará o céu e a terra, mas as minhas palavras não passarão", assinala que a sua palavra constitui a parte divina da Bíblia, alimento das almas e luz para os povos. Ou quando convida: "Assim como o Pai me amou, Eu vos amei: permanecei no meu amor", inaugura uma Nova Era para a humanidade, a Era do Amor Divino, passando um apagador no "vida por vida, olho por olho, dente por dente, mão por mão, pé por pé, queimadura por queimadura, ferimento por ferimento, golpe por golpe" estabelecido por Moisés, a chamada pena de talião (Êx. 21:24). E Moisés, segundo Números, 12:3, "era o varão mais manso dentre todos os homens que havia sobre a terra". Imaginem se ele fosse *brabo...*

Portanto, a palavra mágica que ilumina toda a Bíblia é esta: *Discernimento*. Segundo Mark Twain, "a maioria das pessoas se preocupam com passagens da Bíblia que não entendem, mas as passagens que me preocupam são as que eu entendo". Se você entender e souber discernir, não há motivo para preocupação.

Como diz o Salmo 119:105: "Lâmpada para a minha jornada e luz para os meus caminhos é a Tua palavra".

Em suma: a Bíblia não morde. Se mais cristãos e mais não cristãos a lessem como a lia Mahatma Gandhi, haveria mais pessoas iluminadas neste mundo. Gandhi, após ler o Sermão da Montanha, declarou: "Eu aceito o vosso Cristo, mas não aceito o vosso cristianismo". É que o verdadeiro Cristianismo ainda é desconhecido da humanidade. O cristianismo dos homens que anda pelo mundo – com todo o respeito aos homens bem-intencionados que laboram em seu meio – é ouropel, ao contrário do Cristianismo do Cristo, que é ouro do céu.

Quando os missionários chegaram pela primeira vez à nossa terra, eles tinham a Bíblia e nós tínhamos a terra. Cinquenta anos depois, nós tínhamos a Bíblia e eles tinham a terra. (Jomo Kenyatta, primeiro Presidente do Quênia após a independência)

Comentário aqui também é dispensável.

Reza

– É melhor ler a previsão do tempo antes de rezar por chuva. (Mark Twain)

– Se você rezar por chuva por bastante tempo, ela eventualmente cai. Se você rezar para que enxurradas se acalmem, elas eventualmente se acalmam. O mesmo acontece se você não rezar. (Steve Allen)

O dicionário dá os termos orar e rezar como sinônimos, mas, analisando bem, há significativa diferença. Rezar seria pronunciar palavras previamente estabelecidas, repetindo-as quantas vezes se queira ou lhe seja ordenado. O ato pode tornar-se mecânico, uma espécie de ladainha, com o suplicante falando uma coisa e muitas vezes pensando em outra. Já orar seria abrir o coração a Deus como a um amigo, em estreita comunhão espiritual, através das vibrações aconchegantes da prece. As palavras ou pensamentos, nesse caso, nascem espontâneos e há, como disse um santo, "mais coração sem palavras do que palavras sem coração". Enquanto a oração arrebata o orante em suas asas de luz, a reza o mantém chumbado ao solo e ligado ao burburinho ao seu redor.

O Estado de Israel, quando quis produzir no deserto, não foi rezar: meteu mãos à obra e, empregando modernas técnicas de irrigação e outros métodos avançados, transformou uma região desértica num cenário verde de rica produção agrícola e extraordinário potencial exportador de alimentos. Para se ter uma ideia, o índice médio de chuva no semiárido brasileiro é de 800 milímetros anuais, enquanto que, no deserto de Negev, em Israel, é de apenas 30.

A finalidade da prece não é modificar os fenômenos meteorológicos; ela provavelmente não fará chover na horta de quem ora, mas dará forças ao crente para enfrentar os desafios da Natureza, quaisquer que sejam, e sair deles triunfante. O fato de não chover quando se reza para chover não é prova da inexistência de Deus; é prova de que Deus não atende a ociosos. Duas mãos calejadas trabalhando arduamente são mais nimbíferas – desculpem –, eficientes que milhares de mãos macias unidas, em atitude de reza.

– *O deus capaz de pôr um câncer num crente certamente não se comoverá com orações. (Bret Harte)*

Em primeiro lugar, Deus não põe doença em nenhum de seus filhos, pois não é vingativo ou leviano como o homem. A doença é criação do próprio doente, quando agride a Lei divina. Assim como o homem, quando se empanturra de comida, sofre indigestão, da mesma forma, quando transgride as leis morais – odiando continuamente, encolerizando-se por longo tempo ou desejando o mal do próximo –, gera males na mente que, ao somatizarem, se transformam em doenças que podem levar à morte. Isto é comprovado hoje pela ciência, não é matéria de fé. Em segundo lugar, Deus realmente não se emociona com orações. Suas leis assemelham-se ao eco: são retributivas. A oração não tem o condão de modificar a Lei, mas pode fortalecer a coragem e a fé de quem ora. Isto é Justiça. A saúde integral, se existisse neste mundo, seria atributo dos que vivem aderentes à Lei.

– Eu rezei por vinte anos mas não recebi nenhuma resposta, até que rezei com as minhas pernas. (Frederick Douglass, escravo fugitivo)

Talvez a reza lhe tenha dado coragem para fugir, mas ele não o percebeu. Oração sem ação é tiro sem bala. Disse o divino Mestre: "Buscai e achareis". A Lei promete que você vai encontrar o que busca, mas você tem que mexer o esqueleto. "Ajuda-te e o céu te ajudará."

Fé

– Fé é o esforço para acreditar naquilo que seu bom senso diz que não é verdade. (Elbert Hubbard)
– A fé é a falência intelectual. Se o único modo de você aceitar uma afirmação é pela fé, então você está admitindo que ela não pode ser aceita por seus próprios méritos. (Dráusio Varella)
– Acreditar é mais fácil do que pensar. Daí existirem muito mais crentes do que pensadores. (Bruce Calvert)

A fé que se fundamenta no "crê ou morre", ou no dogmatismo que nada explica e tudo exige, já foi sepultada há muito tempo pelas pessoas racionais e de bom senso. A mentalidade do homem novo, de que falava o apóstolo São Paulo, só aceita hoje formulações que se alicercem na visão científica de uma fé esclarecida e clarividente, como esta, explanada por Kardec: *Fé inabalável é somente a que pode encarar a razão face a face, em todas as épocas da Humanidade. [...] A fé necessita de uma base, e essa base é a perfeita compreensão daquilo em que se deve crer. Para crer, não basta ver; é preciso, sobretudo, compreender* (OESE, p. 373/4).

O "creio porque é absurdo" de Tertuliano – o princípio da fé cega – não tem mais cabida no pensamento do homem moderno. A fé ensinada por Jesus é a fé raciocinante.

Crença

– Não é possível convencer um crente de coisa alguma, pois suas crenças não se baseiam em evidências; baseiam-se numa profunda necessidade de acreditar. (Carl Sagan)

– O cristianismo nos afirma que há um homem invisível, que vive no céu e vigia tudo o que fazemos o tempo todo. O homem invisível tem uma lista de 10 coisas que ele não quer que a gente faça. Se você fizer qualquer uma dessas coisas, o homem invisível tem um lugar especial, cheio de fogo, fumaça, sofrimento, tortura e angústia onde ele vai lhe mandar viver, queimando, sofrendo, sufocando, gritando e chorando para todo o sempre. Mas ele ama você! (George Carlin)

Os ateus prestam um excelente serviço à humanidade: por terem o intelecto afiado, eles ensinam o verdadeiro crente a sacudir o marasmo e a raciocinar com clarividência. Nesse deus de plástico, céu de celofane e inferno de papelão inflamável referido pelos descrentes, nenhuma pessoa de discernimento acredita. Pelo fato de as Leis de Deus estarem insculpidas na consciência do homem, segue-se que céu e inferno são estados de alma e não um local lá em cima ou cá em baixo para gozo ou punição. Quando perguntaram a Abraham Lincoln qual a sua crença, ele respondeu: "Quando faço o bem, me sinto bem; quando faço o mal, me sinto mal: esta é a minha religião". E essa é a religião de todo homem de bem, devidamente esclarecido, pertença a que crença pertencer.

De tudo o que fica dito, conclui-se que o que os ateus repelem é esse deus velhusco, reumático, caquético e de barbas tresandantes que as religiões humanas lhes querem impingir. Mas se alguém lhes acenar com o Deus-Amor, o Deus-Ciência e o Deus-Espiritualidade revelado por Jesus e pelo Espiritismo de Jesus, eles virão correndo e emocionados, como crianças amedrontadas voltando ao colo da mamãe.

Respeitemos, pois, a crença de cada um e a descrença dos ateus, que, mesmo não sabendo ou não querendo, também são filhos de Deus.

HOMOAFETIVIDADE: O QUE DISSE JESUS?

"Os homossexuais, quer queiram, quer não, serão sempre tangidos, pela lei da reencarnação, de volta à polaridade sexual condizente com a sua sinalética física."

Edith Modesto escreveu o livro **Mãe sempre sabe?**, publicado pela Editora Record. Ela e seu marido são professores universitários e têm sete filhos. Seu mundo ruiu quando descobriram que um de seus filhos era homossexual. O livro narra o longo percurso da escuridão para a luz que foi sua trajetória tormentosa. Edith era leiga no assunto. Mas se interessou, estudou, entrevistou, se informou, fez pesquisa de campo, foi confraternizar com os amigos de seu filho na boate. E fundou uma ONG (organização não governamental) intitulada GPH – Grupo de Pais de Homossexuais (www.gph.org.br). Pais e mães profundamente angustiados – e muitas vezes desesperados – com a descoberta de que seu filho ou sua filha é homossexual encontram nesse trabalho acolhimento, aceitação, compreensão e, sobretudo, as informações de que necessitam para enfrentar essa questão que tanto impacta suas vidas, bem como instrumentos emocionais e práticos para lidarem com esse aflitivo problema. É obra indispensável também a todos aqueles que foram tocados pessoal ou profissionalmente pelo tema da homossexualidade.

O livro estabelece várias premissas e constatações concretas que servem de importantes subsídios aos que se interessam pelo tema. Apresentamos a seguir uma interpretação bastante sintética das conclusões a que ela chegou:

1. Ela analisou os postulados científicos e viu que a ciência divaga e não tem resposta definitiva para o problema. Saiu a campo a fim de fazer suas próprias pesquisas, verificando, empiricamente, que a homossexualidade não é provocada nem transmitida por ninguém: é natural, espontânea, e nasce da própria pessoa. Isto não quer dizer que a pessoa a deseje. Pelo contrário: não é uma opção, pois ninguém gostaria de sofrer os preconceitos dela decorrentes. A maioria entrevistada por ela lutou fortemente contra essa vertente sexual, sem obter nenhum sucesso.

2. Verificou que homossexualidade nada tem a ver com mau caráter. A homo ou a heterossexualidade não influem na postura ética da pessoa. Seus integrantes podem ser bons ou maus, mas em decorrência de outros fatores, e não de sua orientação sexual. Descobriu também que o homossexual acaba tentando até ser melhor que as outras pessoas, em virtude de sua homofobia íntima.

3. Constatou que a homossexualidade não é doença física nem psicológica, na esteira do que já havia decidido a Associação Americana de Psiquiatria, em 1973 – que a classificou como uma variação possível e legítima de manifestação do desejo sexual –, o mesmo fazendo o Conselho Federal de Medicina, no Brasil, em 1985, em relação à classificação como desvio sexual, estabelecendo, em seguida, orientação aos psicólogos para a abordagem do tema.

4. Lista, em seguida, as várias fases do processo de aceitação por que passam as famílias que são surpreendidas com filho ou filha homossexual, tais como as fases da descoberta, da negação, da conformação e da aceitação.

5. Exorta os pais com filhos homossexuais a acolhê-los e protegê-los tanto quanto o fazem com os demais filhos, pois o que mais necessitam é de apoio, solidariedade e amor. Quando se sentem amados, eles têm autoestima, sentem-se seguros, comportam-se com dignidade e, muitas vezes, até unem mais a família em decorrência da quebra de preconceitos.

6. Fala, por fim, da importância da religião na vida das pessoas, para o desenvolvimento da personalidade nos jovens e o equilíbrio interior nos mais velhos, e que deveria constituir-se num caminho de busca de amor, solidariedade e compreensão para os homossexuais e suas famílias. Mas, infelizmente – diz ela –, não é o que acontece. A maioria das religiões não condena as pessoas por serem homossexuais, nem o afeto que demonstram entre si, mas sim as relações homossexuais. Dessa forma, as religiões tornam-se um complicador e um paradoxo para as famílias, que se veem divididas entre o amor que sentem pelos filhos e a fé que, em princípio, ilumina suas vidas.

Edith argumenta que, embora a Bíblia condene a homossexualidade em várias de suas passagens, nela não há nenhuma palavra de Jesus Cristo em apoio a essa condenação; muito ao contrário, Jesus fala de amor ao próximo, tolerância, compaixão e perdão. E cita depoimentos de pais católicos, evangélicos, judeus, budistas, espíritas e arreligiosos para demonstrar o conflito em que vive a maioria deles devido à falta desse apoio oficial das religiões.

O esclarecimento de Emmanuel

Em adendo a essa obra notável – nascida de um coração que sofreu muito, mas amou ainda mais, a ponto de sair a campo a fim de encontrar uma possível solução para o doloroso enigma –, podemos acrescentar reflexões da área espírita e do Evangelho de Jesus, com o fim de aprofundar e clarear ainda mais a questão.

Encontramos no livro *Vida e Sexo*, publicado pela FEB, uma esclarecedora página de Emmanuel, psicografada por Francisco Cândido Xavier, sob o título "Homossexualidade".

Ensina Emmanuel (e o que apresentamos aqui é uma compilação condensada de seus ensinos) que *a homossexualidade não encontra explicação nos estudos psicológicos que tratam do assunto em bases materialistas, mas é perfeitamente compreensível à luz da reencarnação.*

A ocorrência da homossexualidade na Terra vai crescendo de intensidade e de extensão, com o próprio desenvolvimento da Humanidade, contando-se hoje, em todos os países, extensas comunidades de irmãos em experiência dessa espécie, somando milhões de homens e mulheres, que solicitam atenção e respeito, em pé de igualdade ao respeito e à atenção devidos às criaturas heterossexuais.

A vida espiritual pura e simples se rege por afinidades eletivas essenciais; no entanto, através de milênios e milênios, o Espírito passa por fileira imensa de reencarnações, ora em posição de feminilidade, ora em condições de masculinidade, o que sedimenta o fenômeno da bissexualidade, mais ou menos pronunciado, em quase todas as criaturas. O homem e a mulher serão, desse modo, de maneira respectiva, acentuadamente masculino ou acentuadamente feminina, sem especificação psicológica absoluta.

Em face disso, a individualidade em trânsito, da experiência feminina para a masculina, ao envergar o casulo físico, demonstrará fatalmente os traços da feminilidade em que terá estagiado por muitos séculos, em que pese ao corpo de formação masculina que a segregue, verificando-se análogo processo com referência ao homem nas mesmas circunstâncias.

Obviamente compreensível, em vista do exposto, que o Espírito no renascimento, entre os homens, pode tomar um corpo feminino ou masculino, não apenas atendendo-se ao imperativo de encargos particulares em determinado setor de ação, como também no que concerne a obrigações regenerativas.

O homem que abusou das faculdades genésicas, arruinando a existência de outras pessoas com a destruição de uniões construtivas e lares diversos, em muitos casos é induzido a buscar nova posição, no renascimento físico, em corpo morfologicamente feminino, aprendendo, em regime de prisão, a reajustar os próprios sentimentos, e a mulher que agiu de igual modo é impulsionada à reencarnação em corpo morfologicamente masculino, com idênticos fins.

E, ainda, em muitos outros casos, Espíritos cultos e sensíveis, aspirando a realizar tarefas específicas na elevação de agrupamentos humanos e, conseqüentemente, na elevação de si próprios, rogam dos Instrutores da Vida Maior que os assistem a própria internação no campo físico, em vestimenta carnal oposta à estrutura psicológica pela qual transitoriamente se definem.

Escolhem com isso viver temporàriamente ocultos na armadura carnal, com o que se garantem contra arrastamentos irreversíveis, no mundo afetivo, de maneira a perseverarem, sem maiores dificuldades, nos objetivos que abraçam.

Observadas as tendências homossexuais dos companheiros reencarnados nessa faixa de prova ou de experiência, é forçoso se lhes dê o amparo educativo adequado, tanto quanto se administra instrução à maioria heterossexual.

E para que isso se verifique em linhas de justiça e compreensão, caminha o mundo de hoje para mais alto entendimento dos problemas do amor e do sexo, porquanto, à frente da vida eterna, os erros e acertos dos irmãos de qualquer procedência, nos domínios do sexo e do amor, são analisados pelo mesmo elevado gabarito de Justiça e Misericórdia. Isso porque todos os assuntos nessa área da evolução e da vida se especificam na intimidade da consciência de cada um.

Interpretando a fala de Emmanuel

Podemos destacar e *interpretar* os pontos básicos dessas reflexões de Emmanuel da seguinte forma:

1. A ocorrência da homossexualidade na comunidade humana, desde as eras primevas, *é uma experiência natural*, encontra-se em todos os povos e pede a mesma atenção devida às criaturas heterossexuais. Ou seja: *homos e heterossexuais merecem o mesmo respeito*.

2. Através dos milênios, *os Espíritos passam pela fileira imensa das reencarnações*, ora em posição de feminilidade, ora em condições de masculinidade, o que sedimenta o fenômeno da bissexualidade em todas as criaturas.

Dessa forma – como o espírito, para seu desenvolvimento integral, necessita de assimilar tanto as experiências da especialidade feminina quanto da masculina –, *após centenas de encarnações como homem,* ele passa a reencarnar *outro tanto como mulher,* e vice-versa, guardando alguns traços do sexo anterior, nas primeiras encarnações após essa mudança, *mas que em nada interferem em sua polaridade sexual na nova existência.*

Notemos, em primeiro lugar, que embora o espírito não tenha sexo (como ensina a Doutrina Espírita), ele tem *polaridade sexual,* ou seja, seu magnetismo ou energia interior preponderante lhe dá condições de imprimir no corpo em que irá encarnar a configuração masculina ou feminina, de acordo com a experiência mais intensiva que esteja vivendo no momento, em uma dessas duas vertentes, em sua trajetória evolutiva.

E notemos, em segundo lugar, que essa transição da masculinidade para a feminilidade, ou vice-versa, *quando ocorre dentro da normalidade da trajetória evolutiva,* é feita de maneira suave e tranquila, sem sobressaltos, assistida pelos mentores do Alto encarregados desse departamento espiritual perante a Lei. Nesse caso, mesmo em sua primeira encarnação no sexo oposto, o ser permanece na linha da heterossexualidade.

3. Após falar sobre a ocorrência de encarnações dos espíritos nas polaridades masculina e feminina, *dentro da normalidade da trajetória evolutiva,* Emmanuel trata agora do que ocorre *quando há infringência à Lei no campo sexual.* E esclarece que o espírito encarnado, do homem ou da mulher, *que abusou das faculdades genésicas,* arruinando a existência de outras pessoas com a destruição de uniões construtivas e lares alheios, *é induzido a reencarnar,* **em regime de prisão,** *em corpo de polaridade diferente da sua.*

Isto significa, por exemplo, que um estuprador ou uma mulher sedutora que use sua beleza para destruir lares alheios (ambos extrapolando, pois, de sua normalidade genésica), sofrerá, cada um por seu turno, a injunção compulsória e disciplinadora da Lei *em uma nova existência corporal inversiva,* a fim de que, purgando na carne o delito perpetrado, o Espírito abrande a sua agressividade libidinal e retorne ao equilíbrio de sua polaridade anterior. Será o início de várias encarnações como homossexual masculino ou feminino, visto que uma só existência dificilmente será bastante para a sua rearmonização espiritual e consequente quitação, nessa área, perante a Lei.

É necessário destacar, para que fique bem claro esse ponto, que, quando há inversão de sexo dentro da *normalidade da trajetória evolutiva,* o espírito se sente confortável e feliz em iniciar-se em uma nova área de aprendizado, e se integra com facilidade nessa nova sinalética sexual. Mas quando *essa inversão ocorre por imposição de resgate cármico* – ou seja, **em regime de prisão,** como diz Emmanuel –, o reencarnante é como que apanhado de surpresa em seu próprio laço e se sente completamente aturdido e perplexo na nova residência física (exatamente como constatou Edith), a qual, por ser oposta à sua polaridade sexual, não se lhe ajusta de forma nenhuma à polaridade interior, causando-lhe angústia e sofrimento indescritíveis.

Quando isto ocorre, ele tem que optar por um de dois caminhos: buscar esclarecimento espiritual para sua nova situação e aceitar com humildade e submissão a imposição corretiva da Lei, vivendo uma existência de resgate e renovação, ou, descartando esse primeiro caminho, dar guarida à revolta e à inconformação, opondo-se à Lei ao viver uma vida desregrada e promíscua, e aprofundando ainda mais seus débitos espirituais. É por isso que é correto dizer que *ser homossexual não é opção (mas imposição da Lei); a opção só ocorre na escolha da postura ou comportamento a ser seguido em sua nova existência.*

4. Por fim, Emmanuel fala de um terceiro caso de encarnação inversiva, que ocorre quando um espírito culto e sensível, aspirando a realizar tarefas específicas na elevação de agrupamentos humanos e de si próprio, *roga, dos Instrutores da Vida Maior que o assistem, a própria internação no campo físico, em vestimenta carnal oposta à estrutura psicológica pela qual transitoriamente se define.* A finalidade dessa *inversão voluntária* é evitar arrastamentos no campo afetivo, de maneira a não se desviar dos objetivos que houver abraçado.

Dessa maneira, constatamos que, a rigor, a homossexualidade só ocorre realmente no segundo caso.

No primeiro caso, a inversão é normal: suponhamos que o espírito tenha cem encarnações sequenciais como homem e, em seguida, cem encarnações sequenciais como mulher; ele sempre terá atração por mulher nas cem primeiras encarnações, e por homem, nas cem seguintes. No segundo caso, a homossexualidade é típica, porque o reencarnante, renascendo compulsoriamente e de chofre no polo masculino ou feminino, sempre terá atração por pessoa do mesmo polo. No terceiro caso, o que há é uma sexualidade mitigada ou edulcorada pela missão assumida, porque, embora ocorra a inversão, o missionário não está em encarnação normal nem corretiva, e sim voluntária e sublimativa, e não se permite atrair por nenhum dos polos.

Esclareça-se também que os espíritos, nas encarnações do primeiro caso, não encarnam de forma aleatória como homem ou mulher, com alternâncias frequentes de um polo para o outro, como é o entendimento de muitas pessoas. Eles têm dezenas ou centenas de encarnações num polo e, em seguida, dezenas ou centenas de encarnações no outro. E a transição de um polo para o outro ocorre sem nenhum transtorno para o espírito, exceto que ele manifestará certas características mais femininas em suas primeiras encarnações como homem, ou certas características mais masculinas em suas primeiras encarnações como mulher. Mas isso se decanta logo nos primeiros renascimentos e, em seguida, tudo volta à sua rota normal. Mesmo nessa fase de mudança de polaridade, a atração será sempre pelo sexo oposto. Quem cumpre a Lei recebe assistência espiritual especializada para não sofrer qualquer tipo de dissonância em sua marcha evolutiva.

Aprofundando ainda mais o tema, e de acordo com os apontamentos de André Luiz, o Instrutor Silas resume de forma abrangente e cristalina essas questões quando desenha o seguinte panorama, respondendo à pergunta de Hilário sobre os problemas inquietantes da inversão (paragrafamos o texto):

"Não será preciso alongar elucidações. Considerando-se que o sexo, na essência, é a soma das qualidades passivas ou positivas do campo mental do ser, é natural que o Espírito acentuadamente feminino se demore séculos e séculos nas linhas evolutivas da mulher, e que o Espírito marcadamente masculino se detenha por longo tempo nas experiências do homem.

"Contudo, em muitas ocasiões, quando o homem tiraniza a mulher, furtando-lhe os direitos e cometendo abusos, em nome de sua pretensa superioridade, desorganiza-se ele próprio a tal ponto que, inconsciente e desequilibrado, *é conduzido pelos agentes da Lei Divina a renascimento doloroso, em corpo feminino*, para que, no extremo desconforto íntimo, aprenda a venerar na mulher sua irmã e companheira, filha e mãe, diante de Deus, ocorrendo idêntica situação à mulher criminosa que, depois de arrastar o homem à devassidão e à delinquência, cria para si mesma terrível alienação mental para além do sepulcro, *requisitando, quase sempre, a internação em corpo masculino,* a fim de que, nas teias do infortúnio de sua emotividade, saiba edificar no seu ser o respeito que deve ao homem, perante o Senhor.

"Nessa definição, porém, não incluímos os grandes corações e os belos caracteres que, em muitas circunstâncias, *reencarnam em corpos que lhes não correspondem aos mais recônditos sentimentos, posição solicitada por eles próprios,* no intuito de operarem com mais segurança e valor, não só o acrisolamento moral de si mesmos, *como também a execução de tarefas especializadas,* através de estágios perigosos de solidão, em favor do campo social terrestre que se lhes vale da renúncia construtiva para acelerar o passo no entendimento da vida e no progresso espiritual" (AR, p. 209).

O que diz o Evangelho

De maneira geral, os estudiosos da homossexualidade comentam que Jesus nada disse sobre o assunto. Eu acredito que Ele falou, sim, a respeito, mas de uma forma velada e com outra nomenclatura. O que é preciso é levantar o véu da letra.

No capítulo 19 do Evangelho segundo Mateus, o Cristo é questionado a respeito do divórcio:

É lícito ao marido repudiar a sua mulher por qualquer motivo? perguntam-lhe os fariseus, para o experimentar. E Jesus responde: Não tendes lido que o Criador, desde o princípio, os fez homem e mulher e que disse: Por esta causa deixará o homem pai e mãe e se unirá a sua mulher, tornando-se os dois uma só carne?. De modo que já não são mais dois, porém uma só carne. Portanto, o que Deus ajuntou não o separe o homem.

Nessa resposta sintética, Jesus revela *a normalidade da Lei*: o ser humano foi criado homem e mulher para que, unindo-se os dois numa só carne, o gênero humano se perpetuasse, através da procriação, propiciando aos espíritos o meio necessário de evoluírem por meio da encarnação. "Crescei e multiplicai-vos", diz o Senhor em outra passagem (Gn., 1:28 – tradução de Matos Soares), santificando assim a família, porque o homem e a mulher deveriam deixar pai e mãe para constituir o seu próprio lar e, nele, criar seus filhos.

Portanto, o casal unido por Deus (ou seja, pelo amor), segundo a palavra de Jesus, é um dos institutos consagrados pelo Mandamento divino, não devendo ninguém trabalhar para a sua separação, sob pena de incorrer nas penalidades da Lei. A separação, se vier a ocorrer, deve ser de livre e espontânea vontade do casal, assumindo cada qual a responsabilidade que lhe couber pelo fracasso da união.

Quanto à união estável entre homoafetivos, com todos os seus consectários legais, é importante reflexionar sobre o que diz o editorial do jornal O *Estado de S. Paulo*, "A decisão exemplar do STF", de 07/05/2011:

"O Supremo Tribunal Federal (STF) sincronizou o Brasil com o século 21. Ao reconhecer por unanimidade a união estável entre homossexuais, a qual passa assim a ter *status* legal de família – como o casamento civil, a união entre um homem e uma mulher e a mãe solteira que vive com os filhos –, a Corte fez mais do que prover a igualdade jurídica que a Constituição assegura a todos os brasileiros. E que se sobrepõe, como fundamento do Estado Democrático de Direito, à definição, menos ou mais restrita, porém sujeita a mudanças, do conceito de família. O que a decisão tem de especialmente louvável *é a sua contribuição para o avanço do processo civilizatório no País.*

"Na atualidade, o grau de amadurecimento das sociedades nacionais se mede crescentemente pela legitimação da diversidade entre os seus membros. Segue-se cada vez mais ao pé da letra o princípio, ou o valor, segundo o qual as pessoas são livres para, nos limites da ordem jurídica, levar suas vidas como bem entenderem, desde que as suas escolhas não firam o interesse comum e os direitos de outros indivíduos. Obedecidos esses critérios, todos ganham e ninguém perde, como bem observou, no caso da chamada união homoafetiva, o ministro Carlos Ayres Britto, [...]: *'Não se pode alegar'*, afirmou, *'que os heteroafetivos perdem se os homoafetivos ganham'*. A rigor, ganha o País, à medida que a equiparação expande, no plano institucional, o espaço à tolerância, ajudando a disseminar a aceitação das diferenças e o respeito pelas minorias.

"Tampouco se pode alegar que a Justiça está 'institucionalizando a destruição da família', como reagiu um clérigo. Eles diziam exatamente isso em 1977, quando o Congresso aprovou o divórcio. Não consta que a família tenha sido destruída: *aliás, o que também querem os homossexuais é formar a deles com os direitos a ela associados: pensão, herança, adoção de filhos, plano de saúde* – em suma, a estabilidade jurídica de que desfrutam os parceiros de uma 'convivência pública, contínua e duradoura', como prevê a lei. [...]."

Não obstante os constantes e louváveis progressos que a legislação vem fazendo, em todo o mundo, em benefício dos homossexuais (e que merecem o apoio de toda pessoa esclarecida à luz do Evangelho), é preciso salientar que, pelo fato de não poderem procriar com seus parceiros – mesmo podendo, em algumas codificações, adotar –, eles estão impossibilitados de cumprir originalmente aquela ordenação do "crescei e multiplicai-vos", estabelecida na Lei divina, e, em decorrência disso, quer queiram, quer não, *serão sempre tangidos, pela lei da reencarnação, de volta à polaridade sexual condizente com a sua sinalética física.* É, portanto, uma situação transitória para eles, que se esvanecerá progressivamente com a evolução do ser, a sucessividade dos estágios encarnatórios e o retorno do Espírito a seu estado originário no campo da afetividade. Cessadas as causas da encarnação inversiva corretora, cessam os efeitos, voltando o Espírito à normalidade de sua imersão na carne, da mesma forma que, extintos os fatos geradores, as consequências cessam para os Espíritos encarnados com restrições no campo da visão, da audição, da locomoção, da atividade mental, e assim por diante.

É natural, portanto, que os homossexuais venham a constituir família e adotar filhos, recebendo assim o benefício de trabalhar, com amor, pela sua reabilitação perante a Lei. E quando eu faço essa afirmação, não quero dizer que *somente eles têm que trabalhar pela sua reabilitação*. Todos neste mundo, tanto homos quanto heterossexuais, estão em processo purgativo, reeducativo e reabilitatório, porque este é um planeta de provas e expiações e, com exceção dos missionários que peregrinam por aqui em missão sacrificial, todos os demais se encontram, cada um naquilo em que "pecou" (transgrediu a Lei), comprometidos com seu reerguimento moral e espiritual.

Os três tipos de eunuco

Continuando o diálogo de Jesus com os fariseus, estes voltaram a questionar:

Por que mandou, então, Moisés dar carta de divórcio e repudiar?. Respondeu-lhes Jesus: Por causa da dureza do vosso coração é que Moisés vos permitiu repudiar vossa mulher; entretanto, não foi assim desde o princípio. Eu, porém, vos digo: quem repudiar sua mulher, não sendo por causa de relações sexuais ilícitas, e casar com outra comete adultério [e o que casar com a repudiada comete adultério].

Disseram-lhe os discípulos: Se essa é a condição do homem relativamente à sua mulher, não convém casar. Jesus, porém, lhes respondeu: Nem todos são aptos para receber este conceito, mas apenas aqueles a quem é dado. Porque há eunucos de nascença; há outros a quem os homens fizeram tais; e há outros que a si mesmos se fizeram eunucos, por causa do reino dos céus. Quem é apto para o admitir, admita. (Colchetes do original.)

Para coroar a sua preciosa lição sobre esse assunto complexo e problemático, e deixar claro que seu entendimento integral estava reservado ao futuro, pois naquele tempo não havia ninguém que o pudesse entender em toda a sua profundidade (e provavelmente mesmo hoje ainda não há), o Cristo lavrou estas duas sentenças: "Nem todos são aptos para receber este conceito, mas apenas aqueles a quem é dado" e "Quem é apto para o admitir, admita".

E no meio dessas duas oportunas advertências estava o conceito renovador, dividido em três partes, a respeito dos eunucos (ou seja, homens castrados, que não podem procriar):

1. Porque há eunucos de nascença;

São os que nascem (homem ou mulher) compulsoriamente com polaridade sexual invertida e não podem procriar com seus parceiros. *É expiação.*

2. há outros a quem os homens fizeram tais;

Os guardas dos haréns, no Oriente, eram feitos eunucos, a fim de que os sultões pudessem confiar-lhes suas mulheres.

Outros são castrados para terem belas vozes. E outros o são por vingança. *É provação.*

3. e há outros que a si mesmos se fizeram eunucos, por causa do reino dos céus.

São os espíritos cultos e sensíveis, a que se referem Emmanuel e Silas, que solicitam do Alto e obtêm permissão para encarnar voluntariamente em polaridade invertida, a fim de se concentrarem integralmente em sua missão, sem se envolverem nas malhas da tentação e desviar-se de seu objetivo para constituir família. Sua família é a humanidade. *É sublimação.*

Quando Jesus disse que o homem e a mulher deviam viver em perfeita fidelidade, no matrimônio, por toda a vida (com a única exceção do caso de adultério, que justificaria, em princípio, a separação), os discípulos acharam isso muito difícil e retrucaram bem humanamente: Se essa é a condição do homem relativamente à sua mulher, não convém casar. E o Cristo respondeu *com a alegoria dos eunucos,* para atender os níveis de entendimento do homem em todos os tempos.

Se os homens ou mulheres que se fizeram eunucos por causa do reino dos céus podem abster-se voluntariamente do intercurso sexual por toda uma vida, por que um homem e uma mulher normais não podem, por uma existência inteira, se manter fiéis um ao outro e se satisfazer com relações sexuais exclusivas? Onde a impossibilidade? Quem são os grandes egoístas nesse caso?

Para finalizar este tópico, já muito alongado, vemos que a chave do aparente enigma se encontra, mais uma vez, na lei da reencarnação, sem a qual os homens continuarão patinando na busca de uma compreensão e um entendimento que a ciência e a filosofia humanas não lhes podem dar. Mas o Evangelho e a Doutrina Espírita podem. É só saber procurar. Se Edith Modesto tivesse aplicado essa chave à sua excelente pesquisa, isto seria como o confeiteiro coroar sua obra ao colocar a cereja no topo do bolo. Mas com cereja ou sem cereja, ela merece nossa gratidão e o mais caloroso reconhecimento pela seriedade e competência com que realizou seu trabalho.

E aos que se opõem às conquistas legislativas pelas quais tanto lutam os homossexuais, não nos esqueçamos de refletir sobre a definição magistral e irrebatível oferecida pelo ministro Carlos Ayres Britto:

"Não se pode alegar que os heteroafetivos perdem se os homoafetivos ganham".

A despedida mais dolorosa

QUANDO PARTE ALGUÉM QUERIDO

"Os mortos não são os ausentes, são os invisíveis."
Victor Hugo

Quando observamos a chegada da primavera, ficamos felizes com tanta variedade de cores e esbanjamento de vida, mesmo sabendo que, na sucessão das estações, tudo aquilo se desvanecerá, dando lugar, por fim, ao quadro friorento e desolador do inverno.

E por que não ficamos tristes com essa mutação permanente que ocorre nos quadros da natureza? Porque sabemos que, em sua infinita sabedoria, a natureza tem o poder de reconstituir toda aquela explosão de cores e encantamento com mais prodigalidade ainda, e que a primavera irá reflorir e nos encantar os olhos com redobrado esplendor em sua próxima estação.

Se isto acontece no cenário natural, por que não pode acontecer também entre os seres humanos, que representam, diante de Deus, o coroamento de toda a evolução do planeta? Para atingir a plenitude, o homem deve passar por muitas lutas e sofrimentos, visando à transmutação do metal comum de que é feito no ouro finíssimo de que será constituída futuramente a sua alma. E depois de tantos percalços, será possível que a natureza irá aniquilá-lo para sempre, através desse fenômeno natural chamado morte?

É certo que Deus não nos criou para nos matar, visto que o homem, segundo Jesus, está predestinado a receber a coroa da vida quando atingir o topo da evolução. A ciência confirma essa previsão celestial quando estabelece que, neste mundo, nem mesmo a menor partícula atômica pode desaparecer sem deixar vestígio. Isto acontece porque a natureza, que se manifesta através do poder transformador das coisas, repele a extinção da vida em todas as suas manifestações. E se tal ocorre com a natureza, por que não irá ocorrer com a alma, que vivifica o homem?

Erasto, na literatura espírita, define o escritor francês Ernest Renan, dizendo que ele é um "desses cegos inteligentes que explicam a seu modo o que não podem ver; [...]", e que, mesmo não sendo materialista, "pertence a essa escola que, se não nega o princípio espiritual, também não lhe atribui nenhum papel efetivo e direto no encaminhamento das coisas do mundo. [...]" (OP, p. 312).

Não obstante a justeza da definição, quando sua irmã faleceu aos vinte e um anos, Renan lhe fez a seguinte dedicatória, na abertura de seu livro *Vida de Jesus:*

"À alma pura de minha irmã Henriqueta (falecida em Biblo, em 24 de setembro de 1861)."

"Lá no seio de Deus onde repousas, recordas-te ainda daqueles largos dias de Gazir, onde eu, só contigo, escrevia estas páginas inspiradas pelos lugares que tínhamos visitado juntos? Silenciosa ao meu lado, ias lendo e copiando logo cada folha, enquanto se desdobravam abaixo de nós o mar e as aldeias, as quebradas e as montanhas. [...]."

"Disseste-me um dia que havias de querer muito a este livro, não só porque nele te revias, mas também, e mormente, porque contigo fora elaborado. Receavas às vezes que muito pesassem sobre ele os estreitos juízos do homem frívolo, mas nunca deixaste de crer que as almas verdadeiramente religiosas viriam enfim a apreciá-lo. No meio de tão gratas meditações veio cobrir-nos a asa da morte; colheu-nos à mesma hora o sono da febre. Eu despertei, mas só!... Tu dormes agora na terra de Adônis, ao pé da santa Biblo e das sacras águas onde vinham juntar suas lágrimas as mulheres dos mistérios da Antiguidade. A mim a quem tanto querias, revela, espírito amigo, as verdades que dominam a morte, que vedam que o homem a tema e que quase fazem que a deseje."

Se esse espírito quase agnóstico teve tal lampejo de espiritualidade ao evocar a alma da morta idolatrada, que desculpa teremos nós, que nos consideramos espiritualistas, se fraquejarmos diante do anjo que nos transportará à verdadeira Vida?

Evolução em grupo

Todos nós, os seres humanos, que somos constituídos de corpo e alma, vivemos simultaneamente em dois planos: no plano físico, onde a existência é transitória, e no plano invisível, povoado pelos imortais. Sendo o corpo humano perecível – por acidente, doença ou velhice –, a vida nos propicia o único meio de nos descartarmos dele, que é a morte. E quando isso acontece, nós, espíritos eternos, vamos habitar o outro plano que, um dia, por sua vez, os nossos entes queridos que ficaram na Terra irão habitar também.

Na verdade, uma vez que evoluímos em grupo, o que ocorre é apenas uma alternância de posições. Às vezes estamos aqui e nossos familiares estão lá; às vezes estamos lá e eles estão aqui; e às vezes estamos todos aqui e depois vamos todos para lá. E nada impede também de estarmos com eles, quando nossos corpos dormem, e de eles estarem conosco, quando nossos corpos vigiam. Os dois planos se mesclam e se confundem, na mais perfeita interatividade.

Não devemos chorar demasiadamente os nossos mortos queridos, porque Deus não merece essa demonstração de que acreditamos mais na finitude da vida do que na imortalidade da alma. Como ensinam as almas de luz, "tristeza prolongada é censura muda que se faz ao Criador". Com tanta dor maior do que a nossa campeando no mundo, o que devemos fazer é pedir perdão a Deus por só chorarmos uma perda quando é pessoal, ao passo que mantemos os olhos secos quando o sofrimento é do próximo.

Aprendemos em *O pequeno príncipe* que "o essencial é invisível aos olhos". Quando parte um ente querido é como se o amor se tornasse invisível, e, nesse caso, o melhor que fazemos é cultuá-lo no recesso de nosso ser. O coração, que é o domicílio do Amor, tem um segredo que somente a alma conhece, a chave para a cura espiritual do sofrimento que nasce daquela ausência.

Que segredo é esse que proporciona essa cura?

Quando o pintor Holman Hunt inaugurou seu quadro *A luz do mundo*, aconteceu um fato interessante. A tela mostrava Jesus à noite, diante de uma nobre mansão, trazendo uma tocha acesa na mão esquerda enquanto batia à porta com a outra. Logo após examinar a tela, um dos críticos de arte, que estava ao lado do pintor, observou:

– Mas, Sr. Hunt, esta obra não está acabada. Falta pintar o fecho da porta!

– Não, disse o artista, esta é a porta do coração. Ela só pode ser aberta pelo lado de dentro.

Assim, leitor amigo, quando a ausência do ser querido se tornar insuportável em sua vida, *experimente Jesus*. Ele é a Presença divina que luariza de paz o santuário da alma.

O MAIS DOLOROSO ADEUS

*"Quando a morte se aproxima de nós,
nós nos aproximamos de Deus."*

A partida de um ente querido para o plano espiritual é, sem nenhuma dúvida, a maior dor que um ser humano pode sentir neste mundo. Eu já passei várias vezes por esse momento difícil, principalmente quando morreram meus pais e meus sogros.

Sinceramente, com todo o conhecimento espiritual acumulado que adquiri através dos anos, pelo estudo sistematizado da nossa Doutrina consoladora, era para eu ter suportado esses golpes com menos abalo. Mas não foi bem assim. Embora não o demonstrasse por fora, muitas lágrimas me vazaram pelos condutos internos da alma.

Eu sei que a morte não existe. Mas saber é uma coisa e enfrentá-la em nosso entorno, quando ocorre a ausência de um ser querido, é coisa muito diferente. Muitas vezes me peguei falando sozinho, gesticulando no ar, e até mesmo ouvindo a voz do ente que partiu chamando o meu nome.

Seu cheiro permanece na casa, nos móveis, nas roupas que usava, em toda parte. A gente olha aqueles sapatos descansando num canto e parece que o dono logo virá apanhá-los. Sua imagem continua viva em nosso inconsciente, e quando um carro vira a esquina e um clarão de seus faróis relampeja no interior da casa, é como se a pessoa querida estivesse chegando.

Procurava orar, e a oração é um socorro maravilhoso, um bálsamo que suaviza muito o nosso sofrimento, mas leva tempo para a ferida cicatrizar. O problema é que se a cura é o esquecimento, eu não queria esquecer. Essa é uma ideia que nem passava pelo meu pensamento.

Eu me apegava muito a Deus e à fé, e essa foi a minha tábua de salvação. Aqueles diálogos silenciosos com o Pai Celestial em minhas preces, rogando-Lhe que acolhesse em Seu seio amoroso aquela pessoa amada que partia, foram me restituindo o equilíbrio e eu comecei a retornar serenamente para a realidade que me envolvia.

Uma pessoa nos deixou, mas a vida não morreu. A vida continuava presente em nosso dia a dia, exigindo atenção e nos preparando para a nova realidade. As pessoas que ficaram – os familiares, os parentes, os amigos, os companheiros – também contavam com o nosso reequilíbrio e a nossa participação. Os adultos esperavam nossa volta à vida normal. As crianças aguardavam nosso sorriso de cumplicidade.

Não temos o direito de amargurar a vida dos outros com a nossa angústia. Não temos o direito de tirar a alegria dos outros com a nossa tristeza. O luto da alma é inevitável por alguns dias, mas ele tem que ir se esvanecendo e clareando com o escoar das horas.

Por tudo que já havia lido sobre o assunto eu pensei que saberia enfrentar com destemor a hora borrascosa quando ela chegasse. E, realmente, meu conhecimento da realidade espiritual me ajudou muito na hora do sofrimento. Mas não foi um salvo-conduto que me livrasse dos solavancos da passagem. É impossível receber um soco na boca do estômago e dizer que não dói.

Busquei arrimo no Evangelho, na palavra do Cristo e dos mentores espirituais. Fortaleceu-me bastante a mensagem do Apocalipse, onde Jesus fala da chegada do novo Céu e da nova Terra, quando então não haverá mais morte, nem luto, nem pranto, nem dor, porque as primeiras coisas passaram. E o divino Mestre enxugará de nossos olhos todas as lágrimas. Isto foi como se mãos de anjos algodoassem meu coração.

Voltando a meus familiares, minha mãe foi a primeira a partir. Foi uma surpresa para todos nós porque ela aparentava estar muito bem de saúde. Mas um colapso a levou de repente e nós ficamos fora do ar, como se o chão se fluidificasse sob nossos pés.

Meu pai, porém, foi um desenlace mais ou menos esperado porque já estava bem avançado em anos e, além disso, se encontrava adoentado no leito, recebendo cuidados médicos. Fiz uma prece pública, no velório de ambos, para confortar a mim mesmo, a meus familiares, aos amigos presentes e, principalmente, às almas dos que partiam, que nessas horas precisam ser envolvidas em eflúvios suavizantes de paz.

No caso de meu pai, enquanto o cortejo acompanhava o féretro ao campo santo para o derradeiro adeus, eu acompanhava seu espírito em pensamento e o imaginava despertando meio sonolento no mundo espiritual e se perguntando: A quem devo me dirigir agora? E eu lhe respondia, num sussurro de prece: a Deus.

Assim, descobri que existem dois tipos de despedida: adeus e a Deus. Muitos participam do primeiro tipo. Poucos participam do segundo. Eu participei de ambos na despedida de meu pai. E fiquei muito confortado e feliz.

Três homenagens

MULHER, SUAVE MISTÉRIO

"Madalena é a metáfora viva da ressurreição, quando o ser humano decide transitar da treva à luz."

Jesus deu o primeiro passo, há dois mil anos, para a verdadeira emancipação da mulher. Até ali, os grandes mestres da humanidade só admitiam homens para seus seguidores e, quando admitiam mulheres, era com fortes reservas. Mas o divino Mestre, estabelecendo as diretrizes de um novo tempo, chamou carinhosamente mulheres e crianças para seu ministério divino. E reergueu, assim, a mulher, de seu estado de abjeta escravidão e submissão, às glórias inexcedíveis de seu Reino.

Madalena é o símbolo emblemático do renascimento espiritual de toda a espécie humana. De atormentada meretriz a núncia apostolar das boas novas da ressurreição, ela foi a lagarta que se transformou em borboleta, saindo do rés do chão em que vivia para librar suas asas de luz no azul do céu, naqueles dias de Cristianismo nascente.

Às vezes reflexiono que Maria, a doce mãe de Jesus, é que deveria ser a escolhida para anunciar a ressurreição. E me pergunto por que não o foi. Encontrei, mais tarde, a resposta nas próprias palavras do Cristo: "Eu não vim para os sãos, e sim para os doentes". Maria, pela sua santidade, já se encontrava espiritualmente no reino dos céus, enquanto que a outra Maria, doente da alma, era a avezinha de asas partidas que necessitava ser recuperada e reconduzida ao celeste ninho.

Olho com profunda emoção a tela debuxada por Humberto de Campos, em seu livro *Boa Nova*, quando pincela o primeiro encontro de Madalena com Jesus.

Ela ouvira as pregações do Senhor, perto da Vila principesca onde vivia entregue aos prazeres do mundo, e, sentindo-se tocada no mais fundo da alma, chorou amargamente. Um dia resolveu procurá-lo para expor-lhe o coração magoado e, como ovelha tresmalhada, pedir admissão em seu divino rebanho. Mas haveria salvação para ela? Jesus a aceitaria?

E a resposta do Cristo me encanta: *"Nunca viste a primavera dar flores sobre uma casa em ruínas?* As ruínas são as criaturas humanas; porém, as flores são as esperanças em Deus".

A imagem evocada por Jesus lhe honrava o espírito decaído, convidando-a para a renovação e o reerguimento. A partir daí, ela dedicou todos os seus dias à assistência aos desvalidos – principalmente os leprosos –, medicando-lhes as chagas enquanto lhes falava do Senhor Jesus, que, nessa época, já se encontrava no Reino celestial. Em breve, sua epiderme também apresentava aquelas manchas violáceas e tristes, que a levaram à morte.

Madalena é a metáfora viva da ressurreição, quando o ser humano decide transitar da treva à luz, com a diferença de que ela fez numa vida o que a maioria, não raro, leva inúmeras vidas para conseguir. E nestas condensadas linhas, singularizo nela todas as notáveis mulheres que iluminam a Bíblia, destacando, dentre todas, a Virgem Santíssima, escolhida por Jesus para participar de seu ministério como sua mãe naquele magno Evento.

A história registra o exemplo de outras mulheres notáveis cujos nomes seria impraticável registrar aqui. Muitas, ao largo dos tempos, têm sacrificado a própria vida pelo estabelecimento de um lugar mais justo e igualitário para a mulher na oscilante e opressiva sociedade humana. A maioria delas, com a brandura das rosas e a irresistência da água, continua avançando progressivamente para a meta. Com aquele olhar suave, aquele sorriso faceiro e aquele passo macio que nem um gato com PhD felino consegue imitar, vão conquistando, com refinada estratégia, a mente e o coração do mundo para a sua (e nossa) causa. Mas assim como os grandes surtos revolucionários do mundo requisitaram seus Gandhis e seus Napoleões para equilibrar a marcha evolutiva, o movimento feminista também tem passado necessariamente, desde o século XIX, pelas suas fases de diálogo e de radicalismo.

Não obstante tantas marchas e contramarchas, a imagem real da mulher permanece intangível em todos os corações amantes da paz e sabedores da sacralidade do ser humano, como a definiu muito bem Victor Hugo, em seu imortal poema "O homem e a mulher":

"O homem é um templo; a mulher, um santuário./

"Perante o templo nos descobrimos; perante o santuário nos ajoelhamos."

A primeira lágrima

Conta uma antiga lenda que no dia em que Deus estava elaborando o primeiro esboço de mãe, apareceu um anjo e perguntou:

— Por que tanta inquietude por causa dessa criação, Senhor?

E o Senhor respondeu:

— Você leu as especificações? Ela tem que ser totalmente lavável, mas não pode ser de plástico; deve funcionar à base de café e sobras de comida; ter um colo macio que sirva para acalentar as crianças; um beijo que tenha o dom de curar qualquer coisa, desde ferimento no joelho até namoro terminado; e três pares de olhos.

– Três pares de olhos, Senhor? E para quê?

– Um para ver através de portas fechadas, para quando alguém perguntar "o que é que as crianças estão fazendo lá dentro?"; um atrás da cabeça, para ver perigos imprevistos; e um par de olhos normais, para quando fitar alguém em apuros, lhe dizer sem palavras: "Eu te compreendo e te amo".

O anjo rodeou o modelo e suspirou:

– É muito delicada.

– Mas é resistente, rebate o Senhor. Você não imagina o que esta mãe pode fazer ou suportar.

– E ela pensa?

– Não apenas pensa, mas discute e faz acordos, explica o Criador.

Finalmente o anjo se curvou e, pousando os dedos no rosto do modelo, disse:

– Há um vazamento.

– Não é um vazamento, disse Deus. É uma lágrima.

– E para que serve?

– Para exprimir alegria, tristeza, desapontamento, dor, solidão...

– O Senhor é um gênio, disse o anjo, e se afastou.

Mas o Senhor, ficando sozinho, sentiu-se melancólico e murmurou para si mesmo:

– Essa lágrima apareceu sozinha; não fui Eu quem a colocou aí...

Mistério indevassável

Intrigado (não só eu, mas também as ciências psicológicas) com a complexidade do coração feminino – que as próprias mulheres não desvendam e a Divindade já desistiu de perscrutar –, fiz minhas pesquisas paralelas e, embora não tenha logrado êxito, posso dizer que passei casqueirando pela solução. E para amenizar um pouco o assunto, já de per si complicado, vou adaptar uma velha e inocente anedota para retratar esse caso curioso.

Certa vez, em sonho, entre as névoas aerófanas do Olimpo, eu conversei com Deus e pedi:

– Senhor, conte-me os segredos do Apocalipse, para eu corrigir e completar o meu livro *Brasil de Amanhã*, publicado pela Mundo Maior Editora.

– Meu filho, o que você pede até Eu tenho dificuldade para entender. Faça outro pedido.

– Conte-me, então, os mistérios do coração feminino.

Deus matutou, matutou, coçou a cabeça, e saiu-se com esta:

– Em que parte do Apocalipse você está mesmo interessado?

REFLEXÕES PARA O DIA DOS PAIS

"O que devemos de bom a nossos pais deve ser retribuído não só a eles, mas também reproduzido em benefício de nossos filhos."

Como acontece todos os anos, quando se aproxima o Dia dos Pais eu costumo recordar a figura um pouco austera de meu pai, que hoje se encontra na pátria espiritual. Ele foi um homem simples e teve poucos anos de escola. Era, no início, um humilde lavrador, mas quando o serviço escasseava na lavoura, mudava-se com a família para a cidade e tentava a vida nesse novo meio, ora como fabricante de doces caseiros, ora como leiteiro, ora como pintor de carroceria de caminhão e outras profissões comuns e artesanais da época, que não exigiam uma formação especializada.

Ele e minha mãe tiveram oito filhos. Minha mãe, que era analfabeta, costurava para ajudar na manutenção do lar. Quando a vida na cidade apertava, meu pai partia novamente com a família para a roça. E por causa desse muda-muda constante, eu, que me iniciei na escola aos sete anos, só fui completar o período primário quando contava quinze anos de idade, porque, em cada mudança que ocorria, sempre perdia o meio ano que estava cursando. Mas eu me orgulhava de minha bela escrita. Sempre que mudávamos, as professoras ficavam com meus cadernos de caligrafia...

Embora fosse um homem prático, meu pai era muito de se abstrair com facilidade, cismando solitário em seu canto. Um dia – nunca me esquecerei desse fato – eu estava sentado ao seu lado na cozinha de nossa casa, quando ele, saindo de suas divagações, abriu uma revista e me mostrou a foto de um tintureiro passando uma peça de roupa numa lavanderia. Apontando para a tábua de passar, disse com muita espontaneidade, e não como quem quisesse embutir uma lição: "Veja, meu filho: um homem não precisa mais que uma tábua dessas para ganhar a vida honestamente neste mundo". E voltou em seguida às suas cismas.

Era muito honrado e digno em suas atitudes, honesto em seus negócios e correto no que fazia. E embora fosse uma pessoa agradável no trato, não tinha facilidade em expressar seu carinho para com as pessoas e com os filhos. Receber um abraço dele era coisa rara. Beijar, então, seria um escândalo. Não obstante, forjou em todos nós, seus filhos, um caráter de nobreza e uma educação alicerçada no exemplo, criando uma família moldada nos melhores princípios de convivência e dignidade que alguém possa desejar.

Agradeço muito a Deus o pai que tive e espero ser o mesmo pai para meus filhos, apenas com uma pitadinha a mais de carinho e abraços a granel, naturalmente.

Proteção excessiva

Muitos pais, cheios de iniciativa e confiança, e que alcançam grande projeção na sociedade, geralmente querem transmitir essas mesmas qualidades dinâmicas a seus filhos. Mas caem na armadilha de protegê-los excessivamente, frustrando-se mais tarde ao verem que os filhos não correspondem a essas expectativas, visto que não se esforçam o suficiente porque já encontram todos os problemas resolvidos.

Lembro-me de ter lido certa vez uma carta que Norman Vincent Peale escreveu a um pai cujo filho não estava muito satisfeito no emprego em que se encontrava. O pai, meio encabulado, solicitava ao conhecido escritor e pastor protestante que auxiliasse o rapaz a mudar de emprego, sugerindo que telefonasse ao presidente de uma grande empresa e desse uma palavrinha em favor do jovem.

Peale era amigo do missivista e conhecia-lhe muito bem o filho. Por isso, em sua resposta, lembrava àquele pai ansioso que, na época em que o filho era pequeno, o pai sempre estava por perto quando o menino queria tomar uma decisão. E quase sempre lhe podava as asas. O dia em que o garoto quis construir uma casa suspensa num castanheiro, o pai convenceu-o a desistir da ideia; quando pensou em deixar a universidade e dar uma volta ao mundo às suas próprias custas, o pai persuadiu-o de que não convinha; ao encontrar uma moça com quem desejava casar-se, o pai interferiu, dizendo que ele era ainda muito jovem para assumir aquela responsabilidade. E o atual emprego no qual o rapaz não se sentia bem, não fora também arranjado pelo pai?

Não lhe seria difícil dar o telefonema, dizia Peale. Mas ao levantar o fone do gancho, teve um estalo e se viu pensando numa coisa muito estranha: um gato. Na tarde daquela sexta-feira ele viu todo mundo suspender o serviço e ficar olhando pela janela. No prédio em frente, um belo gato persa desfilava por uma platibanda estreita, vários andares acima do solo. Foi andando naquelas alturas até a esquina e aí estacou de vez, sem coragem de prosseguir e com medo de voltar atrás. Foi preciso chamar o corpo de bombeiros para salvar o bichano.

– Pois eu acho que a melhor maneira de ajudar seu filho é parar de interferir na vida dele, disse Peale. – Você sabe por que aquele gato chique ficou paralisado na platibanda? Porque tinha sido tão amparado e protegido a vida toda que não sabia o que fazer numa situação em que qualquer gato de rua seguiria calmamente para onde quisesse.

O pastor pediu-lhe que mandasse o filho procurá-lo, pois pretendia recomendar ao jovem que deixasse o emprego em que estava (e onde fora colocado pelo pai) e saísse pelo mundo, mesmo que assustado e inseguro, mas tendo a impeli-lo o sentimento de que precisava enfrentar a vida por si mesmo.

– Você sempre se orgulhou de seu filho – disse ele finalmente ao pai. – Dê-lhe agora a oportunidade de se orgulhar de si mesmo.

Ouvir em silêncio

Outros pais gostariam também de ajudar seus filhos, mas não têm a paciência necessária para ouvi-los e sondar-lhes o coração, a fim de descobrir por trás de suas palavras as verdadeiras necessidades que lhes perturbam a alma. Interpretam qualquer problema trazido pelos filhos como "é mais uma perturbação na minha vida!", em vez de ver neles uma importante oportunidade de solidariedade e companheirismo.

Stephen Covey, conhecido educador norte-americano, revela que, para solucionar esse problema, criou a prática de entrevistar seus filhos.

– A regra básica dessa "entrevista" – diz ele – é a de que eu apenas ouça e tente compreender. Não é um momento para moralizar, pregar, ensinar ou disciplinar – há outros momentos para isso; esse é o momento para simplesmente ouvir, compreender e demonstrar empatia. Às vezes tenho uma vontade tremenda de interferir e aconselhar, ensinar, julgar ou simpatizar, mas determinei para mim mesmo que, durante essas entrevistas especiais, tentarei somente compreender.

E narra um diálogo interessante ocorrido entre ele e um de seus ouvintes:

Um pai certa vez me disse:

– Não consigo entender meu filho. Ele simplesmente não me ouve.

– Deixe-me reformular o que você acabou de dizer – respondi. – Você não entende o seu filho porque ele não o ouve?

– É isso mesmo – ele respondeu.

– Deixe-me tentar de novo: Você não entende o seu filho *porque ele não o ouve?*

– É isso mesmo que eu disse – ele respondeu com impaciência.

– Achei que, para entender outra pessoa, *você precisasse primeiro ouvi-la* – sugeri.

– Oh! – ele disse. Houve uma pausa. – Oh! – repetiu, à medida que ia entendendo...

Stephen também lamenta o fato de o homem moderno ter por hábito se lançar no turbilhão da vida, subindo sofregamente a escada do sucesso para, no fim, muitas vezes, descobrir que a escada estava na parede errada.

E a escada sempre estará na parede errada, acrescentamos nós, se a família não estiver no topo.

Paizinho

O mais belo e amoroso exemplo que eu conheço de relacionamento entre pai e filho é o que acontece no Evangelho entre Jesus e Deus. Em Marcos, 14:36, ao dirigir-se em prece ao Pai Celestial, Jesus o chama de *Aba,* palavra aramaico-hebraica que, segundo alguns intérpretes, não significa simplesmente Pai – ou pessoa que tem a autoridade, o poder e o controle que muitas vezes essa palavra sugere –, mas exprime uma evocação de familiaridade, segurança, confiança e intimidade, sendo o seu verdadeiro significado reproduzido pela maneira carinhosa como as crianças tratam seus pais, chamando-os de "papai" ou "paizinho".

Jesus, numa prece, chamando a Deus de Paizinho! Que coisa linda! Que corrente de amor unificava esses dois corações! Devo dizer que essa palavra tão delicada e sua aplicação nesse contexto fizeram meu coração transbordar de doçura e encantamento. Na próxima vez que você orar, procure chamar Jesus de Paizinho, e você vai sentir um certo borbulhar acontecendo em sua alma...

Pai, papai, paizinho são palavras muito doces, e ouvi-las dos lábios de um filho é um dos maiores prazeres que nós, os pais terrenos, podemos sentir. Eu, que tenho três filhos encantadores, posso dizê-lo por experiência própria.

A meu ver, no âmbito da família, somente a palavra mãe pode estar impregnada de mais sentimento do que pai. Os pais não se importam absolutamente de ficar em segundo lugar nessa comparação. As mães sempre merecerão a primazia. Mas na data em que se comemora o Dia dos Pais, as mães que nos perdoem, pois quem deve ficar merecidamente na berlinda nesse dia (e sob o aplauso delas, com certeza) somos nós, os pais, e mais ninguém...

VIVER O NATAL

"Jesus era alegre e, apesar da vida trágica que viveu, deixou uma mensagem de alegria para todos aqueles que desejassem alimentar-se de seu Evangelho e seguir seus luminosos passos."

    É costume entre os escritores do mundo inteiro estampar nos jornais um conto triste na véspera de Natal para sensibilizar o coração de seus leitores. Eu não tenho nenhum conto inédito e tocante para contar à meia dúzia de amigos que me leem por desfastio, por isso vou reescrever e condensar um de Hans Christian Andersen sobre uma menininha pobre que vendia fósforos, imprimindo-lhe meu colorido pessoal.
    Fazia muito frito naquela noite escura e a neve estava caindo mansamente. Era véspera de Natal e as luzes festivas brilhavam através da vidraça das janelas. Uma garotinha pobre, vestida com uma roupinha limpa mas remendada, e sem nenhuma proteção na cabeça, caminhava pelas vielas, oferecendo palitos de fósforo aos raros passantes que buscavam apressadamente seus lares. Seus pés descalços tocavam e absorviam a frieza do solo, porque ela havia perdido seus chinelinhos na neve ao fugir pouco antes de uma carruagem desgovernada.

Não havia vendido nada até aquele momento e ninguém, nem mesmo por caridade, lhe oferecera qualquer moedinha de alguns vinténs. Trêmula e faminta, continuou caminhando pela rua quase deserta, sentindo o cheiro delicioso da ceia de Natal que se evolava das casas. "Ah, é véspera de Natal..." lembrou-se, tão perdida estava em seus pensamentos, recordando-se dos familiares, que a aguardavam em casa, à espera de alguns trocados que lhes diminuíssem a miséria.

Cansada e um pouco desanimada, sentou-se num desvão da esquina, encostando-se à parede áspera de uma velha casa. Seus pezinhos estavam congelados e ela sentia cada vez mais frio, mas não tinha coragem de voltar para casa, porque não havia conseguido nem um tostão e seu pai poderia surrá-la por isso. Além de tudo, sua casa também era tão fria quanto aquela rua.

Com as mãozinhas trêmulas ela pegou um palito de fósforo e pensou em riscá-lo para aquecer-se um pouco. Conseguiu esfregá-lo contra a parede, e a sua chama quente e colorida parecia uma vela! A garotinha inocente sentiu-se como se estivesse sentada diante de uma grande fogueira. Como era gostoso sentir o calor que aquela chama lhe transmitia! Logo que a luz se apagou, riscou outro, e mais outro, e mais outro...

Levantando-se um pouco até a vidraça e voltando o rostinho para dentro da casa, pôde ver no meio da sala uma mesa coberta com uma toalha alva como a neve, e sobre a toalha finíssimas porcelanas para o jantar. O ganso assado sobre a mesa, e recheado com ameixas e maçãs, enchia o ar com um cheiro delicioso e convidativo. Ela estava tão trespassada que teve a impressão de que o ganso, vendo-a tão triste e sozinha, saltara da travessa e viera correndo em sua direção... Nesse momento o fósforo se apagou e ela, caindo na realidade, se viu olhando novamente apenas para aquela parede fria na qual se encostara. Coitadinha! Parece que já estava delirando de fome e frio...

Acendeu outro fósforo e em sua luz maravilhosa imaginou-se sentada sob uma linda árvore de Natal. Centenas de lâmpadas piscavam em seus ramos verdejantes. A menininha estendeu os braços em direção a elas e seu fósforo se apagou. As luzes pareciam estar cada vez mais distantes. Então percebeu que já não eram mais as pequeninas lâmpadas da árvore que estava olhando, mas as estrelas do céu que tremeluziam no infinito, entre nuvens escuras, sobre a sua cabeça. Nesse momento viu uma estrela cadente cortar o céu e lembrou-se de sua avozinha, já falecida, que a amava tanto e que um dia lhe havia dito: "Quando uma estrelinha risca o céu é porque uma alma está subindo para Deus".

Riscou então o último fósforo que trazia e viu dentro de sua luz a imagem da avozinha querida, tão linda, tão meiga, tão doce! "Vovó", murmurou, já quase sem forças, "me leve com você! Eu sei que quando o fósforo se apagar a senhora vai desaparecer também". A sua avozinha nunca lhe pareceu tão bela e graciosa! Vovó então pegou a menininha nos braços e foi voando para bem longe deste mundo, deixando atrás de si uma esteira evanescente de luz. Ela estava levando a garotinha para um lugar distante onde não havia frio, nem fome, nem medo, nem falta de amor... um lugar onde é a morada de Deus.

Na manhã seguinte os transeuntes encontraram uma menininha deitada na neve, com o rostinho encostado na parede, trazendo um sorriso doce na face – ela havia morrido de frio na véspera de Natal. E as pessoas, vendo tantos palitos de fósforo queimados em seu derredor, diziam umas para as outras: "Ela queria se aquecer, pobrezinha!"

O outro Natal

Imagino um outro final para esse conto, um final feliz. A avozinha diria à querida neta que batesse à porta daquela casa, pois seus moradores eram bondosos e certamente a acolheriam alegremente em seu lar, o que realmente aconteceu. E logo em seguida, todos iriam visitar a família da menininha para levar uma parte da ceia e confraternizar com ela pelo resto da noite. E assim tudo terminaria entre luzes e festas.

Seria ingênuo imaginar que no mundo inteiro, com pequenas variações, não aconteçam dramas como esse, mas isso é decorrente da frieza do coração humano e não do Natal de Jesus. Jesus era alegre e, apesar da vida trágica que viveu, deixou uma mensagem de alegria para todos aqueles que desejassem alimentar-se de seu Evangelho e seguir seus luminosos passos.

O Natal de Jesus, cuja mensagem se estende radiosa por toda a sua existência, traduz júbilo e felicidade, desde o anúncio de seu nascimento feito pelos anjos, que traziam ao mundo "uma boa nova de grande alegria para todo o povo", até suas últimas palavras de perdão na cruz, porque o perdão só pode nascer de uma alma jubilosa e nunca de um coração amargurado.

Muitas vezes o Evangelho diz que Jesus exultava em espírito e agradecia a Deus pelas revelações que o Pai lhe permitia transmitir aos pequeninos. Outras vezes, Ele exortava o povo a se alegrar e erguer as suas cabeças, porque a redenção de cada um estava próxima. Segundo Jesus, o homem que descobre o reino dos Céus, vai e, "transbordante de alegria", vende tudo o que tem para adquirir aquele reino. "A vossa tristeza se converterá em alegria", disse Ele a seus seguidores presentes e futuros. "Outra vez vos verei, o vosso coração se alegrará e a vossa alegria ninguém poderá tirar. Até agora nada tendes pedido em meu nome; pedi e recebereis, para que a vossa alegria seja completa". E no dia da ascensão, abençoou seus discípulos e exortou-os a irem por todo o mundo pregar a todas as criaturas a boa nova, a boa notícia, a notícia alvissareira da ressurreição.

Contrariando a essência pacífica e jubilosa da mensagem evangélica, estudos e estatísticas revelam que nessa época de festas muitas pessoas se sentem solitárias e tristes no recesso de seus lares, enquanto outras se tornam consumistas por compulsão, comprometendo seu orçamento por todo o ano seguinte. São transtornos psicológicos de comportamento e sua solução é muito simples, está no Evangelho, e só não a encontra quem não a procura. Quando o ser humano entroniza o Evangelho no coração, o solitário triste se torna solidário feliz, dando e recebendo afeto em seu relacionamento com a comunidade, e o esbanjador compulsivo se torna adquirente moderado, porque passa a entender a impermanência das coisas, convertendo-se em senhor de sua vida e não em escravo de seus credores.

É claro que, se Andersen, como profundo conhecedor da psicologia humana e de sua vocação para o trágico e o patético, tivesse encerrado seu conto com um final feliz, ele não teria feito tanto sucesso. Há em tudo isso uma certa inversão de valores, a mesma inversão que ocorre nos dias de hoje, principalmente no que tange aos valores espirituais. Para dar um exemplo simples, basta lembrar que, graças ao martelante comercialismo da mídia e à passiva indiferença dos pais, Papai Noel, na época do Natal, faz mais sucesso no coração das crianças do que o próprio Jesus, que é a estrela do dia. O certo seria que o simpático e repolhudo velhinho fosse apenas um coadjuvante da alegria geral, e não o protagonista.

Está nas mãos dos operários da Nova Era o restabelecimento desse equilíbrio no mundo e o resgate da manifestação do verdadeiro sentimento natalino nos corações humanos. Eles devem ensinar o ser humano a vibrar de felicidade nessa época e não só a festejar o Natal, mas a vivê-lo nos seus corações.

A viver e sentir o Natal, acima de tudo, com Jesus, porque sem Jesus pode haver Papai Noel, mas não há Natal.

SEGUNDA PARTE: Poesia

*Publicar um livro de poesia
é como escrever a mil destinatários
sem pôr o endereço do remetente.*

DECÁLOGO DO POETA

I
Quando escreveres versos, cuida de pôr mais fogo em teus poemas, ou vice-versa. *(H. A. Maxson)*

II
Evita passagens cansativas em tuas odes, ainda que elas sejam de um só verso. *(Autor desconhecido)*

III
Conscientiza-te de que é fácil fazer versos; difícil é fazer poesia. *(Giuseppe Ghiaroni)*

IV
Ao flertares com as musas, lembra-te de que teu melhor cântico ainda não foi escrito. *(Gibran)*

V
Vê a poesia como pintura que se move e música que pensa. *(Émile Deschamps)*

VI
Poesia é o que Milton viu quando ficou cego, e que não verás nem quando exclamares: Vejo! *(Citado por Norman Vincent Peale)*

VII
Crê na perenidade de tua poesia se ela, ao se evolar como perfume, deixar em tua alma a essência da beleza. *(Jean Paul Richter)*

VIII
A poesia deve estar em tua alma como o rouxinol nos ramos. *(Alfred de Musset)*

IX
Não há poema em si, mas em mim ou em ti. *(Octavio Paz)*

X
Não te esqueças, por fim, de que, tendo Deus descansado no sétimo dia, tu e os demais poetas continuaram a obra da Criação. *(Mário Quintana)*

(Texto elaborado com adaptação do pensamento dos referidos autores.)

A PRECE DE KARDEC

"Senhor! pois que te dignaste lançar os olhos sobre mim para cumprimento dos teus desígnios, faça-se a tua vontade!"
Allan Kardec

Senhor de infinda bondade!
Que sobre mim teu olhar
Te dignaste pousar...
Faça-se a tua vontade!

Malgrado a insuficiência
De minhas forças, Senhor,
Deposito em teu amor
A minha humilde existência.

Talvez as forças me faltem...
Mas minha boa vontade
Não fraquejará e há de
Congregar os que te exaltem!

Nas graves lides diárias
Peço-te as forças reais
– As físicas e as morais –
Que me forem necessárias!

Bem sei que a tarefa é imensa!...
Mas tendo a tua presença
E a de teus anjos celinos,

Tudo envidarei, Senhor,
Para cumprir com rigor
Os teus desígnios divinos!

Fonte de consulta: OP, p. 283. Epígrafe: idem, ibidem.

MISSIONÁRIO EM CHEFE

"Ao te escolherem, os Espíritos conheciam a solidez das tuas convicções e sabiam que a tua fé, qual muro de aço, resistiria a todos os ataques."

Um Espírito

Kardec me abriu a mente:
Venci o medo da morte.
Hoje eu vejo claramente
Quanto é bela a minha sorte!

Ao ler os sábios do mundo
Lhes faço um salamaleque,
Mas a obra em que vou fundo
É sempre a de Allan Kardec.

E luarizo esse estudo
Nesta fé raciocinada:
Com Kardec temos tudo,
Sem Kardec temos nada.

Nos arraiais em que a obra
Penetre e seja fanal,
A Doutrina se desdobra
Em seu aspecto moral.

"É inabalável somente
A fé que pode encarar
A razão sempre de frente,
Em qualquer tempo e lugar."

Kardec em sua missão
Sempre foi, será e é
Sacerdote da razão
No templo augusto da fé.

Seu rosto exsuda ciência,
Sisudez, austeridade,
Mas na sua quintessência
Kardec é simplicidade...

Jesus é amor e perdão,
Kardec é razão e luz
– Com Kardec a Evolução,
– A Perfeição com Jesus.

Fonte de consulta: pensamentos respigados na Doutrina Espírita e em seus nobres expositores. Epígrafe: OP, p. 308.

AS CINCO ALTERNATIVAS DA HUMANIDADE

*"Se tenho razão, todos acabarão por pensar como eu;
se estou em erro, acabarei por pensar como os outros."*
Allan Kardec

I – Materialismo

A inteligência, que tudo esclarece,
Nasce com a carne e com ela perece.
O homem nada é, em sua essência,
Nem antes nem depois desta existência.

II – Panteísmo

Ao nascer, o princípio racional
É tirado do todo universal,
Mas se dilui no todo, ao expirar,
Como as gotas de chuva sobre o mar.

III – Deísmo

Deus criou normas para o firmamento,
Deixando a elas seu funcionamento.
Não se ocupando, assim, com o humano ser,
Nós nada temos a Lhe agradecer.

IV – Dogmatismo

Nasce a psique junto com a matéria,
Mas sobrevive à transição funérea.
Não há, porém, progresso após a morte;
Boa ou má, já tem selada a sorte.

V – Espiritismo

A alma preexiste ao nascimento
E sobrevive ao derradeiro alento:
Eu que evolui entre zilhões de *eus,*
Veio de Deus e voltará a Deus.

Fonte de consulta: OP, p. 192/200. Epígrafe: idem, ibidem, p. 349.

SÉRIE ANDRÉ LUIZ

"Educa e transformarás a irracionalidade em inteligência, a inteligência em humanidade e a humanidade em angelitude."
Emmanuel

Nas várias obras dessa coleção,
Cujo primeiro livro é *Nosso Lar*,
Vemos a vida agora a se expressar
Sob outra forma em nova dimensão.

Mas tanto a Terra quanto o Grande Além
São uma só, não duas realidades:
Há no invisível povos e cidades,
Templos e lares, como aqui também.

Lá como aqui, é o amor que redime,
Como também o sofrimento oprime
E regenera a quem o mal seduz.

Mas para o homem que no bem exulta,
Há nessa obra preciosa e culta
Um triunfal roteiro para a Luz.

Epígrafe: FV, p. 76.

NOSSO LAR

"Até hoje, André, você era meu pupilo na cidade; mas, doravante, em nome da Governadoria, declaro-o cidadão de 'Nosso Lar'".
Clarêncio

Existe uma cidade singular
Nas elevadas regiões do Umbral,
Que André Luiz descreve, magistral,
Dando-lhe um lindo nome: *Nosso Lar.*

Brilhante estrela o seu traçado exprime;
Tem aeróbus, Governadoria,
Bosque das Águas, bônus-hora em dia;
Tem Veneranda, essa mulher sublime.

Lísias, Narcisa, Ministro Clarêncio
E dona Laura, rompendo o silêncio,
Dizem da luz que Nosso Lar contém.

E nós sorvemos o que André ensina
Para que um dia essa Mansão divina
Seja, quem sabe, nosso lar também...

Epígrafe: NL, p. 343.

EMMANUEL

"Quem sabe, pode muito; quem ama, pode mais."
Chico Xavier

Os teus romances sobre o Cristianismo
Enchem noss'alma de sublimidade:
Em *Paulo e Estêvão* fulgura a verdade
Da luz do céu iluminando o abismo.

Há 2000 anos... mostra a imensa cruz
De Públio e Lívia, em distintos graus:
Ele era o orgulho a resvalar no caos;
Ela, a inocência a mergulhar na luz.

50 anos depois emociona,
Por *Ave, Cristo* a gente se apaixona,
Renúncia rasga estradas luminosas.

São o Evangelho retornando à Terra,
Trazendo a paz e dissolvendo a guerra,
Banhando o humano coração em rosas...

Epígrafe: OCX, p. 24.

CHICO E AS DUAS ÁGUAS

*"Quem crer em mim, como diz a Escritura,
do seu interior fluirão rios de água viva."*
Jesus (Jo. 7:38.)

No princípio, o médium, em seu apostolado
De viver o amor em doação fraterna,
Viu-se combatido e muito questionado,
Ficando aturdido e até mesmo magoado,
O que deu ensejo à intervenção materna:

– "Meu filho querido, quando a inquietação
Vier perturbar a tua intimidade,
A água da Paz é a grande solução:
Ela abranda a mente e adoça o coração,
Libertando o ser de toda ansiedade."

"Se em derredor a discussão perdura,
Trazendo tumulto à cidadela d'alma,
Coloca na boca um pouco de água pura,
Mas, sem engoli-la, mantém-na segura,
Lava nela a língua, que a tensão se acalma."

É assim que Chico Xavier se faz
Doador feliz da linfa apetecida:
Ao se ver envolto em tema que despraz,
Ou fechava a boca – e dava água da Paz,
Ou abria a boca – e dava água da Vida.

Fonte de consulta: LCCX, p. 55.

REFORMADOR

> *"A biblioteca espírita é viveiro de luz."*
> *André Luiz*

Dentro da choça singela,
O modesto lavrador
Soletra o *Reformador,*
À luz de mortiça vela.

E cheio de encantamento,
Com a alma envolta em luz,
Ele agradece a Jesus
Pelo doce ensinamento.

A sua rudeza nós
Abrandamos com o orvalho
Que desce etéreo do céu.

Mas disso que sabeis vós?
Nada sabeis. É o trabalho
Anônimo de Ismael.

Fonte de consulta: REF, julho/2013, p. 36 (274). Mensagem de Bittencourt Sampaio psicografada por J. Celani. Epígrafe: Idem, ibidem.

A MEUS IRMÃOS ESCRITORES

"E disse Deus: Haja luz. E houve luz."
Moisés

Da pena dos escritores
Rebrotam sonhos profundos
Que depois, entre fulgores,
Vão mover milhões de mundos.

Escritor que amadurece,
Simplifica seu labor:
Compõe como se estivesse
Conversando com o leitor.

Assim consegue transpor
De sua mente uma imagem
Para a mente do leitor,
Sem revelar a passagem.

Não é problema escrever:
Eleja o escritor um tema
E grafe o que lhe ocorrer.
Ocorrer... eis o problema!

Que se concentre em alíneas
Duma lauda imanifesta,
Até que gotas sanguíneas
Gotejem de sua testa...

Escrever (agora a sério)
É difícil de doer:
Não se banha em seu mistério
Só quem não sabe escrever.

Quem não quer ser complicado
E procura escrever fácil,
Põe a erudição de lado
E compõe de forma grácil.

Há palavras tão incríveis,
Como diamantes divinos,
E outras, inexprimíveis,
Por nos faltar violinos.

Hemingway nos ensinava,
Com sutileza felina,
Até como um gato andava
Ao contornar uma esquina.

Quem busca servir o povo
Deve em seus textos tornar
Familiar o que é novo
E novo o familiar.

Se quiseres sufocar
Um pensamento elevado,
Basta somente o expressar
Com farto palavreado.

Escreve o quanto precises,
Mas, para um texto elegante,
Dois termos nunca utilizes
Onde só um for bastante.

Nos grandes mestres da língua
É bem raro o adjetivo:
À proporção que este míngua,
O texto fica mais vivo.

A sentença, longa ou breve,
Ganha vida e se rebela:
Quem a profere ou escreve
Deixa de ser dono dela.

Precauções. Quem sempre as toma
Por norma ou diretriz,
Faz-se mestre do idioma,
Não escravo do que diz.

Nenhum crítico marrom
Vai decretar o teu fim
Se teu trabalho for bom,
Ou te salvar, se ruim.

Se rediges como louco
Para dizer o que pensas,
Pensa mais e escreve pouco,
Dando mais cor às sentenças.

Escreve a língua *falada*
E foge da língua *escrita:*
A frase espontânea agrada
E deixa a língua bonita.

Se a inspiração bate à porta,
Escreve a jorros, desfruta,
Depois corta, corta, corta,
Deixa a redação enxuta.

Poupa ao leitor a maçada
De perder-se no que escreves:
Uma frase prolongada
Não é mais que duas breves.

Quando desfranzes o cenho
Ao ler um texto em contexto,
É porque foi grande o empenho
Para escrever esse texto.

Não corras atrás das filas
De borboletas assim:
Se tens por meta atraí-las,
Cultiva mais teu jardim.

Não é fácil de colmeias
Tirar mel sem "levar míssil",
Mas *desembarcar ideias*
No teclado é mais difícil.

Bom livro é o que te respeite
E, após lido cem por cento,
É fechado com deleite,
Surpresa e aproveitamento.

Livro bom também é o que
Bisbilhota a nossa mente:
Ao passo que a gente o lê,
Ele também lê a gente.

Deve em seu livro envolvente
Estar o autor de alto nível
Em toda parte presente
E em toda parte invisível.

Diverge o autor sem cultura
Do autor de finas lavras:
Este faz literatura;
Aquele escreve palavras.

Escrever é superar
As névoas interiores.
Não te permitas passar
Essas névoas aos leitores.

Redigir bem é possível;
Escrever mal é frequente.
Para ser inteligível
Tem que ser inteligente.

Com seus poderes criadores
Deus compôs a Grande Obra;
Desde então, com os escritores,
A Criação se desdobra...

Nota nº 5: *Poema composto com pensamentos reelaborados de Escritores do mundo inteiro.*

AO ESCRITOR ESPÍRITA

"Sua mão escreverá belas páginas, atendendo a inspiração superior; no entanto, se você não estampar a beleza delas em seu espírito, não passará de estafeta sem inteligência."

André Luiz

Pensa e cria, homem puro,
Olhando o porvir de frente:
*Os impérios do futuro
São os impérios da mente.*

Expõe com alma de neve
Tua intuição da Verdade:
*Já sabes que quem escreve
Conversa com a humanidade.*

Sê na escrita sensato,
Põe na lauda o coração:
*Mais fere a pena de pato
Que uma garra de leão.*

Aqueles que veem deslizes
Até mesmo em tuas frases,
*Podem não crer no que dizes,
Mas hão de crer no que fazes.*

Quem só palavras manobra,
N'alma do povo não cala,
*Porque discurso sem obra
É como tiro sem bala.*

Tantos falam sem saber
Quando há guerra entre as nações,
*Porém quem sabe escrever
Pode calar os canhões.*

Neste princípio do fim,
Cautela nunca é demais:
*Transigir com os homens, sim,
Mas com os princípios, jamais!*

Toda contenda alimenta
Rivalidade e desfrute:
*Quem tem razão, argumenta,
Mas quem não a tem, discute.*

Quem a luz do bem espalma,
Visa sempre ao coração,
*Pois a educação da alma
É a alma da educação.*

Sonha no *Espiritualismo*
O homem que ama a Verdade,
Desperta no *Espiritismo*,
Luz na *Espiritualidade*.

Ousar pode ser um salto
De luz, se visa a ideais:
*Ousa sempre para o Alto
E nunca ousarás demais.*

Portanto, nos livros teus
Semeia o Bem e sorri:
*Enquanto esperas por Deus,
A Terra espera por ti.*

Fonte de consulta: conceitos hauridos na literatura espírita e nos grandes pensadores universais. Epígrafe: AC, p. 125.

JESUS E A MULHER ADÚLTERA

> *"Se um homem adulterar com a mulher do seu próximo, será morto o adúltero e a adúltera."*
> *(Lv. 20:10.)*

Ela fora apanhada em flagrante adultério.
E o adúltero, irmãos? Ninguém sabe. Mistério...

Rosna a lei de Moisés que ambos devem ser mortos,
Mas que importa se a lei tem intérpretes tortos?

Fora tudo armação dos doutores da lei?
Imagino. Presumo. Excogito. Não sei.

Conhecendo, porém, seu furor de mastim,
A mulher era o meio e o Cristo era o fim.

O que importa é que ao termo da trama de aço
Fosse o Cristo apanhado em fatídico laço.

A verdade é que ela, a mulher impudente,
Foi levada em tumulto, os doutores à frente,

Insultada, agredida, entre olhares devassos,
A roupagem rompida e arrancada aos pedaços.

Assustada, soluça, e a vergonha a domina:
Lapidada na praça... a mais torpe ruína...

Mas que pode esperar dos irmãos em discórdia?
A sentença fatal... nunca a misericórdia.

Eles clamam por morte e nas mãos retesadas
Brandem pedras letais, armas improvisadas.

Segue a turba, a cainçalha, a alcateia que espuma...
A gazela acochada... a manhã sob a bruma...

Quando avistam, por fim, o local colimado,
A esplanada do Templo, o recinto sagrado.

Fala ao povo Jesus, assentado no Templo,
Dando vida ao amor com seu vívido exemplo.

Soleniza o perdão, sacraliza a família,
Da conquista da paz celestial dando a trilha.

Eis que irrompe, em tropel, o magote agressivo,
Apupando e atiçando o seu bicho cativo.

É arrojada na arena, entre os brutos sanhudos,
Qual se fora animal sob chuços agudos.

Humilhada e ferida em seus imos refolhos,
Cruza as mãos sobre o seio e ao chão baixa os olhos.

Punge-a a amarga desonra e lhe pesa o delito,
Mas sufoca em su'alma a evasão desse grito...

– Mestre! – brada o Catão – a mulher a teus pés
É uma adúltera vil e, na lei, diz Moisés

Que sucumbam a pedra essas tais infelizes.
Tu, que és Filho de Deus e Remestre, o que dizes?

Percebendo o Senhor a malícia que aberra,
Inclinando-se, pôs-se a escrever sobre a terra.

Esse gesto, por certo, em seu trâmite oculto,
Ensejava esvair o rancor e o tumulto.

Como os bravos truões insistissem aos brados,
Se empertiga Jesus, fita os túm'los caiados,

E profere: – Entre vós, quem for casto e quiser,
Seja então o primeiro a apedrar a mulher.

E se inclina de novo, em total solidão,
Dando as costas à turba, a escrever sobre o chão.

A consciência os acusa, arrefecem-se os prélios,
Caem os seixos das mãos e, de início, os mais velhos

Vão saindo à sorrelfa e puxando o capuz,
Só restando, por fim, a mulher e Jesus.

O Senhor se alevanta e não vendo ninguém
(Pois a corja vazara e escoara-se além

Pelo ralo, a sentina, o covil do covarde,
Que só em face do fraco o poltrão faz alarde),

Perguntou à mulher se ninguém a culpou.
– Não, Senhor – ela bale. E seu rosto corou.

– Eu também não te culpo – ameniza o Senhor –;
Vai e não peques mais, soa o Mestre do Amor.

Por que não a incrimina Jesus? Isto eu sei:
Antes já se onerara a mulher ante a Lei.

O que o Cristo podia, e o fez com carinho,
Foi vesti-la de fé, ao mostrar-lhe o caminho,

O caminho que leva o pecante a remir-se,
E remido, por fim, em Jesus foragir-se.

Eis a dessemelhança entre o Cristo e Catão:
Neste, o ranço e o poder; n'Ele, a graça e o perdão.

Compaixão é uma flor tão suave e divina
Que só pode florir quando o ser se ilumina.

Poema inspirado no Evangelho segundo João, 8:1/11.

EXORTAÇÕES DE UM ANJO DA GUARDA

"Não te ajudar a viver seria não te amar."
O *Espírito Verdade*

Ó tu, minha princesa esfarrapada,
Tão jovem ao trabalho arremessada!
Sujeita às privações e aos lamentos,
Nublam-te a face tristes pensamentos.
Cessa o orvalho desses prantos teus...
Enxuga as lágrimas e pensa em Deus!
Confia n'Ele e evoca-O com carinho,
Pois Ele ampara a um simples passarinho!

Bem sei que as festas, bem como os prazeres
Que embriagam neste mundo os seres,
Fazem pulsar-te forte o coração...
Tu desejaras, com toda a emoção,
Dando acolhida aos íntimos apelos,
Ornamentar de flores teus cabelos
E misturar-te às jovens venturosas
Que passam flutuando, muito airosas...

Dizes somente a ti que gostarias
De ser como essas damas que aprecias
E vês bailar, garridas e risonhas,
Em seus vestidos... e com isto sonhas!
Oh! cala-te, menina! Se soubesses
(Ouvindo o coração em tuas preces)
As chagas que compungem esses entes,
Não quererias sentir o que sentes!...

Se soubesses das muitas amarguras,
Das dores mudas dessas criaturas,
Preferirias, só, no teu retiro,
Tua pobreza... sem nenhum suspiro!
Pois sob as vestes enfunadas, elas
Dissimuladas trazem mil mazelas,
Como se fossem negra cicatriz,
Enquanto a orquestra ressoa feliz...

Conserva-te, ó criança, virginal
E aninha-te no Pai Celestial,
Se não quiseres que teu anjo amigo,
Deixando-te infeliz ao desabrigo,
Retorne a Deus, porém, velando o rosto
Com suas asas, em mortal desgosto,
Sabendo que tu ficas sem guarida
Talvez penando duma a outra vida...

Fonte de consulta: OESE, capítulo VII, item 11, p. 167/8. Epígrafe: OP, p. 276.

MOSAICO

*"Descobri os segredos do mar meditando
sobre a gota de orvalho."*
Gibran

Investimento

Crê, irmão, no semelhante
E desculpa-lhe a crueza:
*Pode haver um diamante
Oculto em sua rudeza.*

Habilidade

Mesmo em momentos fatais,
Quando tudo quer falhar,
*Não deves cortar jamais
Onde possas desatar.*

Choro

Com tanta consternação
Os vossos mortos chorais,
Que nos passais a impressão
De que vós sois imortais...

Vaticínio

A profecia, no fundo,
Quando se cumpre, ela ensina
*Que quem governa este mundo
É a Providência divina.*

Casamento

Não te amei quanto devia,
Mas, preocupado contigo,
Sempre em tua companhia
Permaneci como amigo.

Compreensão

Quem não sabe compreender
Um olhar do coração,
Também não vai entender
Uma longa explicação.

Evangelização

Quem valoriza a esperança,
Não perde a oportunidade
De falar a uma criança
No nome da Divindade.

Ideias

Nenhuma ideia é perfeita
Por mais que inspire certeza,
Mas quando imposta é suspeita,
E trai a sua fraqueza.

Dúvida

Nossa alma é essa cousa
Que, quando se encontra triste,
Escrevendo a giz na lousa,
Pergunta se a alma existe...

Serenidade

No santuário da alma,
Onde as coisas são estáveis,
A Verdade é sempre calma:
Arroubos são dispensáveis.

Convivência

Num mundo armado de míssil,
Começo a compreender
Que viver não é difícil:
Difícil é conviver.

Convicção

Passando o Cosmo em revista,
Eu não acho verdadeiro
Que esse relógio exista
Sem haver relojoeiro.

Fonte de consulta: pensamentos respigados na Doutrina Espírita e em seus nobres expositores.

REFLEXÕES

*"Tu és pó e ao pó retornarás não
foram palavras ditas à alma."*
Henry W. Longfellow

Visão

Para criaturas preclaras
(Dizem sagrados compêndios),
*Num grão de areia há searas
E numa brasa, incêndios.*

Precisão

Num Universo pautado
Pelo pulsar do segundo,
*Só quem é mal-informado
Quer meter marcha no mundo.*

Sabedoria

No mundo, até mesmo um santo,
Muitas vezes, há mister de
Temporizar, pois *enquanto
Se embaralha, não se perde.*

Determinação

Para ser bom vencedor
Não vale desanimar:
*Todo santo é um pecador
Que progrediu sem parar.*

Serviço

Num mundo em que existem tantas
Crianças pobres que imploram,
*Mãos que servem são mais santas
Do que lábios que só oram.*

Vigilância

A dor está vigilando,
No seu poder reverendo:
*Os que se aviltam gozando,
Se regeneram sofrendo.*

Prudência

Lição para quem regressa
Às luzes do Tabernáculo:
*Vidente às vezes tropeça
E cego evita obstáculo...*

Realidade

Ai de quem, em passatempo,
Passa o tempo com sandeus:
*O céu é Deus sem o tempo,
O inferno é o tempo sem Deus.*

Raciocínio

Que o homem sério reflita
Na pena eterna – esse mito:
*Não pode causa finita
Gerar efeito infinito.*

Equilíbrio

Na morte, a alma se adorna
Da lei das obras, que a escolta:
Quem parte em luz, não retorna,
Mas quem parte em trevas, volta.

Escolha

Faze a opção – e profundo
Discernimento põe nisto:
A cruz de ferro, com o mundo,
Ou a de palha, com o Cristo.

Solução

Dor, sofrimento, infortúnio...
Tua vida é vasta cruz?
Mas há luz no fim do túnel:
Experimenta Jesus.

Fonte de consulta: conceitos hauridos na Doutrina Espírita e nos expoentes da sabedoria universal.

RENOVAÇÃO

*"Se você aproveitar o tempo a fim de melhorar-se,
o tempo aproveitará você para realizar maravilhas."*
André Luiz

Mediunidade

*Mediunidade é couro.
E para que essa palavra
Perca o "c" e vire ouro,
Depende de nossa lavra.*

Perfeição

Espírita consciente
Cresce em duas direções:
*Renova-se moralmente
E doma suas paixões.*

Perseverança

Mesmo que falhas te apontem,
Procura, irmão, hora a hora,
*Ser hoje melhor que ontem
E amanhã melhor que agora.*

Doação

Tanto nos planos supremos
Quanto na Terra onde estamos,
*Nós não temos o que temos,
Nós só temos o que damos.*

Apego

Ó cristãos! vos apegais
Tanto aos bens da humanidade,
Que por certo não contais
Com os bens da Eternidade!

Desapego

Quem trilha a estrada da luz
Medite nesta verdade:
O Cristo só teve a cruz
Por sua propriedade.

Alerta

Sem perseverança séria
Dentro da aura do Cristo,
Todo retorno à matéria
É queda. Não mais que isto.

Tristeza

Estás triste? Pede ajuda
Para sair dessa dor:
Tristeza é censura muda
Que se faz ao Criador.

Contato

Se você despreza a fé
E se entrega à irritação,
Saiba então que a ira é
Tomada pra obsessão.

Renúncia

Num mundo em que é fácil ver
Tanta revolta e lamento,
Grande mérito é sofrer,
Mas sem mostrar sofrimento.

Dor

Sofrimento tem valor
Quando aceito com Jesus:
A minha primeira dor
Foi minha primeira luz.

Plenitude

Você quer um bom destino
Que conduza ao Santuário?
Este é o roteiro divino:
Da Manjedoura ao Calvário.

Fonte de consulta: pensamentos respigados na Doutrina Espírita e em seus nobres expositores. Epígrafe: SV, p. 53.

EXORTAÇÃO

*"Lâmpada para os meus pés é a tua palavra,
e luz para os meus caminhos."*
(Sl. 119:105.)

Lírios

Olhai os lírios do campo
E as aves nos voos seus...
Mesmo um simples pirilampo
Proclama a glória de Deus.

Colheita

Deus é bom e, é bom frisar,
Não se deixa escarnecer:
O que o homem semear,
Isto terá de colher.

Retribuição

A lei divina é traçado
Imune a quaisquer manobras:
A cada um será dado
De acordo com suas obras.

Presença

Passará o céu e a terra,
Assim Jesus nos falou.
Tudo passa sobre a Terra,
E só Jesus não passou.

Conforto

Sua palavra divina,
Com sabor de eternidade,
Sempre nos diz, em surdina:
Conhecereis a Verdade...

Prudência

Num mundo armado de bombas,
Conselho às boas sementes:
*Sede simples como as pombas,
Prudentes como as serpentes.*

Discípulos

Florescem no mundo inteiro,
Ao lado da erva má,
*Seguindo sempre o Cordeiro
Por onde quer que Ele vá.*

Conselho

Faze do Reino vindouro
Foco de tua atenção:
*Onde estiver teu tesouro,
Estará teu coração.*

Doação

Procura o necessitado,
Antecipa o bem-fazer,
Pois *mais bem-aventurado
É dar do que receber.*

Perdão

Quando insultado, prefere
Perdoar (faz mais sentido),
Porque *quem com ferro fere,*
Com ferro será ferido.

Transição

Quando o mundo, em áureo banho,
Transitar da treva à luz,
Haverá um só rebanho
Para um só Pastor – Jesus.

Sintonia

Até lá, aos Velhos Trigos,
Tão fiéis ao Seu comando,
Segreda: *Sois meus amigos,*
Se fazeis o que Eu vos mando.

Fonte de consulta: conceitos respigados no Novo Testamento da Bíblia Sagrada.

TRABALHO

> *"Dedica-te ao trabalho de coração e serás bem-sucedido – há tão pouca concorrência!"*
> (Anônimo)

Stress! Não fique passivo!
Reaja assim, palmo a palmo:
Seja calmamente ativo
Ou ativamente calmo.

Viver é velar! Trabalho
É sol fulgindo na estrada...
Crescer em constante malho,
Sempre de alma alevantada!

Ninguém se esconda no fundo
Da gruta, longe da ação:
É na bigorna do mundo
Que se forja o coração.

A vida é luta voraz,
É defesa, ataque, tudo!
Quem só quer viver em paz
Certo é cego, surdo e mudo.

Melhor do que fazer nada
É o trabalho, inda que "brabo",
Pois mente desocupada
É oficina do diabo.

Ao projetar os traçados
De novas atividades,
Considere os resultados
E não as dificuldades.

Sorte não é quebra-galho,
Que surge de arremetida:
Quanto mais árduo o trabalho,
Mais sorte se tem na vida.

Quem quer, em qualquer idade,
Trabalha feliz sem trauma:
Sabe que a ociosidade
Se faz ferrugem na alma.

Ter base na terra é um bem
E também um testemunho:
Neste mundo quem não tem
Alicerce é "ridimunho".

Santo trabalho ao sol cru!
Que és castigo alguns pensam...
Então que serias tu,
Trabalho, se fosses bênção?!

Trabalho é santo remédio
Que afasta da humanidade
Três grandes males: o tédio,
O vício e a necessidade.

Olhando a planta imponente,
Na qual mil frutos se veem,
E que um dia foi semente
– Creia em Deus e em si também!

Fonte de consulta: conceitos respigados em ditados populares e nos grandes pensadores da sabedoria universal.

HÁ VIDA APÓS O PARTO?

"A luz é para todos os olhos, mas nem todos os olhos são para a luz."
Barão Ernst Von Feuchtersleben

No ventre da mamãe, um nascituro
Provoca o outro acerca do futuro:

– Você acredita, mano, cem por cento,
Que existe vida após o nascimento?

– É claro que se vive após o parto:
Há noutro mundo um espaçoso quarto...

– Bobagem! Está certo quem duvida!
Como seria essa suposta vida?

– Não sei como seria exatamente,
Talvez exista mais luz ambiente...

Com nossos próprios pés caminharemos,
Com nossas bocas é que comeremos...

– Isso é absurdo! Não se pode andar!
Comer com nossas bocas? Nem pensar!

Ser livre após o útero é irreal:
É muito curto o laço umbilical!

– Deve haver algo depois, certamente,
Alguma coisa talvez diferente...

– Ninguém voltou após o nascimento
Para provar o nebuloso evento!

O parto é o fecho, o fim, a despedida
Desta existência escura e comprimida!

– Olhe, eu não sei o que virá após,
Mas a mamãe há de cuidar de nós.

– Mamãe? Onde ela está? Que será isso?!
Você acredita nesse ser postiço?

– Onde ela está! Em toda a nossa volta!
É nossa vida e nossa boa escolta!

Ela nos ama e nutre, dia a dia...
Sem ela nada disto existiria!

– Não acredito! Quem a viu, irmão?
Mãe só existe na imaginação!

– Bem, mas às vezes, durante um soninho,
Eu posso ouvi-la cantando baixinho,

Como se assim, com suave emoção,
Bisbilhotasse o nosso coração

Para saber se nós estamos bem,
E transmitir-nos seu amor também...

Então eu sinto o quanto a vida é bela
E que este ninho é só o prelúdio dela...

E assim prosseguem, dialogando nus,
Os dois pimpolhos muito bem nutridos,
Até que sejam, por entre vagidos,
Dados um dia por mamãe à luz...

Poema inspirado na página "O cético e o lúcido", de autor desconhecido, colhida na Internet.

DIÁRIO DE UMA FLOR DESPETALADA

"Deixai vir a mim as criancinhas porque delas é o reino dos céus."
                                                                    Jesus

5 de outubro
Hoje eu estou tão contente!
Começou minha *vidinha!*
Sou pequenina semente,
E também sou menininha...

19 de outubro
Eu já cresci um pouquinho.
Mamãe sabe? Ainda não...
Mas eu estou bem pertinho
De seu meigo coração.

25 de outubro
Já se desenha a boquinha...
Vou sorrir muito amanhã!
A primeira palavrinha
Que vou dizer é... *mamã.*

31 de outubro
Sou pura como a açucena,
Mas já tenho uma *vaidade:*
Embora assim tão pequena,
Já sou gente de verdade!

3 de novembro
Sinto o coração batendo
E dando leves saltinhos...
Também já estão crescendo
As perninhas e os bracinhos!

7 de novembro
Meu coração vai parar
Um dia... eu não sei quando.
Mas pra que me preocupar?
Eu só estou começando!

16 de novembro
Vou crescendo cada dia
Um pouquinho... sempre mais,
E toda a minha alegria
É logo abraçar meus pais.

19 de novembro
Meus dedinhos são tão finos
E transparentes, meu Deus!
Mesmo assim tão pequeninos
Eu os adoro: *são meus!*

24 de novembro
Mamãe ouviu, com receio,
Do doutor, pela manhã,
Que já me traz no seu seio...
Você está bem, *mamã?*

8 de dezembro
Já quase vejo! Isso vai
Excitando *este* "bebê":
Como será meu papai?
Mamãe, *como é* você?

15 de dezembro
Meus olhos... são cor do céu,
Meus cabelos... cor de ouro.
Já tenho n'alma um troféu:
Meus papais são *meu* tesouro!

19 de dezembro
Logo, mamãe, quero estar
Abraçada ao seu colinho;
Também mal posso esperar
Pra lhe fazer um carinho!

24 de dezembro
Eu sinto o seu coração
Batendo juntinho ao meu.
Pode haver na Criação
Alguém mais feliz que eu?

25 de dezembro
Socorro! Estou morrendo!...
O meu coração parou!
Ó meu Deus... não compreendo...
A minha mãe... *me M-A-T-O-U!*...

Poema inspirado na página de H. Schwab, "Um diário inacabado", SRD, fev/66.

HÁ DOIS MARES NA PALESTINA

*"Não arranqueis o joio; deixai-o crescer
ao lado do trigo, até o tempo da ceifa."*
Jesus

Na Palestina há dois mares
Com destinos singulares:
Um – o Mar da Galileia –,
É por si uma epopeia.
Na sua linfa piscosa
Pulsa a vida dadivosa.

Luxuriantes folhagens
Emolduram suas margens.
Árvores jovens, felizes,
Alastram suas raízes
Pelo meio das taboas,
Sorvendo-lhe as águas boas...

Crianças brincam na praia
Enquanto a tarde desmaia.
Também no tempo do Cristo
Elas já faziam isto.

Jesus amava esse mar...
Muita vez a contemplar
A multidão que o premia,
Lindas estórias tecia.
Não longe desse redil
Alimentou cinco mil...

Em derredor do lugar
Os homens erguem seu lar,
Assim como os passarinhos
Constroem ali os seus ninhos.

Esse mar deve a existência
À permanente afluência
Do Rio Jordão, que declina
Duma distante colina.

Suas águas borbulhantes
Singram prados verdejantes.
Irisado pelo Sol,
Coleia o casto lençol
Para o sul e, sem parar,
Vai preencher outro mar.

Esse outro mar – o Mar Morto –
É tudo, menos um horto.
Peixes ali não se agitam
Nem as folhagens crepitam.
Não há risos infantis
E os ventos são hostis.

No céu não se ouve um pio
E no ar pesa o bafio.
De suas águas austeras
Não bebem homens nem feras.
Tendo o viajor opção,
Demanda logo outro chão.

Por que são tão diferentes
Esses dois mares parentes?

O Jordão não é a causa:
Ele despeja, sem pausa,
Suas águas salutares
Na bacia dos dois mares.
Nem o clima nem o chão
Provoca tal distinção.

Eis a razão: ao jorrar
O rio no primeiro mar,
Esse mar logo deságua
No Jordão a sua água.
Para cada gota entrante,
Outra gota segue avante.
Esse receber e dar
É que o torna salutar.
Esse dar e receber
É que o faz juvenescer.

O Mar Morto é diferente:
Ele represa a corrente,
Retendo-a com avareza,
Como se fosse uma presa.

A água é salgada e choca,
Não se doa, não faz troca.
E ficando apodrecida,
Se torna imprópria à vida.

Esta é a diferença:
O primeiro mar compensa
O que recebe e o que doa,
Na lei do Bem, que abençoa.
No outro mar vige o abismo
Do mais pétreo egoísmo.

Iguais a esses dois mares
De águas ruins e boas,
Também na Terra, aos milhares,
Há dois tipos de pessoas...

Poema inspirado no artigo "Há dois mares", de Bruce Barton, SRD, out/46, p. 44.

SALMO 23

*"Cria em mim, ó Deus, um coração puro e
renova dentro de mim um espírito inabalável."*

(Sl. 51:10.)

O Senhor é meu Pastor
E nada me faltará;
Em campinas verdejantes
Faz minh'alma repousar.

E por veredas de paz
E alvoradas de luz
Eu sigo cada vez mais
Conduzido por Jesus.

Por acaso se um dia eu andasse
Pelo vale da sombra da morte,
Manteria meu ânimo forte,
Amparado na luz da oração.

A esperança e a misericórdia
Seguiriam à frente comigo,
Porque sei que Tu és meu Amigo
E que moras no meu coração.

EU SOU UM SER IMORTAL

A Augusto dos Anjos

De onde eu venho? Venho do Infinito,
Do Todo Universal, da Criação,
E fui lançado por Deus na Amplidão,
Tal como a flecha, para um alvo estrito.

Peregrinei, seguindo o eterno rito,
De reino em reino e, pela transição,
De um reino a outro, até poder então
Conscientizar-me e proferir meu grito.

Fui revestido, assim, de um corpo etéreo:
Ser racional e livre, o meu afã
Era ascender pelo plano sidéreo.

Errei. Caí. Mas no bem hoje insisto.
Quero remir-me, para que amanhã
Eu seja um anjo, um querubim, um Cristo.

MURMÚRIOS DO ANOITECER

> *"Oh ! que saudades que eu tenho*
> *Da aurora da minha vida [...]."*
> Casimiro de Abreu

Ah! minha infância querida!
Eu morava na zona rural
E saía solitário à noitinha
Para admirar a Via Láctea
E seu faiscante carreiro de estrelas.
No princípio eu tinha medo da noite,
Mas depois me impregnei de seu mistério
E passei a amá-la e até mesmo a ouvi-la...

Os sons veludosos da noite!
A escuridão e eu nos fizemos amigos.
Sua voz muda me revelou mais segredos
Do que o ruído escachoante do dia.
Aprendi que a noite possui infinita beleza,
Vozes que inebriam o coração
E silêncios de místicos segredos.

A noite parecia falar-me,
Com infinita ternura materna,
Dos grandes enigmas da existência,
Como viver, amar e me enternecer.

Certa noite, enquanto eu observava
De meu esconderijo solitário,
Vi duas gazelas saírem ao luar,
Emergindo de um bosque verdejante.
Eram a delicadeza sem artifícios,
Silhuetas evanescentes
No silêncio das névoas prateadas.

Na sua beleza furtiva,
Uma delas voltou-se para a retaguarda
E baliu com doçura para seu filhote,
Que talvez se atrasasse bobamente.
Ele veio saltitante e ela o lambeu
Com o mais terno dos afetos.

Depois, a doce música do ruflar de asas
De um bando de codornizes
Encheu de sons o ar diáfano da noite.
Rumavam para a outra margem do rio,
Sob o manto etéreo das estrelas.

Quando a alvorada surgiu
Pincelando de ouro os trigais maduros,
Ouvi os pardais concertando seu canto,
E toda a catedral da natureza
Vibrou com a melodia delicada.
Era a voz mágica do amanhecer
Que ressoava com místicas melodias...

Os sons, para quem sabe ouvir,
Falam no desabrochar da flor,
No trinar dos passarinhos,
No cintilar das constelações,
No embonecar do milho,
No farfalhar dos pinheirais
Sob a carícia da brisa matutina...

"Ora (direis) ouvir estrelas!..."
Mas bem-aventurados os que as ouvem
Não só pela percepção do ouvido,
Mas também pela acústica da alma,
Porque deles é o reino da beleza,
Da felicidade e da paz...

Poema inspirado na página de Archibald Rutledge, "Vozes da Noite", SRD, set/45, p. 46, mesclado a lembranças especiais da infância do autor.

BIBLIOGRAFIA

(Títulos em ordem alfabética. FCX = Francisco Cândido Xavier)

ABA – As Bem-Aventuranças. Charles H. Spurgeon. (Disponível em www.projetospurgeon.com.br)

AFP – Assim Falaram os Profetas. Ernst Izgur, Ed. Livros de Portugal Ltda., 1943.

AG – A Gênese. Allan Kardec, 45ª ed., FEB, 2004.

AGS – A Grande Síntese. Sua Voz/Pietro Ubaldi, 9ª ed. LAKE.

APA – As Profecias do Apocalipse. Uriah Smith, Edições Vida Plena, 1ª ed. 1991.

APDA – As Profecias de Daniel e o Apocalipse. Isaac Newton, Édipo Editora, tradução de Julio Abreu Filho.

AR – Ação e Reação. André Luiz/FCX, 6ª ed. FEB, 1978.

ASA – Chico Xavier, à sombra do abacateiro. Carlos A. Baccelli, Ideal, p. 63/4. (PDF disponível na Internet – acesso em 05/03/15.)

AVM – A Voz do Monte. Richard Simonetti, 9ª ed. FEB, 2010.

CAT – Crônicas de além-túmulo. Humberto de Campos/FCX, 12ª ed. FEB, 1990.

DPL – Do país da luz. Fernando de Lacerda, vol. 2, 5ª ed. FEB, 1984.

EDM – Evolução em Dois Mundos. André Luiz/FCX, 4ª ed. FEB, 1977.

ETC – Entre a Terra e o Céu. André Luiz/FCX, 6ª ed. FEB, 1978.

EV – Estude e Viva. André Luiz/FCX, 8ª ed. FEB, 1996.

FED – Fragmentos de um ensinamento desconhecido. Pedro D. Ouspensky, 13ª ed. Ed. Pensamento, 1998.
FT – Falando à Terra. Espíritos diversos/FCX, 3ª ed. FEB, 1974.
FVI – Fé e Vida. Espíritos diversos/FCX, 1ª ed. FEB, 2014.
JV – Jesus e Vida. Palestra de Divaldo P. Franco gravada em DVD – LEAL.
LIB – Libertação. André Luiz/FCX, 7ª ed. FEB, 1978.
MG – Mahatma Gandhi. Huberto Rohden, 10ª ed., Alvorada, 1988.
ML – Missionários da Luz. André Luiz/FCX, 11ª ed. FEB, 1978.
MM – Mecanismos da Mediunidade. André Luiz/FCX, 4ª ed. FEB, 1973.
NDM – Nos Domínios da Mediunidade. André Luiz/FCX, 8ª ed. FEB, 1976.
NEM – Na Escola do Mestre. Vinícius, 3ª ed. FEESP, 1978.
NL – Nosso Lar. André Luiz/FCX, 20ª ed. FEB, 1978.
NMM – No Mundo Maior. André Luiz/FCX, 7ª ed. FEB, 1977.
OC – O Consolador. Emmanuel/FCX, 7ª ed. FEB, 1977.
OCI – O Céu e o Inferno. Allan Kardec, 55ª ed. FEB, 2005.
OESE – O Evangelho segundo o Espiritismo. Allan Kardec, 1ª ed. FEB, 2008 (tradução de Evandro Noleto Bezerra).
OHM – O homem medíocre. José Ingenieros, Livraria Progresso Editora, 1958.
OJP – O justo e a justiça política. Rui Barbosa, Obras Completas, "A Imprensa", vol. XXVI, tomo IV, 1899. (Disponível na Internet, *site* Fundação Casa de Rui Barbosa – acesso em 05/03/15.)
OLE – O Livro dos Espíritos. Allan Kardec, 1ª ed. FEB, 2006 (tradução de Evandro Noleto Bezerra).
OLP – O Livro das Profecias. Mozart Monteiro, 3ª ed. Edições Cruzeiro.
OM – Os Mensageiros. André Luiz/FCX, 11ª ed. FEB, 1978.

OMDC – O Maior Discurso de Cristo. Ellen G. White, Prefácio, p. V (PDF disponível na Internet – acesso em 05/03/15).

OME – O Mestre na Educação. Pedro de Camargo, 2ª ed. FEB, 1977.

OP – Obras Póstumas. Allan Kardec, 28ª ed. FEB, 1998.

OQE – Os Quatro Evangelhos. Os evangelistas, os apóstolos e Moisés/J.-B. Roustaing, 5ª ed. FEB, 1971. (4 vols.)

OSM – O Sermão da Montanha. Rodolfo Calligaris, 7ª ed., FEB, 1989.

OVE – Obreiros da Vida Eterna. André Luiz/FCX, 9ª ed. FEB, 1975.

PAT – Parnaso de Além-Túmulo. Autores espirituais diversos/FCX, 10ª ed. FEB, 1978.

PN – Profecias de Nostradamus. Marques da Cruz, Ed. Memphis, 16ª edição.

RE – Revista Espírita. Allan Kardec, 1ª ed. FEB, 2005. (vols. I a XII.)

REF – Reformador (mensário da FEB).

ROT – Roteiro. Emmanuel/FCX, 7ª ed. FEB, 1986.

SMO – O Sermão da Montanha. Paul Earnhart, 2ª ed. publicado por Dennis Allan, 1997, p. 3 (PDF disponível na Internet – acesso em 05/03/15).

SMV – O Sermão da Montanha segundo o Vedanta. Swami Prabhavananda, 9ª ed., Ed. Pensamento, 1999.

SRD – Seleções do Reader's Digest.

SVO – Seareiros de volta. Autores diversos/Waldo Vieira, 4ª ed. FEB, 1987.

TCX – Testemunhos de Chico Xavier. Suely Caldas Schubert, 1ª ed. FEB, 1986.

Obras de MÁRIO FRIGÉRI

BRASIL DE AMANHÃ
O futuro do Brasil, à luz das profecias

Mário Frigéri

100 Poemas que Amei

Mário Frigéri

"O Espiritismo, quando for conhecido e compreendido em toda a sua essência, fornecerá às letras e às artes fontes inesgotáveis de poesias encantadoras."

Allan Kardec

Mundo Maior Editora

editoramundomaior.com.br

feal
Fundação Espírita André Luiz

Contribuindo com a transformação da sociedade através dos seus cinco meios de difusão da informação.

O processo de mudança está nas mãos dos multiplicadores do bem, a Feal convida a você a ser um deles!

Essa é a Fundação Espírita André Luiz:
Comunicando a mensagem do bem

"há meio século divulgando a doutrina espírita"

RBN
Rede Boa Nova

acesse: www.**radioboanova**.com.br

Rádio Boa Nova | SINTONIA

RÁDIO BOA NOVA	GRANDE SÃO PAULO **1450 AM**	RÁDIO CIDADE	BAHIA E PERNAMBUCO **870 AM**
RÁDIO MOCOCA	SÃO PAULO E MINAS GERAIS **1160 AM**	ARGENTINA SANTO TOMÉ	SÃO BORJA E REGIÃO - RS **92,1 FM**
RÁDIO BOA NOVA	SOROCABA E REGIÃO **1080 AM**	PARAGUAI	RÁDIO NUEVA ERA **97,5 FM**

Baixe o aplicativo **SISTEMA IOS E ANDROID**

RÁDIO BOA NOVA – **GUARULHOS**

TV MUNDO MAIOR

EMISSORA DA FUNDAÇÃO ESPÍRITA ANDRÉ LUIZ

Levando a vida até você!

ASSISTA A TV MUNDO MAIOR

Você pode assistir a TV Mundo Maior através do sinal aberto, parabólica ou pela internet.

SAIBA COMO ASSISTIR:
www.tvmundomaior.com.br/como-assistir

SOBRE A EMISSORA

Fundada em 2006, a TV Mundo Maior é uma emissora da Fundação Espírita André Luiz e nasceu com a proposta de levar a importante mensagem dos Espíritos para todos, através da TV do terceiro milênio.

PROGRAMAÇÃO

Produzindo conteúdo esclarecedor e abrangente, voltado à divulgação do bem, a TV Mundo Maior conta com uma programação diversificada, com 24 horas de transmissão, incluindo programas diários ao vivo.

uer aprender a dominar as energias e
ontades, quer aos poucos conhecer melhor
s emoções e sensações que partem de nós,
aquelas que nos são sugeridas?

6 NOVOS TÍTULOS

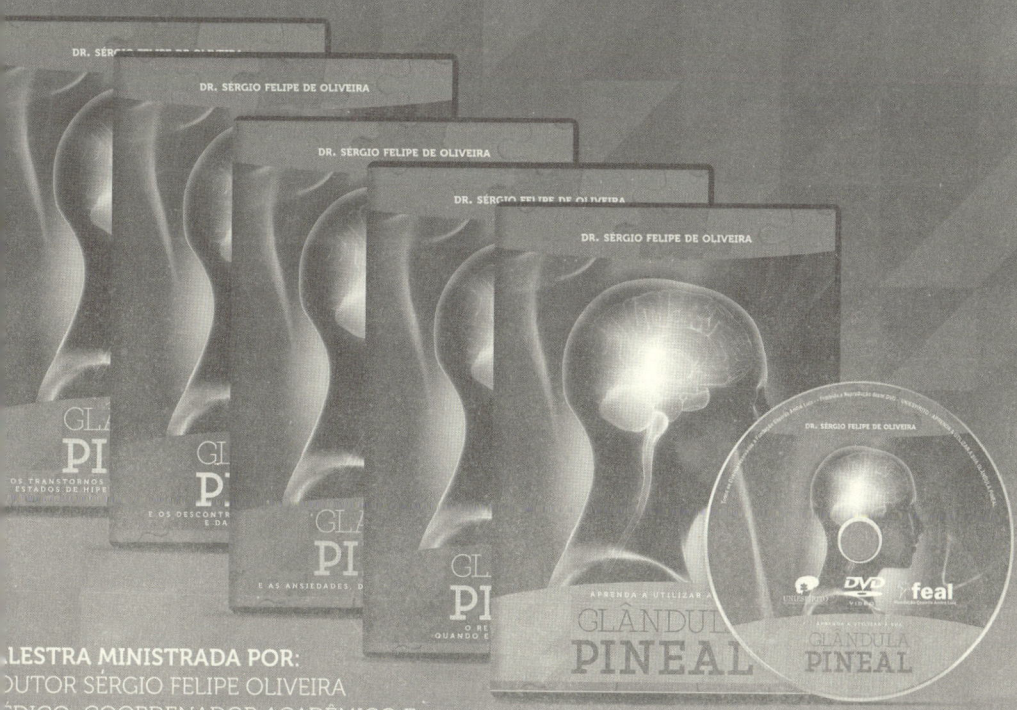

DR. SÉRGIO FELIPE DE OLIVEIRA
GLÂNDULA PINEAL

ALESTRA MINISTRADA POR:
UTOR SÉRGIO FELIPE OLIVEIRA
ÉDICO, COORDENADOR ACADÊMICO E
OFESSOR DA UNIESPÍRITO.

ww.mundomaior.com.br

SEJA SÓCIO DO
CLUBE AMIGOS DA BOA NOVA
COMPARTILHE O BEM

Usufrua dos Benefícios
O sócio tem uma série de vantagens, como descontos especiais em Livros, CDs, DVDs, Cursos, Palestras, Peças Teatrais e em Estabelecimentos Parceiros. Além de acesso à downloads gratuitos de programas da Rádio Boa Nova e conteúdo exclusivo da TV Mundo Maior.

Torne-se Sócio
Ao se tornar sócio do Clube Amigos da Boa Nova, você estará participando de uma grande rede de compartilhamento do bem.

Você ajuda divulgar o Espiritismo
A sua contribuição ajudará a FEAL a disseminar o Espiritismo, iluminando a vida de milhares de pessoas por meio da mensagem consoladora do Cristo.

SEJA SÓCIO:
0800 12 18 38 / www.clubeamigosdaboanova.com.br